# 民國歷史與文化研究

三 編

第 **5** 冊

「培育一種文化生活」：
中國近代大學校園文化之形態與功能研究（上）

李 力 著

花木蘭文化出版社

國家圖書館出版品預行編目資料

「培育一種文化生活」：中國近代大學校園文化之形態與功能
研究（上）／李力 著 — 初版 — 新北市：花木蘭文化出版社，
2016〔民 105〕
目 2+212 面；19×26 公分
（民國歷史與文化研究 三編：第 5 冊）
ISBN 978-986-404-549-5（精裝）
1. 校園文化 2. 大學
628.08                                              105002074

民國歷史與文化研究
三 編 第 五 冊            ISBN：978-986-404-549-5

「培育一種文化生活」：
中國近代大學校園文化之形態與功能研究（上）

作 者　李 力
總 編 輯　杜潔祥
副總編輯　楊嘉樂
編 輯　許郁翎
出 版　花木蘭文化出版社
社 長　高小娟
聯絡地址　235 新北市中和區中安街七二號十三樓
　　　　　電話：02-2923-1455／傳真：02-2923-1452
網 址　http://www.huamulan.tw 信箱 hml 810518@gmail.com
印 刷　普羅文化出版廣告事業
初 版　2016 年 3 月
全書字數　366254 字
定 價　三編 6 冊（精裝）台幣 11,000 元

# 「培育一種文化生活」：
## 中國近代大學校園文化之形態與功能研究（上）

李　力　著

### 作者簡介

李力，男，1982 年 4 月生，陝西省漢中市西鄉縣人。2001 ～ 2008 年就讀於陝西師範大學教育科學學院，獲教育學學士和教育學碩士。2011 年畢業於廈門大學教育研究院，獲教育學博士。現任西安電子科技大學高等教育研究所副教授、碩士研究生導師，西安電子科技大學人文學院授課教師。主要從事大學歷史與文化、高等教育理論研究。現主持教育部人文社會科學研究青年基金項目一項。在《中國高教研究》、《教育發展研究》、《清華大學教育研究》、《現代大學教育》、《大學教育科學》等發表學術論文二十餘篇。

### 提　　要

　　大學校園文化是大學文化的重要組成部分和人才培養模式創新的有效途徑。中國近代大學校園文化是中西方文化融合的產物，具有鮮明的西方文化特色和一定的歷史傳承性。中國近代大學校園文化在精神、物質和行為方式等多種形態形成自身特點，體現了近代中國大學的精神風貌和文化品格，發揮重要的教育與社會功能。

　　中國近代大學之所以能夠在辦學實踐中形成自身特色，發揮顯著的辦學影響，培養一大批傑出人才，與辦學者注重著眼於作育人材和大學發展，在大學校園內「培育一種文化生活」密不可分。育人既是建設中國近代大學校園文化的出發點和原動力，也是中國近代大學校園文化所致力於達到的根本目標。

　　本書是近年來中國近代大學文化研究的一項重要成果。為了能夠真實、客觀和完整地再現中國近代大學校園文化的表現形態、文化內涵與功能影響，作者秉持論從史出，史論結合的研究原則，多方面搜集、梳理和分析包括校史檔案、近代雜誌、大學校刊、口述史料、日記、回憶錄、自傳在內的各種歷史資料。作者系統考察和分析中國近代大學校園文化的演化路徑、表現形態及其教育與社會功能，評析其發展特點與歷史地位。本書對於當今大學校園文化建設和創新人才培養具有重要的理論意義與實踐價值。

本書係教育部人文社會科學研究青年基金項目
（項目批准號：12YJC880041）的最終成果

# 目次

# 前言：「培育一種文化生活」

　　1937 年 7 月 7 日，對於中國的大學而言無疑具有重要的轉折意義。因為自從盧溝橋的第一聲槍炮聲響起，便已然預示著自民國肇始，中國大學長期擁有的相對平靜的生活環境和安適的生活方式將被遭到徹底破壞。其中的典型代表無過於承載著大學師生學術生活和日常生活的大學校園。平日裏洋溢著濃鬱的學術活力和散發著濃鬱的青春氣息的大學校園，從這一天開始便相繼遭受到來自戰爭的致命打擊和毀壞。而對於早已適應了大學智性生活作息的師生們而言，則不得不選擇離開早已熟悉的不能再熟悉的大學校園，進而踏上長達數年不斷遷徙和流亡的漫長旅途。正如錢理群先生所言：「隨著全民族的大流亡，中國知識分子實現了全面的大位移，由政治、文化中心的上海、北京等大中城市轉向中國的廣大內地與邊遠地區。」〔註1〕諸多不同身份的當事者都如實記錄了自己在當時的真實感受，無論他們是中學生、大學生、大學教員抑或校長，無論他們身處北平、天津、上海抑或南京。就讓我們循順著諸多親歷者的思緒脈絡，將記憶倒退並定格至 1937 年 7 月 7 日，在重溫中國近代大學所遭遇的苦難和不幸的同時，與他們一同再次走入歷史。

　　這一刻對於那些正在積極備考，憧憬和規劃著自己未來四年大學生活的中學畢業生們而言，無疑是一個晴空霹靂。作為其中的一員，當時正在北平復習備考的楊富森將它稱為自己「畢生所經歷的最難忘的第一椿大事」：

　　　　我這樣地埋頭用功了一個月，卻沒料到平空一聲霹靂，美夢被驚醒了！這霹靂就是「七七」的炮聲。那天我們正在公園溫書，忽

〔註 1〕黃延復著：《二三十年代清華校園文化》，廣西師範大學出版社，2000 年，序言第 14 頁。

然聽見炮聲隆隆，自南方傳來。我們初不介意，以為是南苑駐兵在那裏實地演習。但是後來炮聲越來越響，越響越近。……跑到街上，買了一張「號外」，一看，方知那炮聲是日本侵略軍炮轟宛平城，侵佔盧溝橋！〔註2〕

正在清華大學政治系二年級就讀的賀善微也在北平親耳聽到了「七七事變的第一聲炮響」：

最令人難忘的是，在離開北平以前，我們在西苑軍營聽到了「七七」事變的第一聲炮響。……7月7日夜間，日寇在盧溝橋向中國軍隊挑釁，29軍奮起抵抗，從那天起，我們就經常聽到槍炮聲。……幾天後，戰事擴大，古都淪陷。從此我們結束了大學前兩年的清華園生活，而轉入後兩年的流亡生活。〔註3〕

不僅北平高校如此，緊鄰北平的天津南開大學也同樣難逃厄運。當時在南開大學已經任教八年之久的經濟學家方顯廷〔註4〕，則親眼目睹了南開八里臺校園的被毀過程：

我們的婚禮在1929年7月4日舉行。……婚宴則選在法租界西湖飯店的屋頂花園。就是在這個屋頂花園，8年後的1937年的同一個月份，我在那裏目睹了日本侵略軍縱火焚燒了南開校園。〔註5〕

關於南開被毀的慘烈景象，1937年7月31日出版的《中央日報》有過詳盡報導：

兩日來日機在天津投彈，慘炸各處，而全城視線，猶注意於八里臺南開大學之煙火。……為全部毀滅計，乃於三十日下午三時許，日方派騎兵百餘名，汽車數量，滿載煤油到處放火，秀山堂、思源堂（以上二大廈均係該校之課堂）、圖書館、教授宿舍及鄰近民房，盡在煙火之中，煙火十餘處，紅黑相接，黑白相間，煙火蔽天，翹首觀火者，皆嗟歎不已。〔註6〕

〔註2〕楊富森著：《天涯憶往》，中國友誼出版公司，1984年，第23頁。

〔註3〕北京外國語大學外國文學研究所編：《王佐良先生紀念文集》，外語教學與研究出版社，2001年，第32頁。

〔註4〕方顯廷（1903～1985），著名經濟學家。曾任南開大學社會經濟研究委員會研究主任兼文學院經濟系經濟史教授。

〔註5〕方顯廷著：《方顯廷回憶錄》，商務印書館，2006年，第73頁。

〔註6〕王文俊等選編：《南開大學校史資料選》（1919～1949），南開大學出版社，1989年，第82頁。

　　戰火繼續向南蔓延，當時聚集了中國眾多大學的上海和作為首都的南京上空也是戰雲密佈，往日裏寧靜恬適的大學校園自然也是硝煙彌漫。當時就讀於私立光華大學英國文學系三年級的周而復〔註7〕見證了光華大學從上海大西路校址遷入公共租界的經過：

　　　　8月13日，日本駐滬部隊又發起侵佔上海，揭開了「淞滬之戰」
　　的序幕。位於大西路的光華大學校舍也遭到了日本侵略軍狂轟濫炸，
　　毀於一旦，學校被迫搬到公共租界的大陸商場，堅持繼續上課。〔註8〕

　　1936年8月19日，時任浙江大學校長的竺可楨〔註9〕也在日記中詳細記錄了自己親眼目睹中央大學被狂轟濫炸的全部經過：

　　　　六點二十分將回寓，適又警報，倭寇來犯。……忽一彈下，中
　　央大學屋頂被毀，所中窗破。余等知在臺上之危險，而急奔至地下
　　地震室中，時敵機已過，待五分鐘再上，則見太平門外火起，延燒
　　子彈庫，半小時方熄，而中央大學內又火光融融矣。〔註10〕

　　遭到毀壞的不僅僅是大學校園環境，那些早已為大學師生所內化的日常生活方式也一併隨著炮火化為灰燼。時任教於上海的戲曲史家盧前〔註11〕就將此後的八年稱之為「一場噩夢」：

　　　　民國二十六年（丁丑）八月十三日，我在上海聽到第一聲炮響。
　　　　一直到民國三十四年（乙酉）十二月二十二日，我從重慶飛南京。
　　　　自丁至乙，這其間整整八年：這八年只好比是一場噩夢。〔註12〕

　　時任教於安徽省立大學，正在潛心撰述《中國文化史講稿》一書的歷史學家李則剛〔註13〕直言這一天造成了自己平生的「一種最大犧牲」：

〔註7〕周而復（1914～2004），著名作家。1933年考入上海光華大學英國文學系。曾任中華人民共和國文化部副部長。
〔註8〕周而復著：《往事回首錄之一：空餘舊跡鬱蒼蒼》，中國工人出版社，2004年，第50頁。
〔註9〕竺可楨（1890～1974），著名氣象學家、地理學家、教育家。中國科學院院士。中國近代氣象學和地理學的奠基人。1936年4月任浙江大學校長。1948年3月當選中央研究院院士。1949年10月，任中國科學院副院長。
〔註10〕竺可楨著：《竺可楨日記·第一冊》（1936～1942），人民出版社，1984年，第136頁。
〔註11〕盧前（1905～1951），戲曲史研究專家、散曲作家、詩人。曾任教於金陵大學、河南大學、暨南大學、光華大學、中央大學。代表作有《明清戲曲史》。
〔註12〕盧前著：《盧前筆記雜抄》，中華書局，2006年，第247頁。
〔註13〕李則剛（1892～1977），著名歷史學家。1932年任教於安徽省立大學。

因七七變起，避居立煌，參考書難得，耽擱下來，直到今天，
此稿尚未完成，這是我在抗戰中一種最大犧牲。〔註14〕

不難想像，抗戰八年對於中國近代大學的許多學人而言，都有著類似於
盧前和李則剛那樣的感受。其實又何止是師生們會有如此體會，從當時諸多
大學紛紛被迫離開經營許久的優美校址，也能清晰地感受到戰爭所導致的強
行位移對於大學辦學的影響和干擾。大學校址的地理位置、校園建築的佈局
謀劃以及校園風景的良窳與否，固然不是決定一所大學能否發展的決定要
素。最佳證明就是全面抗戰爆發後，諸多內遷的知名大學依然能夠不為惡劣
的環境所困，弦歌不輟，奮發勇進地進行教學和研究活動，並取得了不亞於
戰前的驕人的辦學實績〔註15〕。但是，不可否認的是，在抗戰爆發前的相對
穩定時期，一所大學的校址擇定、校景建設、建築佈局，以及以此為載體所
形成和發展的知性生活和文化生活，均與大學發展和作育人材有著不可分割
和極為深遠的緊密關係〔註16〕。

一個顯而易見的事實就是，全面抗戰爆發前，中國近代諸多知名大學已
然形成了極富自身特色的大學校園文化。其表現形態之豐富多樣，其功能影
響之強大深遠，均足以為後世大學辦學者所積極借鑒與反思。而數年如一日
生活與浸泡在這一特殊的文化環境中的師生員工們，既是這一組織文化的締
造和創造者，通過不斷積極創新生活方式來努力培育校園文化；同時也是這
一組織文化的施受者和體現者，深受其影響和薰陶，潛移默化地被其形塑。
正是由於「大學人」與「校園文化」之間所形成的特有的良性互動關係，從
而造就了中國近代大學獨特的校園文化景觀，最終為近代大學作育傑出人
材，實現辦學卓越提供了有力支撐。

---

〔註14〕李則剛著，李修松主編：《李則剛遺著選編》，安徽大學出版社，2006年，第
587頁。

〔註15〕1937～1946年不到九年的時間內，由國立北京大學、國立清華大學和私立南
開大學三校合組的國立西南聯合大學在極為惡劣的辦學環境下，培養出大批
傑出人才。其中包括諾貝爾獎獲得者楊振寧和李振道，以及78位中國科學院
院士，12位中國工程院院士（其中二人為雙院士）。《西南聯大建校65年培養
兩院院士90名》，http：//news.sina.com.cn/cl/2002-11-13/0645806020.html。

〔註16〕陳平原教授曾解釋自己將「老北大」研究的時間範圍限定於1898～1937年，
主要原因就在於全面抗戰爆發所導致的北大校址的遷移。因為在他看來，「對
於一所大學來說，校址的遷移，並非無關緊要，往往成了撰寫校史時劃分階
段的依據。」參見陳平原著：《老北大的故事（增訂版）》，北京大學出版社，
2009年，第5頁。

金耀基先生曾對於文化生活之於大學發展和人才培養的獨特意義有過精闢闡釋。他認為，完美的大學生活理應由「知性生活」與「創造性的文化生活」兩部分構成。而在他看來，「創造性的文化生活」之於作育人材與大學發展的效用也許更為獨特與深遠：

> 實際上，第一流的大學，特別是歷史悠久的大學，無不有意無意地都在培育一種文化生活。牛津、劍橋固以此聞名於世，即使哈佛、耶魯、海德堡、東京帝大，以及過去的北大等，亦無不在知性生活之外，尚有其豐富的文化的生活。文化生活常決定大學的風格，常影響學生的氣質品性。文化生活簡單地說就是生活得有文化。我這裏所用的「文化」一詞非文化人類學所指的文化，而是指一種有文學氣質、有文生情調、有生命意義的生活方式。〔註17〕

誠哉斯言！正如金耀基先生所言，其實中國近代諸多大學的辦學者也「無不有意無意地都在培育一種文化生活。」無論是北京大學校長蔡元培、東南大學校長郭秉文、清華大學校長梅貽琦，還是廈門大學校長林文慶、燕京大學校長司徒雷登、光華大學校長張壽鏞。當我們細數他們的辦學心路和長校歷程，都能夠很清晰的發現，當作為大學掌舵者的他們在審視大學校園文化與大學發展和作育人材的關係時，其實都是在「有意」甚至可以說「刻意」在自己的校園內培育金耀基先生所言之「文化生活」。而培育此種「文化生活」對於辦學實踐所帶來的影響無疑至深至遠：決定了他們所在「大學的風格」，影響了「學生的氣質品性」。

作為大學文化的重要組成部分，大學校園文化以潛移默化的方式，對專門人才培養、學術傳承與發展、社會文化進步產生廣泛而深遠的影響。中國近代大學是在西學東漸和移植西方高等教育制度的基礎上創建、發展起來的，由此孕育、形成的近代中國大學校園文化，具有鮮明的西方文化特色和一定的歷史傳承性。作為一種歷史文化，中國近代大學校園文化在精神、物質和行為方式等多種形態形成自身的特點，體現了近代中國大學的精神風貌和文化品格；它伴隨近代中國高等教育的變革、發展而不斷變遷與完善，發揮獨特而重要的教育與社會功能。有鑒於此，本書旨在深入、系統探究中國近代大學校園文化的表現形態及其功能，意在加深對中國近現代大學辦學特色、人才培養規律以及大學文化品格的認識，為當今大學校園文化建設和提

---

〔註17〕金耀基著：《大學之理念》，生活・讀書・新知三聯書店，2001年，第18頁。

升專門人才培養質量提供積極借鑒與參照。

研究中國近代大學校園文化，不可避免要涉及「大學」、「文化」、「形態」和「功能」等基本概念。為便於深入研究，本書分別對其加以辨析與界定。

大學是指以研究和教授高深學術，培養高級專門人才為基本職能，以發展科學和社會服務為主要職能的高等教育機構，它是實施高等教育的最高組織形式。就其性質而言可分為古代大學和現代大學。現代意義上的大學由歐洲中世紀大學發展演化而來，它在變革與發展過程中，逐漸形成培養高級專門人才、發展科學和社會服務三項基本職能，從類型上可分為綜合大學和專科大學。

中國近代大學是指清末至民國時期以研究和教授高深學術、培養高級專門人才、以發展科學和社會服務為主要職能的高等教育機構。它以清末分科大學為開端，主要包括京師大學堂、北洋大學堂和山西大學堂，是西學東漸的產物。民國成立後，隨著一系列大學法令的出臺，中國近代大學教育趨於定型和制度化。1912 年教育部頒佈《大學令》，首次以法令形式對大學作出界定。大學共分文理法商醫農工七科，以下三種情形可以稱之為大學：文理二科並設、文科兼法商二科者、理科兼醫農工三科或二科一科者。1934 年國民政府頒佈《大學組織法》，大學分文、理、法、教育、農、工商、醫七學院，凡是具備三個學院以上者始可稱為大學。

自英國人類學家泰勒於 1871 年首次提出文化這一概念以來，學術界對於「文化」形成多種界定。一般而言，「文化」有廣義和狹義之分：廣義文化是「指人類在社會實踐過程中所獲得的物質、精神的生產能力和創造的物質、精神財富的總和」；狹義文化是「指精神生產能力和精神產品，包括一切社會意識形式」。〔註 18〕文化「作為群體或類的人的活動方式，以及為這種活動所創造，並又為這種活動方式所憑藉的物質財富和精神產品，是人的群體或類藉以相互區別或與他類區別的依據。」〔註 19〕文化是人類文明的重要表現形式，它是社會實踐的產物，具有鮮明的社會性與時代性。文化的表現形態千差萬別，但也按照一定標準可將其分門別類。「從表現形態來考察，文化可分

---

〔註18〕 夏徵農、陳至立主編：《辭海》（第六版縮印本），上海辭書出版社，2010 年，第 1975 頁。

〔註19〕 李述一、李小兵著：《文化的衝突與抉擇——中國的圖景》，人民出版社，1987 年，第 7～9 頁。

爲顯性文化與隱性文化兩層次，或物質文化、制度文化與觀念文化三層次，其中觀念文化，特別是價值觀，在文化系統中居於核心地位。」〔註20〕一般說來，文化由物質財富、精神產品以及活動方式所構成，相應的表現爲物質文化、精神文化、制度文化（包括行爲方式）三種基本形態，其中價值觀念是文化的核心，對於人們的行爲方式、制度與物質產品產生重要影響。

校園文化有廣義和狹義之分：廣義的校園文化「是指高等學校生活的存在方式的總和。它以生活在校園內的大學生、教師和幹部爲主要群體，以別於其它社群。它是在物質財富、精神產品和氛圍以及活動方式上具有一定獨特性的文化類型」；狹義的校園文化「是指在各高等院校歷史發展過程中形成的，反映著人們在生活方式、價值取向、思維方式和行爲規範上有別於其它社會群體的一種團體意識，精神氛圍。」〔註21〕

大學文化是「一種獨特的社會文化形態，主要凝聚在大學在長期教育和辦學實踐中積澱和創造的深厚的文化底蘊之中，是『大學核心競爭力』之所在。」〔註22〕「大學文化是大學賴以生存和發展的基礎，涵蓋了理念、制度、學科文化和校園文化，具有多樣化特徵」。〔註23〕

大學校園文化是大學文化的重要組成部分，是大學師生所創造的物質環境、精神產品和生活方式，它包括物質文化、精神文化、制度文化以及行爲方式，師生是大學校園文化的主體，以校園價值觀爲內核的大學精神是大學校園文化的靈魂。中國近代大學校園文化則是中國近代大學文化的重要組成部分，是中國近代大學師生所創造的物質環境、精神產品和生活方式，它同樣包括物質文化、精神文化和行爲方式三種形態，以校園價值觀爲內核的大學精神是中國近代大學校園文化的靈魂。

大學文化與大學校園文化既有聯繫，又有區別。就二者的聯繫而言，它們都是大學生活存在方式的體現，均以大學精神作爲它們自身的靈魂。二者的區別在於，大學校園文化是大學文化的下位概念，是大學文化的有機組成

---

〔註20〕張亞群：《科舉學的文化視角》，《廈門大學學報》（哲學社會科學版），2002年第6期。

〔註21〕潘懋元主編：《新編高等教育學》，北京師範大學出版社，1996年，第590頁。

〔註22〕王冀生：《大學文化是大學核心競爭力之所在》，《評價與管理》，2006年第4期。

〔註23〕張亞群：《論大學文化的民族性與國際性》，《中國地質大學學報》（社會科學版），2008年第4期。

部分。大學文化是大學賴以生存的基礎，它是對大學整體生活方式的提升、抽象和凝練。它主要從人類社會與文化發展的高度來對大學進行文化審視和反思，體現出高度的包容概括性和抽象性；大學校園文化則更多的是著眼於作為校園文化主體的師生所創造的物質環境、精神產品和生活方式，因此更多的體現出專門和特指性。

任何事物都具有一定的形態與功能，大學校園文化亦是如此。形態是指「事物在一定條件下的表現形式。」〔註 24〕大學校園文化形態是指大學校園文化在特定時代背景和社會環境下的表現形式，包括物質形態、精神形態和師生行為方式，它們構成了大學校園文化的整體面貌。功能是指「有特定結構的事物或系統在內部和外部的聯繫和關係中表現出來的特性和能力。」〔註 25〕大學校園文化功能是指構成大學校園文化的各種表現形態在大學校園內外的相互關聯中所表現出來的特性和能力，包括教育功能和社會功能兩大部分。

中國近代大學校園文化的精神表現形態是指中國近代大學校園精神文化的表現形式，即中國近代大學校園文化所反映出的具有隱蔽性的校園價值觀和校園整體的精神氛圍。校園價值觀是校園精神文化的核心和靈魂。其中大學校長的辦學理念及其道德人格是源頭，通過全校師生所呈現出的，具有群體傾向特徵的行為方式的校風是校園精神文化的外化和顯現。經過長期辦學實踐所形成的優美成熟的校風作為大學校園的精神傳統，對於生活於大學校園內的群體起著潛移默化的薰陶和孕育作用。

中國近代大學校園文化的物質表現形態是中國近代大學校園物質文化的表現形式，是人們可以通過感官感受的校園物質對象的總和。它作為中國近代大學校園文化的物質基礎而存在。它主要包括中國近代大學校景及其所蘊含的人格陶冶和傳承歷史的價值、大學校園建築風格及其教育理念以及校歌、校訓、校徽和校旗等校園物質象徵符號所蘊含的文化精神。

中國近代大學師生行為方式是指中國近代大學的師生在校園生活中所表現出的各種最為基本的群體性生活方式。其憑藉大學校園物質環境而存在，

---

〔註 24〕夏徵農、陳至立主編：《辭海》（第六版縮印本），上海辭書出版社，2010 年，第 2133 頁。

〔註 25〕夏徵農、陳至立主編：《辭海》（第六版縮印本），上海辭書出版社，2010 年，第 99 頁。

同時又通過自身的行為方式來詮釋和烘托校園精神文化所蘊含的校園價值觀。它主要包括教工和學生生活兩類。其中教工生活分為教師生活和校工生活；學生生活分為兩部分，第一部分體現為轉學生、預科生、旁聽生、特別生和偷聽生等或者在入學經歷（轉學生）、或者在社會上的存在時段（預科生）、或者在就學經歷（旁聽生、特別生和偷聽生）上能夠鮮明體現中國近代大學特色，同時又與當時大學四年在校學生生活略顯不同的「特殊類型」的學生生活方式；第二部分則表現為完整構成四年大學本科生活的若干生活類型，主要包括自治會、社團、體育和總理紀念周生活。

國內學術界對於校園文化的研究始於上世紀八十年代中期「校園文化」一詞的產生。1993 年第一本名為《校園文化學》的著作出版，代表著作為一門研究領域和學科的校園文化學的出現。〔註26〕1992 年 10 月 12 日，江澤民在中國共產黨第十四次全國代表大會上所作的《中國共產黨第十四次全國代表大會上的報告》中也首次明確在執政綱領中涉及「校園文化」，並將其與社區文化、村鎮文化和企業文化等基層組織文化並稱〔註27〕。

自校園文化研究產生至今，學術界重在對其所具有的內涵和特質進行探討分析，試圖總結具有中國特色的社會主義校園文化學的基本內容、學科體系及其發展規律，從而希望能夠為當今校園文化建設提供科學的理論依據和指導意見，最終建立起系統和理論性較強的「校園文化學」學科體系〔註28〕。此外，也逐漸嘗試開展和進行多樣化的研究方式，開始關注研究與大學校園文化密切相關的諸多現實和具體問題，對大學校園文化建設所凸顯的實務問題展開研究。

---

〔註26〕 史華楠等主編：《校園文化學》，北京醫科大學，中國協和醫科大學聯合出版社，1993 年，第 1 頁。

〔註27〕 《中國共產黨第十四次全國代表大會文件彙編》，人民出版社，1992 年，第 37 頁。

〔註28〕 關於大學校園文化的理論研究可謂汗牛充棟，不能一一列舉，此處僅就代表性的著作略加說明：高占祥主編，論校園文化，北京：新華出版社，1990；史華楠等主編，校園文化學，北京：北京醫科大學，中國協和醫科大學聯合出版社，1993；楊新起主編，校園文化建設導論，武漢：華中師範大學出版社，1993；白同平，高校校園文化論，北京：中國林業出版社，2000；王邦虎主編，校園文化論，北京：人民教育出版社，2000；于曉陽等編著，校園文化建設新趨向，哈爾濱：東北林業大學出版社，2005；萬金國，校園文化：理論意蘊與實務運作，合肥：安徽大學出版社，2006；吳中平等主編，衝突與融合——學校文化建設新視角，上海：上海三聯書店，2006 等。

　　大學文化這一概念則產生相對較晚，根據中國期刊全文數據庫的搜索，最早直接和明確的以「大學文化」為題進行撰述，是 1994 年 6 月所發表的題為《大學文化氛圍的東西方比較》的論文〔註 29〕。而標誌著大學文化學研究正式成立的代表作則為王冀生於 2002 年所著的《現代大學文化學》〔註 30〕。該書將大學文化作為理解高等教育學的切入點，努力建構作為一門理論學科的大學文化學。它圍繞大學與文化的深刻聯繫，以文化學的視角來樹立大學自身的邏輯起點，進而對高等教育所涉及的一系列基本理論問題進行系統的論述，進而逐步建立大學文化學的基本學科理論體系。而最能反映重視推行大學文化研究的標誌性事件為 2002 年 9 月 1 日大學文化研究與發展中心的成立，其專門在於致力研究大學文化理論與實際問題、推動大學文化建設。

　　迄今為止，有關中國近代大學校園文化的研究主要圍繞大學文化和大學校園文化兩個維度來展開，研究成果大致可分為以下兩類：

　　其一，對中國近代大學文化的宏觀探討。

　　這一類研究側重以一所歷史和文化底蘊較為深厚的大學作為研究對象，以事實描述和文化闡釋作為研究目的，以對其大學史的溯源和考究為主線。旨在深入挖掘其所具有的大學文化精神，進而希望在對其大學文化傳統進行光大發揚的基礎上，對當今大學文化建設提供有益借鑒。這方面的代表作首推《中國大學文化百年研究》系列叢書。該叢書是「中國大學文化百年研究」重大課題的研究成果，主要針對中國近代以來具有悠久歷史和文化特色的知名大學進行研究。代表性論著主要有潘懋元主編的《南方之強：廈門大學文化研究》〔註 31〕。此外還有由錢理群主編的《二十世紀中國文學與大學文化叢書》。該叢書主要是就二十世紀中國文學發展與大學文化所進行的互動，以及二者之間的內在關聯進行深入分析。正如錢理群於 1998 年為該叢書所作的序言所言：「二十世紀中國文學與大學文化，討論的是現代文學與現代教育的關係。」〔註 32〕該叢書的顯著特點就在於它較早和深入的明確提出了「大學文化」，並直接以其作為主要研究對象進行深入探討。這方面的代表作主要有

〔註 29〕方耀楣：《大學文化氛圍的東西方比較》，《比較教育研究》，1994 年，第 6 期。

〔註 30〕王冀生著：《現代大學文化學》，北京大學出版社，2002 年。

〔註 31〕潘懋元主編：《南方之強：廈門大學文化研究》，高等教育出版社，2011 年。

〔註 32〕黃延復著：《二三十年代清華校園文化》，廣西師範大學出版社，2000 年，序言第 1 頁。

黃延復所著的《二三十年代清華校園文化》〔註33〕和高恒文所著的《東南大學與學衡派》〔註34〕。他們分別在對清華和東南大學兩校的文學生成現象進行分析論述的同時，也對兩校各自的大學校園文化進行了相當分量的闡釋。在論文方面，張亞群所著的《論大學文化的民族性與國際性》一文，對中西方大學整體所形成的文化傳統進行了系統論述，尤其是專門針對中國近代大學文化有詳細闡述，並對於民主和科學作為中國近現代大學文化發展的根本方向有深入分析。〔註35〕

其二，中國近現代大學校史研究。

迄今，諸多中國高等教育史和大學史在進行溯源和考究的過程中和基礎上，對於中國近代大學校園文化會有不同程度的涉及。在中國高等教育史的研究中，這方面的代表性論著主要有伍振鷟所著的《中國大學教育發展史》〔註36〕、鄭登雲編著的《中國高等教育史》（上冊）〔註37〕、金以林所著的《近代中國大學研究：1895～1949》〔註38〕、許美德所著的《中國大學 1895～1995：一個文化衝突的世紀》〔註39〕、張亞群所著的《科舉革廢與近代中國高等教育的轉型》〔註40〕以及由劉海峰和史靜寰主編的《高等教育史》〔註41〕。上述著作在論述中國近代高等教育發展和轉型的同時，對近代大學校園文化的歷史淵源，以及其產生演變的時代背景和社會環境，從整體上進行了梳理和總結，有效的為日後研究近代大學校園文化與時代和社會之間的關聯進行了鋪墊。同時它們也不同程度的對中國大學校園文化在古代和近代的形態與功能有所涉及和闡述。

除過上述論著之外，尚有眾多的大學校史雖然未直接以「校園文化」為題進行研究，但是在其論述中對於日後校園文化實際所包含的內容均有不同

---

〔註33〕黃延復著：《二三十年代清華校園文化》，廣西師範大學出版社，2000年。

〔註34〕高恒文著：《東南大學與學衡派》，廣西師範大學出版社，2002年。

〔註35〕張亞群：《論大學文化的民族性和國際性》，《中國地質大學學報》（社會科學版），2008年，第4期。

〔註36〕伍振鷟著：《中國大學教育發展史》，臺灣三民書局股份有限公司，1982年。

〔註37〕鄭登雲編著：《中國高等教育史》（上冊），華東師範大學出版社，1994年。

〔註38〕金以林著：《近代中國大學研究：1895～1949》，中央文獻出版社，2000年。

〔註39〕（加）許美德著：《中國大學 1895～1995：一個文化衝突的世紀》，教育科學出版社，2000年。

〔註40〕張亞群著：《科舉革廢與近代中國高等教育的轉型》，華中師範大學出版社，2005年。

〔註41〕劉海峰、史靜寰主編：《高等教育史》，高等教育出版社，2010年。

程度的觸及。它們的總體特點體現爲以中國近代某一所大學校史論述作爲基礎，同時對其校園文化有所論述。

臺灣學者蘇雲峰曾於論述清華大學和海南大學的校史過程中，對兩校所具有的校園文化進行了詳細而深入的考證和論述〔註 42〕；陳平原在論述北大發展歷史的同時，實際上對於眾多可以稱之爲是北大校園文化的形態與功能都有深入分析和探討〔註 43〕；張雪蓉在《美國影響與中國大學變革（1915～1927）：以國立東南大學爲研究中心》一書中，也對當時國立東南大學的學生生活，尤其是自治生活有較詳盡的論述〔註 44〕。王李金所著的《中國近代大學創立和發展的路徑——從山西大學堂到山西大學（1902～1937）的考察》一書，也闢專章對山西大學的校園文化發展和演變歷程進行過考述〔註 45〕。

除此之外，還有一類著作集中表現爲專門以某一所中國近代大學的校園文化爲研究對象，以論著或論文的形式對其進行針對性研究。直接將「校園文化」作爲自身代表性論著標題的是黃延復所著的《二三十年代清華校園文化》一書。該書不僅對清華校園文化進行了明確界定，並分別從校長、名師、校園生活、清華文學院、二三十年代清華文壇和二三十年代清華舊體詩文等方面，對此一階段清華整體的校園文化進行了極爲詳盡和生動的敘述。該書最大的特點就在於，其直接將二三十年代清華自身所形成的校園文化作爲該書論述的主要對象，這在目前尚不多見。另外，作者注重運用第一手原始資料來對清華校園生活進行栩栩如生的描述和敘事。無論從資料運用上，還是分析整理上，該書可謂中國近代大學校園文化研究的典範之作。不過該書略有美中不足之處，正如作者自己所言主要表現爲「歸納和分析的工夫明顯不夠」。〔註 46〕

〔註 42〕蘇雲峰：《私立海南大學：1947～1950》，臺灣「中央」研究院近代史研究所，1990 年；蘇雲峰：《從清華學堂到清華大學：1911～1929》，臺灣「中央」研究院近代史研究所，1996 年；蘇雲峰：《從清華學堂到清華大學：1928～1937》，三聯書店，2001 年。

〔註 43〕陳平原著：《北大精神及其它》，上海文藝出版社，2000 年；陳平原著：《老北大的故事》，北京大學出版社，2009 年。

〔註 44〕張雪蓉著：《美國影響與中國大學變革（1915～1927）：以國立東南大學爲研究中心》，華齡出版社，2006 年。

〔註 45〕王李金著：《中國近代大學創立和發展的路徑——從山西大學堂到山西大學（1902～1937）的考察》，人民出版社，2007 年，第 292～333 頁。

〔註 46〕黃延復著：《清華二三十年代校園文化》，廣西師範大學出版社，2000 年，第 600 頁。黃延復和賈金悅所著的《清華園風物志》一書也對於清華校園文化的

　　臺灣學者黃福慶在其《近代中國高等教育研究：國立中山大學》一書中，明確以章節的形式，對國立中山大學的校園文化進行了敘述。不過該書的不足之處在於，其將校園文化界定爲學生生活的範疇，因此論述起來較爲單薄〔註47〕。此外，謝泳所著的《清華三才子》一書也直接將「校園文化」一詞直接用來形容中國近代大學的學生生活。該書雖然以論述聞一多、吳景超和羅隆基三位清華人爲主，但是作者在敘述聞一多的清華生活時引入了校園文化這一概念，並認爲「清華的校園文化是我們分析聞一多那一代知識分子時必須關注的方面。」最後，作者將清華校園文化所具有的特點總結爲言論自由、結社自由和出版自由三個方面。不過從作者所總結的校園文化特點來看，作者仍局限於將校園文化理解爲單純的學生社團生活，仍略有局限〔註48〕。

　　雖然目前關於中國近代大學校園文化的研究已有較多成果。但是就總體而言，多表現爲就中國近代大學校園文化某一方面，或是就中國近代某一所大學的校園文化進行專題研究，尚未見到專門針對中國近代大學校園文化的產生、演變、形態功能以及其內在演變邏輯進行系統完整的研究和論述，因此無法一窺中國近代大學校園文化演化的全貌。有鑒於此，本書作者在歸納整理上述已有研究成果的基礎上，結合新挖掘的大學史料，著重圍繞中國近代大學校園文化的形態與功能進行深入探討，進而對其產生和演變所呈現出的規律加以把握，以形成較爲完整的認識。

　　本書以高等教育學、歷史學和文化學的基本理論爲指導，圍繞中國近代大學校園文化主題，以大學歷史變遷爲縱軸，以文化形態爲橫軸，運用教育內外部關係規律，從兩個維度，系統考察和深入分析中國近代大學校園文化的演進過程、形態特徵及育人功能。並通過個案研究，加深對中國近代大學校園文化的特點與影響的認識。在此基礎上，總結中國近代大學校園文化建設的有益經驗，揭示中國近代大學校園文化的演變邏輯，爲當今大學校園文

不同方面有所觸及。可參見黃延復、賈金悅著：《清華園風物志》，清華大學出版社，2005年。

〔註47〕黃福慶著：《近代中國高等教育研究：國立中山大學》，臺灣「中央」研究院近代史研究所，1988年，第184～189頁。

〔註48〕謝泳著：《清華三才子》，東方出版社，2009年，第11～20頁。謝泳所著的《大學舊蹤》一書，對於清華校園文化也多有涉及。可參見謝泳著：《大學舊蹤》，江西教育出版社，1999年。

化建設提供歷史借鑒和啟示。

　　由於中國近代大學從產生到發展定型時間跨度較長，數量較多，本書主要選取 1912 至 1937 年民國大學爲考察對象，重點探析這一時期大學校園文化的表現形態及其功能。1912 年中華民國的成立爲近代大學發展開闢了道路，奠定了其民主和科學的發展方向。選擇 1937 年爲終點，並非意味著否定此後中國近代大學校園文化在性質上有所變化，而是想要說明，隨著全面抗戰的爆發，不可避免的給中國高等教育帶來了衝擊，擾亂了大學正常的辦學實踐活動，自然也波及到大學校園文化自身的形態呈現。因此，僅就中國近代高等教育發展的內外部環境，以及在此環境內中國大學自身的發育成長而言，民國成立至抗戰爆發前確實可以稱之爲中國近代高等教育的黃金階段。此外，本書在對大學的選取上也有所側重。一方面，對於諸如北京大學和清華大學這樣在當下已經研究時間較長，研究力度較深，研究成果較爲豐富，世人較爲熟悉的經典大學案例，本書力圖在不重複已有研究成果的前提下，努力在資料開掘上有所創新；另一方面，本書將主要筆墨放在了當時校園文化發展優美，但當下研究卻涉及並不十分深入的一批民國大學上。另外，諸如清華學校、北京高師和南京高師從一開始並非以大學的面貌示人，但是由於它們在高等學校或高師時期就已經形成了富有自身特色的校園文化，並一直延續到日後大學的成立。因此，本書在論述中也將其在高等學校和高師辦學時的校園文化納入研究範疇。

# 第一章 中國近代大學校園文化的演化路徑

　　大學校園文化的歷史與大學的歷史，可以說是同時發生的。中國近代大學校園文化亦是如此。中國自古便形成了具有自身文化特色的高等教育傳統和大學校園文化。鴉片戰爭後，中國進入半殖民地半封建社會。伴隨著西學東漸，中國傳統社會的面貌和結構也開始逐漸發生顯著變化。正是在這一時代和社會背景下，近代意義上的西方大學開始映入國人的視野。因此，中國近代大學本身就是中國傳統文化與近代西方文化相互衝突和不斷融合的結果。也正是伴隨著中國近代大學的產生和發展，中國近代大學校園文化才開始經歷了從無到有，從產生到發展的過程。

## 第一節　中國近代大學的出現和發展

　　中國近代大學校園文化之所以可能產生，其根本前提在於中國近代大學的出現和發展。中國自古便形成了自身所特有的高等教育傳統，中國近代大學正是在中國古代大學的基礎上才得以產生。

### 一、中國近代大學的歷史淵源

　　中國古代大學在與近代西方文化的衝突和碰撞中產生了中國近代大學。就中國古代大學教育〔註1〕而言，「按辦學性質和教育功能來劃分，其形

---

〔註 1〕爲了便於與「中國近代大學」相呼應，本書將以國子監和書院爲代表的中國古代高等教育，一律稱之爲中國古代大學教育。其實在民國至今的許多中國

態主要包括三種，即源遠流長的官學、影響深遠的科舉考試制度以及具有私學傳統的書院教育組織形式。不同形態的古代高等教育在起源上有先後之分，在地位與作用上則處於交替與互補狀態，最終形成以各級官學爲主體、科舉考試爲重心、書院教學爲補充的傳統高等教育格局。」〔註2〕正是由於中國傳統社會中的各級各類官學、科舉考試制度和書院三者構成了通常所謂的中國古代大學教育。由於「古代高等教育最先確立了兩種互不聯繫的功能：一爲培養國家所需要的高層統治人才；二是研究、傳授高深學問。這兩種功能不是同時出現的，兩者都出現以後，也不爲每一所高等教育機構所同時具有。也就是說，爲了實現培養高級人才和研究高深知識兩種不同的目的，在古代出現了兩類不同的實施高等教育的機構。」〔註3〕鑒於科舉考試制度雖然作爲中國傳統大學教育的重心而存在，但它在本質上是一種人才選拔制度，而且它並不像國子監和書院那樣具有可供師生進行日常教學和生活的固定場所。因此，本文所論及的中國古代大學教育專指以太學和國子監爲代表的中央官學和以書院教育爲代表的高級私學。因爲前者「以培養封建國家行政官吏爲任務」，後者則「以培養學術人才爲宗旨。」〔註4〕

自元朔五年（公元前136年）漢武帝設立太學，隋大業三年（公元607年）隋煬帝改國子寺爲國子監以來，太學和國子監就成爲了中國傳統社會中

---

高等教育史和大學史的研究論述中，不乏將古代高等教育與古代大學教育這兩個術語等同視之的先例。蔡元培在爲《國立北京大學廿週年紀念冊》所作的序言中直接言道：「吾國之有大學，始於三代，垂四千年矣。」可參見《國立北京大學紀念刊‧第一冊》（民國六年廿週年紀念冊——上），臺北傳記文學出版社，1971年，第4頁。在現代學者的研究中也大多將此二者等同視之。金耀基曾直言：「大學的起源可以溯到中國的先秦、西方的希臘與羅馬，⋯⋯」可參見金耀基著：《大學之理念》，三聯書店，2001年，第1頁。其它代表性論述還有伍振鷟著：《中國大學教育發展史》，臺灣三民書局股份有限公司，1982年；鄭登雲編著：《中國高等教育史（上冊）》，華東師範大學出版社，1994年；金以林著：《近代中國大學研究：1895～1949》，中央文獻出版社，2000年以及張亞群著：《科舉革廢與近代中國高等教育的轉型》，華中師範大學出版社，2005年。

〔註2〕張亞群著：《科舉革廢與近代中國高等教育的轉型》，華中師範大學出版社，2005年，第8頁。

〔註3〕潘懋元主編：《多學科觀點的高等教育研究》，上海教育出版社，2001年，第27頁。

〔註4〕鄭登雲編著：《中國高等教育史》（上冊），華東師範大學出版社，1994年，第7頁。

的最高學府和國家最高的教育行政職能機關。自此之後，漢代太學所確立的培養高級官吏的教育宗旨一直得以延續。無論是從唐代國子監下設國子學、太學和四門學，還是宋代太學實施的三舍法均是如此。「明代國子監的前身是朱元璋建國之前在應天府創辦的『國子學』，至明成祖永樂元年（1403 年）又創設北京國子監，遷都後，北京國子監遂稱為京師國子監，原京師國子監改名為南京國子監，是以明代有南北監之分。清順治七年（1650 年），清帝將明朝的南監改為江寧府學，只保留北京國子監。明清時期的北京國子監作為全國最高學府和最高教育行政部門一直存在到 1905 年才被學部所取代。」〔註5〕

　　「書院，是中國封建社會後期興盛的一種大學教育形式，融藏書、印書、學術研究、授徒於一體。它萌芽於唐末，發展於宋、明，普及於清代。」〔註6〕而書院自產生之日起，就與官學產生了密切關聯。「在官學頹敗的社會歷史背景下，適應科舉選士的要求，唐代後期私人講學逐漸興盛。」〔註7〕宋明可謂是書院發展最為興盛的時期，因此有研究者就直接使用「宋明書院時期」來形容這一階段大學教育的特點：「中國的大學教育，在隋唐五代以後，又進入了一個新的時期：這個時期便是中國教育史上書院制度最為盛行的時期。儘管在此一由宋至明長達七百餘年的期間內，屬於大學教育性質的中央官學（國子監與太學）仍由國家繼續辦理，然教育的重心，卻已非常明顯的轉移到書院。」〔註8〕日後所熟知的一批著名書院均是在宋代形成。由於早期書院是作為矯正和彌補官學教育的不足而產生，因此形成了許多與官學完全不同的辦學特色。但是，隨著書院的發展，政府對書院的控制也日益嚴密，其官學化傾向也不斷加重。元代書院官學化的特點正式形成。隨著明代的進一步強化，到清代時，書院官學化已經發展到極致，而此時書院也與以國子監為代表的官學教育一樣，完全成為了為應付科舉考試而存在的應試場所和工具。1905 年伴隨著科舉考試被廢止，書院制度也不復存在。

---

〔註 5〕田建榮著：《科舉教育的傳統與變遷》，教育科學出版社，2009 年，第 99 頁。
〔註 6〕鄭登雲編著：《中國高等教育史》（上冊），華東師範大學出版社，1994 年，第 16 頁。
〔註 7〕張亞群著：《科舉革廢與近代中國高等教育的轉型》，華中師範大學出版社，2005 年，第 11 頁。
〔註 8〕伍振鷟著：《中國大學教育發展史》，臺灣三民書局股份有限公司，1982 年，第 103 頁。

## 二、中國近代大學的萌生和演進

「中國近代大學教育的出現，可以說是從外引進的，而不是從內部自然發生的；是被動而非主動的。它產生的直接原因，是在同西方文化的接觸中孕育出來的，然而這種文化接觸，卻是伴隨著西方列強對中國的侵略而來。」〔註9〕儘管正如上文所述，中國擁有悠久的大學教育歷史，也形成了獨具自身特色的大學教育傳統。但是一旦論及中國近代大學教育，就勢必得提及近代西方的大學教育。可以說，正是在近代西學東漸的時代和社會背景之下，近代西方大學才得以傳入中國，使得中國近代大學教育的出現在真正意義上成為可能，自然也才為近代大學校園文化的產生提供了基本前提和可能性。

近代作為中國社會發展階段中一個極為獨特和重要的階段，其最為根本的特點就在於它所具有的由中國傳統社會向現代社會過渡的性質。「從發展趨向來看，存在著兩個互相矛盾、而又互相連結、互相制約的過程：一個是從獨立國變為半殖民地（半獨立）並向殖民地演化的過程，一個是從封建社會變為半封建（半資本主義）並向資本主義演化的過程。」〔註10〕正是由於這種既未完全擺脫中國傳統社會和文化的影響，同時又不可避免的要表現出對近代西方社會文化加以接納的特點，決定了中國近代社會必然是一個在中國社會發展階段中不可複製和獨一無二的社會發展階段。因此，正是這種不中不西，既中既西的過渡社會性質，使得它在根本上影響和規定了中國近代大學教育的發展方向和根本特質。可以從以下方面來看待中國近代大學的產生及發展歷程。

首先，就高等教育的產生而言，中西方各自形成了特色不同的高等教育傳統。

所謂高等教育是指「建立在普通教育（或基礎教育）基礎上的專業性教育，以培養各種專門人才為目標。它所培養的專門人才，將直接進入社會各個職業領域從事專門工作。」〔註11〕而如果以此為評價標準，無疑中西方各自都擁有悠久的高等教育傳統。「高等教育是社會文化發展到一定歷史階段的產物。在古代東西方社會文化發展過程中，產生了不同類型的大學機構，

---

〔註9〕金以林著：《近代中國大學研究：1895～1949》，中央文獻出版社，2000年，第2頁。

〔註10〕李時岳著：《近代史新論》，汕頭大學出版社，1993年，第21頁。

〔註11〕潘懋元主編：《新編高等教育學》，北京師範大學出版社，1996年，第5頁。

形成各具特色的高等教育傳統。」〔註12〕

　　正如前文已述，太學和國子監、科舉考試以及書院三者共同構成了中國古代大學教育，它們體現出以下方面的特點：「起源早，學校教學、管理和考試制度相當完備；在辦學目標方面，中國古代高等教育以培養統治人才爲目的，具有強烈的政治功利取向；受傳統儒家文化的人文性影響，中國古代高等教育沒有宗教色彩，並且將道德教育放在首位；在辦學體制上，中國古代官學、私學並存互補；在教育行政管理上，實行中央集權管理與部門辦學管理體制相結合；在教學模式上，中國古代高等教育形成以官學、書院爲代表的兩種不同的教學風格。」〔註13〕而對於西方而言，雖然早在古希臘和古羅馬時期就已經出現了高等教育形式，但是大學這一組織建制卻直到中世紀才眞正產生。正如美國歷史學家哈斯金斯所言：「大學是中世紀的產物，猶如中世紀的大教堂和議會。古希臘人和古羅馬人沒有大學——已經連續使用了七八個世紀的『大學』一詞所指代的教育機構——雖然聽起來或許有點兒匪夷所思。他們有高等教育，但它不是大學的同義語。他們在法學教育、修辭學教育和哲學教育上取得了許多令後人自歎不如的成就，但他們的教育並未發展成永久性知識機構的組織形態。」〔註14〕中世紀大學最早的代表分別爲巴黎大學和博洛尼亞大學，它們也形成了自身的特點，分別包括大學的自治與限制；大學理念與制度；宗教性和世俗性；國際化與本土化以及通識性和專業性（職業性）。〔註15〕可以說，中國近代大學教育正是在上述兩種教育傳統的作用和規範下才得以萌生和發展。

　　其次，就中國近代大學的產生而言，它是在中國近代特殊的時代和社會背景下，受到了中國古代大學教育和近代西方大學教育的雙重作用才得以產生。其中科學技術以課程的形態進入到大學內部，標誌著中國近代大學的產生，其從一開始就顯示出鮮明的「後發外生型」特點。

　　科舉考試制度作爲中國傳統高等教育的重心，一直承擔著爲國家選拔高

---

〔註12〕張亞群：《論大學文化的民族性與國際性》，《中國地質大學學報》（社會科學版），2008年，第4期。

〔註13〕劉海峰、史靜寰主編：《高等教育史》，高等教育出版社，2010年，第27～30頁。

〔註14〕（美）哈斯金斯著：《大學的興起》，上海人民出版社，2007年，第1頁。

〔註15〕劉海峰、史靜寰主編：《高等教育史》，高等教育出版社，2010年，第295～297頁。

級統治人才的任務。但是隨著中國淪爲半殖民地半封建社會，以科舉爲重心的中國傳統高等教育已經不再能夠培養出符合近代社會所需的各種高級專門技術人才。正是在這一前提下，伴隨著西學東漸，近代西方高等教育逐漸開始被引入到中國。而在近代西方高等教育被引入的過程中，科舉的革廢成爲了制約中國近代高等教育能否轉型的關鍵所在。「近代中國高等教育的轉型是以科舉制爲重心的傳統高等教育體制，向西方高等教育模式過渡的變革過程，其進展遲速、發展特徵、成就大小同科舉革廢進程緊密相連，廢科舉是高等教育轉型的突破口。」〔註16〕也正是在上述轉型過程中，中國近代第一所高等學校福建船政學堂於 1866 年得以成立〔註17〕。而其之所以具有近代意義的本質特徵就在於：「近代大學之所以是『近代』的，最根本的動力與標誌就是科學技術以知識的形態，轉化爲課程進入大學，成爲大學內部的核心，推動大學自身方方面面的變化與發展。」〔註18〕因此，由於以自然科學爲主的近代知識以課程的形式進入到了高等教育機構之中，才從本質上催生了中國近代高等教育的產生。

隨著 1905 年的廢科舉，興學堂，近代西方高等教育制度更是從基本架構和制度框架上，內在規定了中國近代高等教育的發展，也從一開始就決定了中國近代高等教育所必然具有的「後發外生型」特點。所謂「後發外生型」主要是相對於近代西方高等教育的「早發內生型」而言，指中國近代高等教育發展較晚，而且主要是由近代西方高等教育所誘發和決定。〔註19〕縱觀中國近代高等教育的產生過程，鮮明體現出這一特點。無論是當時的教育理念、大學制度、課程設置和教學方式等等，都反映出中國近代高等教育所具有的「後發外生型」特點，而這一特點也深刻決定了中國近代大學在日後的發展走向和趨勢。

第三，就中國近代大學的整體發展歷程而言，從根本上反映出中國傳統文化與近代西方文化相互激蕩和不斷融合的漫長過程。在這一過程中，外來性與本土化成爲貫穿中國近代高等教育變革的兩大特徵。對以民主和科學爲

〔註16〕張亞群著：《科舉革廢與近代中國高等教育的轉型》，華中師範大學出版社，2005 年，第 5 頁。

〔註17〕潘懋元：《福建船政學堂的歷史地位及其影響》，《教育研究》，1998，第 8 頁。

〔註18〕黃福濤著：《歐洲高等教育近代化》，廈門大學出版社，1998 年，序言第 2 頁。

〔註19〕朱國仁著：《西學東漸與中國高等教育近代化》，廈門大學出版社，1996 年，序言第 4 頁。

代表的核心價值觀的追求是中國近代大學眞正得以發展的原動力，同時也是中國高等教育近代化所不斷追求的終極目標。

　　洋務學堂的設立標誌著中國近代高等教育的發軔，其從一開始就顯示出鮮明的「後發外生型」特點。而對於自身擁有悠久高等教育傳統的中國社會而言，這種對於近代西方高等教育進行橫向移植和模仿的做法，則爲其日後的發展方向和路徑埋下了伏筆，即中國傳統文化與外來文化之間的不斷衝突與磨合。而中國近代大學所具有的這種外來性與本土化的特徵，在本質上其實就是對中國近代社會所具有的中西方文化相互激蕩和融合的時代特徵的根本反映。同時必須指出的是，儘管洋務學堂的出現代表著中國高等教育近代化的開始，但是中國近代高等教育眞正進入實質性的發展還是始於民國成立之後。民國成立以後，隨著《大學令》等國家法令的頒佈，確定了以民主和科學爲代表的核心價值觀作爲大學發展的原初動力，才眞正爲中國近代大學的飛躍發展開闢了道路。這兩個基本價值觀一方面成爲近代大學不斷發展的精神原動力，同時也是中國近代大學所要追求的終極目標。

　　正是由於中國近代大學的出現和發展，才從根本上使得中國近代大學校園文化的出現成爲可能。而中國近代大學校園文化從其產生之日起，就不可避免的受到了中國近代大學自身演化過程的影響和作用，而其開端就體現爲清末大學校園文化的產生。

## 第二節　清末大學校園文化的產生

　　清末大學主要是指以京師大學堂、北洋大學堂和山西大學堂爲代表的一批近代分科大學。正是由於清末大學的萌生和發展，才爲其校園文化的產生提供了前提。清末大學校園文化可謂是中國近代最早的大學校園文化之代表。而談及清末大學校園文化，首先便有必要提及清末大學從無到有的產生過程，進而才有可能此基礎上對其表現形態及其特點功能加以把握。

### 一、清末大學的形成和發展

　　和洋務學堂的成立相仿，清末大學最初得以開創也是緣於中國近代社會的特殊時代背景。1895 年甲午戰敗之後，鑒於洋務學堂並未實際起到培養人才的作用，以康有爲和梁啓超爲代表的維新運動開始興起。而其鼓吹的一項重要變革就在於要求清政府廢科舉、興學堂。可以說，正是在這種面臨著國

破家亡的背景下，上述清末大學才得以產生和發展。而清末大學不同於之前
成立的以洋務學堂爲代表的高等專門學校的一個顯著特點就在於，它們均不
同程度的體現並順應了世界高等教育發展的客觀規律和趨勢，即「由技藝性
的單科學堂到分科大學堂，再向多科性，綜合性大學發展」〔註20〕。它們在
一定程度上都具有了分科大學的性質。其中尤其以 1898 年成立的京師大學
堂被視爲是標誌著中國近代大學教育的正式開始。「作爲新式高等學堂的集
大成者，京師大學堂既是中國近代第一所綜合性大學，也是全國教育行政總
機關。」〔註21〕而在京師大學堂成立之前就已經具有此種分科大學性質的是
日後成爲北洋大學堂的天津中西學堂的頭等學堂，而在其成立之後的則爲山
西大學堂。

　　1895 年，在盛宣懷和丁家立的共同籌備下，天津北洋中西學堂成立。在
學制上，該學堂直接借鑒歐美大學模式，從一開始就分爲頭等學堂和二等學
堂。其中大學學堂爲大學本科性質，學制 4 年。二等學堂爲大學預科性質，
學制亦爲 4 年。可以說，北洋中西學堂此時已經初具分科大學雛形。而在教
學模式方面，它也模仿美國大學的班級授課制。頭等和二等學堂各分爲四班，
每班招生 30 人，學生依次遞進升級。課程方面，它也積極向歐美大學學習，
不僅將自然科學引入到課程體系中，而且還形成了較爲完備的課程體系。1896
年天津北洋中西學堂更名爲北洋大學堂。1900 年八國聯軍入侵京津，北洋大
學堂一度停辦。1903 年重新復校並一直沿用該校名直至清王朝覆滅。

　　1898 年 12 月京師大學堂成立，它從一開始就帶有典型的國子監的濃厚
色彩。因爲它不僅是全國最高學府，而且也是全國管理教育的最高行政機
關。京師大學堂在成立伊始，也只是僅僅具有大學堂之名，所開設的課程也
多爲以往之舊學，新學比例極小。1900 年八國聯軍入侵，京師大學堂一度停
辦，直至 1902 年才得以恢復。1902 年，中國近代教育史上第一次以政府名
義所頒佈的系統學制「壬寅學制」問世。它首次將當時的學校教育制度劃分
爲三段七級。在高等教育階段共分三級，分別爲高等學堂或大學預科 3 年、
大學堂分七科 3 年以及大學院年限不限，標誌著中國近代高等教育眞正進入

〔註20〕鄭登雲編著：《中國高等教育史》（上冊），華東師範大學出版社，1994 年，第
　　　　76 頁。
〔註21〕張亞群著：《科舉革廢與近代中國高等教育的轉型》，華中師範大學出版社，
　　　　2005 年，第 84 頁。

到了制度化的階段〔註22〕。而構成「壬寅學制」的重要組成部分就是《京師大學堂章程》。在這個章程中，首次明確出現了大學分科制度，規定大學共分爲七科，分別爲政治科、文學科、格致科、農學科、工藝科、商務科和醫術科，上述七科其中又分別包含三十五目〔註23〕。大學堂從高等學堂和大學預科的畢業生，學制爲三到四年。1903 年清政府又頒佈了「癸卯學制」，其中一個顯著變化就在於又增設了經學科。因此原來的七科變爲八科，下設目也增至四十六個。不過京師大學堂眞正開始招收分科大學生始於 1910 年。該年分科大學成立，並正式開始招收大學生。不過該批學生尚未畢業就爆發了辛亥革命，京師大學堂也旋即改名爲日後爲世人所熟知的北京大學。

　　1902 年 3 月成立的山西大學堂屬於中國近代高等教育史上第一所省立大學堂〔註24〕。山西大學堂成立之前，山西省爲響應清政府興學堂的號召，已經成立了太原令德書院，並於 1902 年 3 月在此基礎上成立了山西大學堂。時值山西教案爆發，山西向英國賠款五十萬兩白銀。負責接收賠款的英國傳教士李提摩太向李鴻章建議，將這五十萬兩白銀用於在山西建立一所中西大學堂，專門用於培養高級人才，並獲得了李鴻章的支持。在經過籌備之後，新興的山西大學堂由中學專齋和西學專齋構成，中學專齋即原有的山西大學堂，西學專齋即中西大學堂。至此山西大學堂初具分科大學的雛形和特徵。這種狀況一直維持到民國成立，之後便更名爲山西大學校，並取消了中西專齋，改設文法工三科。

　　京師大學堂、北洋大學堂和山西大學堂共同構成了清末大學教育的基本面貌。也正是伴隨著三所中國近代大學辦學實踐活動的開展，其校園文化也開始萌芽。

## 二、清末大學校園文化的表現形態

　　清末大學校園文化是指清末大學師生所創造的物質環境、精神產品和生活方式。它由校園文化物質表現形態、師生行爲方式和精神表現形態三方面構成。

〔註22〕孫培青主編：《中國教育史》，華東師範大學出版社，2000 年，第 343～344 頁。
〔註23〕北京大學校史研究室編：《北京大學史料・第一卷：1898～1911》，北京大學出版社，1993 年，第 88 頁。
〔註24〕鄭登雲編著：《中國高等教育史（上冊）》，華東師範大學出版社，1994 年，第 85 頁。

## （一）物質表現形態

由於清末大學的籌備時間相對較短，再加之均屬草創，因此其校園文化的物質表現形態主要體現爲校址和校舍方面。它們大都利用往日的書院或衙署來作爲辦學場所，體現出較強的單一性和過渡性。

天津北洋中西學堂直接以原有的博文書院作爲頭等學堂的校址：「房屋必須寬大，擬即就天津梁家園南圍牆外前海關道周道所議造之博文書院作爲北洋頭等學堂，以期名副其實。」〔註25〕京師大學堂由於開辦倉促，也直接以原有的皇族官宅作爲校舍。「因開學在即，新建校舍來不及用，暫設在地安門內馬神廟和嘉公主舊宅院爲校舍，共修復原房屋三百四十餘間，又新擴建一百三十餘間。這裏就是以後的北大二院。同時，還在北河沿購置房屋一幢，開辦譯學館，即爲後來的北大三院。」〔註26〕山西大學堂則從一開始就將衙署作爲自己的辦學場所：「由於新校舍尚未修建，岑巡撫非常客氣，特將皇華館學臺衙門撥給我們佔用。這是二十年前張之洞撫晉時修建的衙門，對我們辦學來說，是太原城內最好的建築物……一九零二年六月二十六日，齋舍改修工程完畢，西齋正式開學。」〔註27〕總體看來，這一時期的大學校園物質環境均是建立在原有的書院和衙署建築的基礎上。而除過上述校址和校舍因素外，這一時期的校園物質文化並沒有更多的內容充實進來，顯得較爲單調。

## （二）師生行爲方式

師生行爲方式是指清末大學師生在校園生活中所表現出的各種最爲基本的群體性生活方式。大致而言，此時期的校園生活在很大程度上仍然沿襲了中國古代大學教育的傳統，同時也開始呈現出吸取和借鑑近代西方大學某些生活方式的跡象，體現出中西文化並存的特點。在清末三所大學中，京師大學堂和山西大學堂更多的代表了中國古代大學教育的傳統，而北洋大學堂則更多的體現出近代西方大學教育的特點。

就京師大學堂和山西大學堂的校園生活方式而言，其在總體上仍然延續了中國古代大學的教育傳統，十分強調對於師生們的思想和言論管理，旨在

〔註25〕北洋大學——天津大學校史編輯室編：《北洋大學——天津大學校史·第一卷》（1895 年 10 月～1949 年 1 月），天津大學出版社，1990 年，第 17 頁。

〔註26〕鄭登雲編：《中國高等教育史》（上冊），華東師範大學出版社，1994 年，第 54 頁。

〔註27〕金以林著：《近代中國大學研究：1895～1949》，中央文獻出版社，2000 年，第 30 頁。

通過相應的規約來加以管制。最爲明顯的就體現爲 1902 年所頒佈的《欽定京師大學堂章程》。該章程的第七章名曰「堂規」，其實就是通過一系列的規定來對當時大學堂的師生以及師生之間的關係進行規定。

　　第一節　教習學生，一律遵奉《聖諭廣訓》，照學政歲科試下學講書宣讀御製訓飭士子文例，每月朔，由正總教習、副總教習傳集學生，在禮堂敬謹宣讀《聖諭廣訓》一條。

　　第二節　凡開學散學及每月朔，由總教習、副總教習、總辦各員，率學生詣至聖先師位前行禮。禮畢，學生向總教習、副總教習、總辦各員各三揖，退班。

　　第三節　每歲恭逢皇太后、皇上萬壽聖節，皇后千秋節，至聖先師誕日，仲春仲秋上丁釋奠日，皆由總教習、副總教習、總辦各員率學生至禮堂行禮如儀。

　　第四節　學生平日見管學大臣、總教習、副總教習、分教習，皆執弟子禮，遇其它官員及上等執事人一揖致敬。〔註28〕

　　從上述堂規不難看出明清國子監強調尊卑等級的影子。除此之外，堂規對於學生放假、請假和違反校規等方面均作出了嚴格規定。這種嚴格甚至發展爲對學生自由閱讀進行規定和限制。光緒三十年（1904）十月二日，時任京師大學堂學生班長的瞿士勳由於在自習室閱覽小說《野叟曝言》，被大學堂總監督撤銷其班長職務，並記大過一次〔註29〕，可見當時對於學生思想管理的嚴格。這一特點也能夠從山西大學堂對於學生所作的嚴格規定中清楚發現。鑒於山西大學堂的學生每逢科舉考試便會集體逃課前去應考，「西齋總教習敦崇禮不得已與所有學生各訂一份契約，學生須保證三年內在大學堂安心學習，凡曠課逃學者一律由政府施以制裁而『投進大牢』。」〔註30〕雖然是出於推行新學才如此規定，但是從契約本身也確實能感受到它的嚴厲和專制。

　　這種對於中國古代大學教育傳統的沿襲還十分鮮明的表現爲當時學生所

〔註28〕北京大學校史研究室編：《北京大學史料·第一卷：1898～1911》，北京大學出版社，1993 年，第 96 頁。

〔註29〕北京大學，中國第一歷史檔案館編：《京師大學堂檔案選編》，北京大學出版社，2001 年，第 252 頁。

〔註30〕王李金：《中國近代大學創立和發展的路徑——從山西大學堂到山西大學（1902～1937）的考察》，人民出版社，2007 年，第 298 頁。

能享受的待遇上。北洋大學堂在初創時期，「學生上學的一切費用均由國家負擔，書籍、紙張、筆墨，以及食宿費都由學校供給。此外，每月還發給學生膏火費白銀一至七兩不等，隨年級的升高而增長。」〔註31〕這種定期給學生發放膏火費的做法很容易使人聯想到國子監生們的生活。對國子監的生活傳統保持的最爲完整的當數大學堂的課堂教學。由於清末大學尚屬草創時期，因此在開辦之初入學的學生大多爲科舉時代擁有功名頭銜的士子。再加之當時科舉尚未廢止，因此，在清末的大學校園內經常可以看見以下有趣的場景：

> 中齋開辦之初，一切仿傚令德堂的舊制，講授的多是史論、經義等內容。所以學生中有的鑽研十三經，有的閱讀前四史，有的好看諸子百家或唐宋八大家的著作，喜好算學的人，則是鳳毛麟角。學生上課也不分班，只佔用一間能容納二百人的大講堂。上課時，學生則身穿布大褂從前門由書記唱名魚貫而入，分坐東西兩側。老師則頂戴花翎（清朝的官服）由後門而入，端坐中央。有的老師上課時還要抽旱煙，便帶一名差役，專爲他執掌煙袋，立在後門邊上，靜候主人用眼指揮。〔註32〕

上述山西大學堂中學專齋的上課情景，幾乎完全是古代國子監教學的課堂場景的翻版，由此不難想像山西大學堂學生讀書生活的情形。這一點由京師大學堂頒佈的《講堂條規》也能夠得到印證：

> 第五節　凡授業時，學生不經教習許可，不得擅離坐次。……第十一節　學生上下講堂，須進退有度，不得凌亂。第十二節　學生在講堂，語言動作均須有禮，不得妄言妄動。第十三節　凡有外來聽講之員，先由總辦知會本堂教習，教習應行禮節隨時自酌。〔註33〕

而在平時吃飯時，也會出臺相應的《飯廳條約》來對學生的言行舉止進行各種規定：

> 第四節　無論教習學生，齊同入坐，齊同舉箸，齊同散坐，不

---

〔註31〕金以林著：《近代中國大學研究：1895～1949》，中央文獻出版社，2000年，第13頁。

〔註32〕金以林著：《近代中國大學研究：1895～1949》，中央文獻出版社，2000年，第31頁。

〔註33〕北京大學校史研究室編：《北京大學史料‧第一卷：1898～1911》，北京大學出版社，1993年，第223頁。

得紊亂。第五節 在坐者均宜肅靜，不得喧嘩及任意妄動。……第

七節 凡學生有紊亂儀節者，均由教習提調糾正，不得違抗。〔註34〕

　　儘管從京師大學堂和山西大學堂的校園生活中更多的感受到國子監的氣息，但是這決不意味著當時的校園生活中就無法捕捉和尋覓到近代西方大學生活的痕跡。最爲明顯的例證就是京師大學堂於 1905 年 4 月所舉辦的第一次全校性質的運動會。這次運動會同時也是中國近代大學舉辦的第一屆運動會〔註35〕。其實僅僅從「運動會」一語就能看出這是典型的模仿近代西方大學的做法。京師大學堂的這一次運動會於 1905 年 4 月 25 和 26 日兩天舉行。以 25 日運動會的體育項目來看，分別有擲槌、八百米突競走、跳遠、二百米突競走、擲球、跳高、頂囊競走、一百米突競走、提燈競走、犬牙形競走、三百米突競走、四百米突競走、一腳競走、六百米突競走、掩目拾球競走等十五項。另外，26 日還舉行了十七項比賽。〔註36〕與京師大學堂相仿，山西大學堂從建校之初也較爲重視學校的體育工作。「體育不僅在學校立校之始就是學生課堂教學之有機組織內容，而且在不久之後又迅速發展成一項人人參與的課外活動，並成爲校園文化的重要組成部分。開學當年，於年末舉行了體育運動會，中西兩齋學生與教習們都參加了各種項目的活動。」〔註37〕

　　與京師大學堂和山西大學堂的校園日常生活大相徑庭的是北洋大學堂。所謂大相徑庭，並非言其與上述二所大學堂有質的差別，而是指相對於前兩者而言，北洋大學堂更多的體現出對於近代西方大學教育的尊崇和模仿。例如，北洋大學堂也實行與前兩個大學堂相同的發放膏火費的辦法。1903 年考入北洋大學堂的劉景山就在日後回憶：「那時念書很舒服，每月可領銀子，名義是筆墨紙張費，其實不只筆墨紙張是學校免費供給的，連伙食也是免費的。」

〔註34〕北京大學校史研究室編：《北京大學史料・第一卷：1898～1911》，北京大學出版社，1993 年，第 225 頁。

〔註35〕金以林著：《近代中國大學研究：1895～1949》，中央文獻出版社，2000 年，第 26 頁。

〔註36〕北京大學校史研究室編：《北京大學史料・第一卷：1898～1911》，北京大學出版社，1993 年，第 292 頁。在舉辦了此次運動會之後，京師大學堂還分別於光緒三十二年（1906 年）四月初二和光緒三十三年（1907 年）二月二十七日，舉行了兩次全校性質的運動會。可參見北京大學校史研究室編：《北京大學史料・第一卷：1898～1911》，北京大學出版社，1993 年，第 293～297 頁。

〔註37〕王李金著：《中國近代大學創立和發展的路徑——從山西大學堂到山西大學（1902～1937）的考察》，人民出版社，2007 年，第 314 頁。

〔註38〕不過北洋大學堂更多的體現出與前二者不同的特點。首先表現在天津中西學堂建校伊始所專門針對大學生所頒佈的《頭等學堂章程》之中。與京師大學堂和山西大學堂所呈現出的不無嚴厲的規章條規相比，北洋大學堂更多的體現出另外一番情形：

格物學、化學機器等房，創辦時均須預備機器式樣，以備各學生閱視考據，並學堂置辦書籍各圖，所有經費應在常年經費之外開支。……漢文不做八股試帖，專做策論，以備考試實在學問經濟。大約小學堂內《四書》古文均已讀過，此外經史皆當擇要講讀。〔註39〕

1904年該校頒佈《天津大學堂新訂各規則》。從其對學生的生活規定中，就能看到更多的新奇之處：

一、總辦有總理全學之權，當盡熱心教育之義，諸生有未開通者，啟導之；能夠學者獎勵之；其不率者董戒之。……

一、諸生有事或請業，不拘時刻接見，通名就坐，有疑難就問，務盡其意所欲言，答必以誠。有不中理者誨正之，毋疾言，毋厲色，使之悔悟，不追既往。

一、學務有當改良者，集總教習監督教習於研究室，提議互相質難，折衷貴，當意有不同，各抒己見，毋偏徇，毋執拗，惟其當。……

一、學生犯規，當正言告誡，不可呵斥。〔註40〕

在北洋大學堂的章程規定中處處體現出一種在《京師大學堂章程》中所體會不到的意味。如果將這種意味用語言來加以描述，那麼可以將其稱之為是平等、民主和自由。正如章程所言，如果學生有思想未開通者，當「啟導之」；如果學生有違反校規之處，「當正言告誡，不可呵斥」；如果教師之間有不同意見時，則應該「提議互相質難，折衷貴，當意有不同，各抒己見，毋偏徇，毋執拗，惟其當。」所有這些條規都在傳達一種信息，即透露出一種

---

〔註38〕沈雲龍訪問者，陳存恭記錄：《劉景山先生訪問紀錄》，臺灣「中央」研究院近代史研究所，1987年，第11頁。

〔註39〕北洋大學——天津大學校史編輯室編：《北洋大學——天津大學校史·第一卷（1895年10月～1949年1月）》，天津大學出版社，1990年，第18頁。

〔註40〕北洋大學——天津大學校史編輯室編：《北洋大學——天津大學校史·第一卷（1895年10月～1949年1月）》，天津大學出版社，1990年，第25～26頁。

嚮往民主、平等和自由的校園生活方式。而這恰好與京師大學堂和山西大學堂所呈現出的等級分明，規矩森嚴的特點大相徑庭。

在學生讀書生活方面，北洋大學堂也充分地體現出教學民主和學習自由的意味。「學生入頭等學堂先學習第一年基礎功課，學完後，由總辦、總教習察看每一個學生的資質，酌定是將擬定的三年功課全行學習，還是專習一門。學堂傾嚮於學生專學精進，避免因一人精力、才智有限，全學而易泛騖。……1907 年起，學校對學生個人專業興趣更爲重視，學生入本科一、二年內，還可以要求轉學門。」〔註 41〕北洋大學堂的這種自由學風自然也爲京師大學堂和山西大學堂所不具備。而且在學生課外生活方面，北洋大學堂也較早的開始倡導和實踐學生自治。「北洋學生的膳食，最早由學校辦理，後來因屢鬧膳潮，學校遂交學生自組膳團辦理，其廚司、採購、煤水等則由學校供應。這樣喜歡吃好的或吃省的都聽取自便，學生自組膳團四五個，伙食費從二元到六元不等，學生參加哪一膳團加入或退出自便。」〔註 42〕這種已經初具日後學生自治雛形的生活方式，與前述京師大學堂所出具的《飯廳條約》中規定的非禮勿動的生活方式更是形成了鮮明對比。

### （三）精神表現形態

京師大學堂和山西大學堂之所以會與北洋大學堂在師生生活方式上體現出不同，其根本原因就在於二者在校園文化的精神表現形態方面的差異所致，即大學校園價值觀的不同。京師大學堂和山西大學堂更多受到中國古代大學教育，尤其是國子監傳統的影響，而北洋大學堂則更多的接受了來自近代西方大學教育的薰染。二者從辦學之初就採用了截然不同的辦學思想或大學理念，分別爲中體西用和西學體用。正是由於這兩種截然不同的辦學理念，導致了兩類大學校園文化在形態方面的根本差異。

「1902 年至 1911 年的京師大學堂，其最主要特徵就是『中學爲體、西學爲用』作爲立學的宗旨。」〔註 43〕其實這一辦學宗旨早於京師大學堂籌備之

〔註41〕北洋大學——天津大學校史編輯室編：《北洋大學——天津大學校史·第一卷（1895 年 10 月～1949 年 1 月）》，天津大學出版社，1990 年，第 54 頁。

〔註42〕北洋大學——天津大學校史編輯室編：《北洋大學——天津大學校史·第一卷（1895 年 10 月～1949 年 1 月）》，天津大學出版社，1990 年，第 58 頁。

〔註43〕鄭登雲編著：《中國高等教育史》（上冊），華東師範大學出版社，1994 年，第 67 頁。

時就已然被確立。1896 年，孫家鼐〔註44〕就曾在《議復開辦京師大學堂摺》中明確表達了對於「中體西用」這一教育哲學的尊崇，而且將此事作為上書光緒帝的第一事：

> 一曰宗旨宜先定也。中國五千年來，聖神相繼，政教昌明，決不能如日本之捨己芸人，盡棄其學而學西法。今中國京師創立大學堂，自應以中學為主，西學為輔；中學為體，西學為用；中學有未備者，以西學補之；中學有失傳者，以西學還之。以中學包羅西學，不能以西學凌駕中學。此是立學宗旨。日後分科設教，及推廣各省，一切均應抱定此意，千變萬化，語不離宗。〔註45〕

正如孫家鼐所言：「日後分科設教，及推廣各省，一切均應抱定此意，千變萬化，語不離宗。」上述話語已經再清楚不過的表達了孫家鼐希望利用「中體西用」來指導辦理未來有可能開辦的京師大學堂。從京師大學堂日後的辦學實踐情況來看，它也的確是在嚴格執行「中體西用」的大學理念。無論是課程設置、教學內容以及學生管理，無一不是如此。正是在這種氛圍內，所以才自然而然的形成了前文所述的京師大學堂所特有的校園文化形態。大至對於師生思想言論的約束鉗制，小至對於飯廳情狀的細微要求，無不體現出對於中國綱常名教等禮法秩序的推崇。這種尊重不僅直接表現於直接明瞭的要求中，即使連當時校園中所出現的少有的近代西方大學生活方式，也難逃這種體用之分的規範效力。最為明顯之處就表現為上述京師大學堂運動會的開辦。1905 年京師大學堂所舉辦的第一次全校運動會時所公佈的《第一次運動會運動次序》的公告規定，每逢當天的運動項目進行完畢時，都不忘在布告的落腳處公正的署上「皇太后聖壽無疆　皇上聖壽無疆　京師大學堂長久」〔註46〕的字樣。可以說，僅僅這張校園布告就十分生動的展現出中體西用這一核心價值觀在校園內的效用和威力。

中體西用的大學理念也深刻的影響到山西大學堂的辦學實踐。它從一開始就存在所謂中學專齋和西學專齋兩個教學機構。可以說，它們的存在本身

---

〔註44〕孫家鼐（1827～1909），1898 年 7 月 3 日以吏部尚書、協辦大學士受命為京師大學堂首任管理學務大臣。

〔註45〕北京大學校史研究室編：《北京大學史料・第一卷：1898～1911》，北京大學出版社，1993 年，第 24 頁。

〔註46〕北京大學校史研究室編：《北京大學史料・第一卷：1898～1911》，北京大學出版社，1993 年，第 292 頁。

就是對「中學爲體，西學爲用」這一觀念的生動詮釋。這一點從當時中齋學生對於西齋學生的集體心態就能夠清楚看出：「中齋初期處在這種十足的封建舊式教育的環境內，對西齋學生的衣冠不整，師生無別，操場蹦跳，語言無忌，深表不滿。經常指責西齋學生『數典忘祖』，『捨己之田而耘人之田』，將來不免爲後人所唾罵。」〔註47〕早於 1902 年，時任山西巡撫的岑春煊就在《旨設立晉省大學堂謹擬暫行試辦章程繕草恭摺》一文中，對這種「中體西用」的大學理念進行過明確表達：「蓋以與其多設皮毛之西學勞神曠日，不如令注重根底之中學，由源及流。且此亦爲暫行章程，教法次第究應如何，張百熙奏辦大學堂摺內原有議定，……」〔註48〕從岑氏的行文可見，正是由於受到了京師大學堂的「中體西用」辦學理念的影響，才更加堅定了岑氏要以「中體西用」來指導自己規劃和辦理山西大學堂的信心。因此，正是由於當時主持籌備和辦理京師大學堂和山西大學堂的主事者自身對於「中體西用」理念的信奉，因此才從根本上決定了二個大學堂校園精神文化的根本特色，進而直接影響到其校園生活方式。

北洋大學堂的師生生活之所以能夠表現出相對民主、平等和自由的特點，根本原因也在於其從建校伊始就爲自身所確立的校園核心價值觀，以及由此衍生和形成的精神文化。這一校園核心價值觀就是「西學體用」的教育哲學和大學理念。

「天津北洋西學學堂的創建是盛宣懷適應當時中國國情，吸取過去洋務教育的經驗教訓，既不是『中體西用』，又不是『全盤西化』，而是由封建官吏主持下，以西學體用爲指導思想辦起的一所新型大學。」〔註49〕正是由於盛宣懷爲北洋大學堂從源頭上所確立的核心價值觀，也才會出現日後丁家立被任命爲北洋大學堂首任總教習，並以哈佛大學爲藍本來建設北洋大學堂。因此其才會在課程設置、教學內容、教學方法和模式以及學生管理等諸多方面形成與京師和山西大學堂迥然有異的特色。正是由於這一校園核心價值觀的確立，才爲北洋大學堂在日後形成自身所特有的校園精神文化奠定了堅實

---

〔註47〕金以林著：《近代中國大學研究：1895～1949》，中央文獻出版社，2000 年，第 31 頁。

〔註48〕王杰、祝士明編著：《學府典章：中國近代高等教育初創之研究》，天津大學出版社，2010 年，第 170 頁。

〔註49〕北洋大學——天津大學校史編輯室編：《北洋大學——天津大學校史·第一卷（1895 年 10 月～1949 年 1 月）》，天津大學出版社，1990 年，第 8 頁。

基礎，進而自然就形成了前文所述的種種校園生活方式。

正是由於上述校園核心價值觀從一開始就被嵌入到各自的校園中，進而才逐漸成爲被一校整體所接受的精神氛圍。這種精神氛圍由一校師生所外顯出來就是通常所謂的校風。而隨著辦學實踐活動的持續，這種特殊的校園風氣也逐漸內化和固定爲校園精神傳統，孕育和影響著走進校園的一代代學子，太學精神就是中國古代大學校園文化的精神傳統。

所謂太學精神，其實就是指太學生群體所表現出的對於國家和民族所應有的高尚道德良知和敢於擔當的社會責任感。這一點從東漢、北宋和明代的太學生運動中都可以明顯看出。隨著京師大學堂的建立，此種太學精神也自然而然的作爲一種精神傳統被其所保留，鮮明的表現爲1903年所爆發的「拒俄運動」。

1900年，沙俄借八國聯軍鎮壓義和團之際，強佔中國東三省。由於壓力，其被迫與清政府簽訂了《交收東三省條約》，約定在一年半內分期撤出中國東北。但是到了1903年4月，沙俄非但沒有撤走，反而繼續增兵東三省。正是由於這一舉動，才引發了中國社會各界的極大憤慨。正是在這種背景下，京師大學堂的學子們又一次表現出高度愛國的熱忱和勇於承擔的太學精神。

> （四月三十日）京師大學堂兩館學生因東三省事，商之副總教習，上堂會議，當蒙副總教習允准，即鳴鐘上堂。先由范助教演說利害，演說畢，全班鼓掌，有太息者，有流涕者。次由各學生登臺議論，思籌力爭善策，擬辦四事：一、而生在京官紳告電該省督撫電奏力爭；二、全班學生電致各省督撫，請各督撫電奏力爭；三、全班學生電致各省學堂，由各省學堂稟請該省督撫電奏力爭；四、大學堂全班學生上稟管學代奏力爭。當學生會議時，各教習、各職事員均在座點頭歎息。〔註50〕

上述題爲《記京師大學堂學生拒俄事》的文字見於1903年5月3日的《大公報》。文中所提及的范助教，正是日後出任過中華民國教育部次長的范源濂〔註51〕。從文中「有太息者，有流涕者」、「各學生登臺議論，思籌力爭善策」

---

〔註50〕北京大學校史研究室編：《北京大學史料·第一卷：1898～1911》，北京大學出版社，1993年，第573頁。

〔註51〕范源濂（1876～1927），著名教育家。1912年4月，任中華民國教育部次長。1923年，任北京師範大學校長。

以及由學生所提出的四條建議，就不難體會到當時京師大學堂學生們身上所體現出的太學精神。由於京師大學堂學生們的勇敢表現，也使得這成爲中國近代史上第一次由大學生因外交問題而向政府進言的先例〔註52〕。由此可以看出，大學校園精神傳統一旦形成，對於學生所能夠產生的特殊效用和力量，最明顯的例子就表現爲日後北京大學在近現代歷次學生運動中所發揮的作用和影響。

## 三、清末大學校園文化的特點及功能

首先，清末大學校園文化是在繼承中國古代大學校園文化的基礎上，借鑒和吸收近代西方大學的產物和結果，體現出傳承性和時代性。

傳承性主要是指中國古代大學校園文化是清末大學校園文化得以產生和發展的重要基礎。這一點鮮明的體現爲清末大學校園文化的各種表現形態。無論是上述京師大學堂、山西大學堂還是北洋大學堂，它們都不同程度的對中國古代大學校園文化有所繼承，也都是以此爲基礎開始形成自身的校園文化。所謂時代性，主要是指由於處於中西文化相互衝突和激蕩的晚清社會，使得清末大學校園文化有別於古代大學校園文化真正成爲可能。儘管清末大學校園文化不同程度的對古代大學校園文化有所繼承，但是它畢竟不同於古代大學校園文化。儘管京師大學堂距離真正近代大學的要求還相差甚遠，實際上仍是一所半殖民地半封建的書院式學堂。但是，正是這種半殖民地半封建性的時代特點，決定了它不再是由單一的中國傳統儒家文化所影響，而使其發生改變的正是近代西方文化的傳入和影響。

其次，清末大學校園文化體現出顯著的社會性，即它一方面深刻的受到了所處社會各個方面的影響和作用，同時它也在以自身所特有的方式來反作用於社會。

清末大學校園文化所呈現出的社會性特點，最爲明顯的就體現爲其校園核心價值觀。「中學爲體，西學爲用」是彌漫於中國近代社會，尤其是晚清社會的一種強有力的文化思潮。它不僅直接影響到洋務學堂的成立，而且也波及到了清末大學的成立。此外，北洋大學堂的成立也明顯反映出社會性這一特點。北洋大學堂以「西學體用」作爲自身的辦學宗旨。而其之所以會提出這一理念，根本原因在於其爲了回應當時社會強烈需要具有專門西學知識和

---

〔註52〕曲士培著：《中國大學教育發展史》，山西教育出版社，1993年，第353頁。

技術的高級人才這一要求。因此，北洋大學堂從一開始就圍繞社會發展的需求來設置課程，安排教學內容和方法。而這種校園文化一旦形成，勢必會對當時晚清社會產生了相應的作用和影響。

第三，清末高等教育制度自身的調整影響著清末大學校園文化的表現形態和發展走向。

這種由高等教育制度自身的調整進而影響大學校園文化的顯著例證，主要表現為科舉制度的廢止對於校園文化形態的影響上。1905 年科舉廢止，在此之前，它仍然對於眾多在清末大學接受新式教育的學生們產生巨大的向心力。「京師大學堂學生也只有參加科舉考試得中後，取得舉人、進士的出身，才獲得做官的資格。因此，每屆科舉考試期間，大學堂學生便紛紛請假赴考。」〔註53〕而當科舉被強行廢止之後，這種學生所表現出的群體性生活方式自然也告一段落。此外，在科舉廢止以前，為了吸引更多的青年學子來學堂就學，當時大學堂都給學生按期發放膏火費。這一獨特的生活方式既是延續古代大學校園生活方式的表現，同時也體現出科舉這一古代高等教育的重心的存在對於清末大學校園文化的影響。而伴隨著科舉廢止，西學得以有效推廣，學生膏火費自然也就逐漸減少和淡化。此外，清末大學自身的制度安排和政策制定，也直接波及到校園文化的形態。這一點也可以從當時大學堂所出臺的眾多堂規和條約對校園文化的塑造和約束力上所表現出來。

第四，清末大學校園文化的建設體現出漸進性，在內容構成上體現為單一性，在組織形態上表現出封閉性的特點。

不可否認，相對於中國古代大學校園文化而言，清末大學校園文化無論是在表現形態上，還是實質內容上都有所超越和進步。但是它畢竟仍處於剛剛產生的階段，因而體現出過渡性和相對單一的特點。如果和民國成立以後的大學校園文化相比，就可以很容易的看出其本身內涵的匱乏和單調。這種漸進性也鮮明的體現在清末大學剛剛成立至民國成立以前這一發展階段。京師大學堂正是在發展的過程中，才舉辦了中國近代大學史上的第一次運動會；北洋大學堂正是在不斷的推進過程中，才出現了被後世稱之為學生自治的生活方式。這些都說明了大學校園文化建設是一個不斷發展中逐漸豐富和充實的過程。此外，雖然清末大學能夠對當時的社會起相應的反應，但是從

---

〔註53〕鄭登雲編著：《中國高等教育史》（上冊），華東師範大學出版社，1994 年，第56 頁。

其與社會所發生的互動而言，它在整體上呈現出封閉性的特點，即它還沒有真正形成能夠作爲社會之文化中樞的重要地位和影響力。

第五，「中體西用」和「西學體用」是從根本上決定清末大學校園文化形態的校園核心價值觀，是導致清末大學校園文化特色各異的重要因素，直接影響大學校園精神傳統的形成。

無論是「中體西用」還是「西學體用」，從歷史發展的眼光來看，它們都具有一定的進步性，都使得清末大學在本質上不同於中國古代大學校園文化。而它作爲校園核心價值觀也決定了大學校園文化的表現形態。不同的校園核心價值觀決定了各個大學校園文化在表現形態、特點形成上的差異，也直接影響到其功能的發揮。更爲關鍵的是，性質不同的校園價值觀也直接影響到各自校園精神傳統的形成。

京師大學堂對於太學精神的繼承和保留，就在日後發生了重大影響，典型事例就是 1919 年在北大的領導之下爆發的五四運動。很難想像，離開了具有悠久歷史的太學精神，北大是否還會成爲五四新文化運動的發源地。而北洋大學求眞求實的學風也蔚爲大觀，儼然在當時就成爲校園精神傳統。正如時人所言：

> 本校以樸實無華，刻苦節約著稱。這種質樸風氣，表現於學生們的衣食起居等日常生活。……同學品評人物的標準，是德行學問如何，對於浮奢表現，反有不屑一視之意向。新生入學，間有少數衣履稍涉浮華，必爲大眾歧視，而受到精神上的制裁，……在平津學生界，北洋大學同學有藍衫隊之稱，崇樸尚儉，蔚然成風。〔註54〕

很難想像，如果沒有形成一以貫之的校園風氣，又如何會在學生中產生如此效力和能量。正是由於北洋大學堂積極借鑒和吸取近代西方大學教育的經驗和優點，進而才形成了富有自身特色的校園文化氛圍。

第六，育人是清末大學校園文化的根本功能，同時它也發揮出相應的社會功能。

儘管清末大學的育人仍然帶有極強的封建色彩，在性質和功能上都無法與日後民國大學校園文化同日而語。儘管清末大學校園文化尚處於起步階段，無論是在表現形態還是實質內容上都尚屬單調，但是其仍然體現和發揮

---

〔註54〕北洋大學——天津大學校史編輯室編：《北洋大學——天津大學校史・第一卷（1895 年 10 月～1949 年 1 月）》，天津大學出版社，1990 年，第 58 頁。

了鮮明的育人功能。這一點從清末大學在民國成立之前培養的各級各類畢業生人數就可以看出。

　　以京師大學堂為例，儘管其分科大學僅開辦一年有餘就爆發了辛亥革命，並沒有培養出真正意義上的本科畢業生。但是其在 1898 年至 1911 年間卻為中國社會培養出了其它各級各類的畢業生共 469 名。其中光緒三十三年（1907）大學堂優級師範科畢業生 104 人、宣統元年（1909）優級師範科畢業生 206 人和預備科畢業生 134 人，以及宣統二年（1910）大學堂附設博物實習科畢業生 25 人。〔註55〕北洋大學堂自 1895 至 1911 年間，共培養了本科畢業或肄業生 385 人。其中資送出國留學 52 人。法文班畢業 13 人，俄文班畢業 14 人，師範班畢業 69 人，鐵路班肄業 37 人。〔註56〕山西大學堂也在開辦十年間，共培養出各類畢業生和留學生共 593 名。〔註57〕

　　其在充分發揮育人功能的同時，清末大學校園文化也開始顯現出其通過學術研究來輻射社會的一面。最為明顯的例證由京師大學堂所發起的「拒俄運動」，這也成為中國近代史上第一次大學生的愛國運動〔註58〕。山西大學堂也在當時對於中國近代的科學和歷史教學方面起到引領作用。曾經通行一時的《邁爾通史》就是由山西大學堂所翻譯。由山大西齋教習瑞典人新常富所編寫的《無機化學講義》，經由學生徐鴻寶〔註59〕的翻譯之後，也在當時的社會頗為流行。除此之外，山西大學堂學生們的積極宣傳革命，對於辛亥革命的醞釀也起到了功不可沒的作用。〔註60〕

---

〔註55〕《自開校至宣統三年歷年畢業學生數目》，《國立北京大學紀念刊・第一冊（民國六年廿週年紀念冊——上）》，臺灣傳記文學出版社，1971 年，第 246 頁。需要指出的是，宣統元年（1909 年）京師大學堂預備科的畢業生應該為 134 人，現有的研究著作中所列舉的 132 人有誤。可參見金以林著：《近代中國大學研究：1895〜1949》，中央文獻出版社，2000 年，第 27 頁。

〔註56〕北洋大學——天津大學校史編輯室編：《北洋大學——天津大學校史・第一卷（1895 年 10 月〜1949 年 1 月）》，天津大學出版社，1990 年，第 59 頁。

〔註57〕王李金著：《中國近代大學創立和發展的路徑——從山西大學堂到山西大學（1902〜1937）的考察》，人民出版社，2007 年，第 127 頁。

〔註58〕鄭登雲編著：《中國高等教育史》，華東師範大學出版社，1994 年，第 66 頁。

〔註59〕徐鴻寶（1881〜1971），圖書館事業家、版本學家。1900 年考入山西大學堂。曾任北京大學圖書館館長、京師圖書館主任。

〔註60〕中國人民政治協商會議全國委員會文史資料研究委員會：《文史資料選輯》（第八輯），中華書局，1960 年，第 169〜170 頁。

# 第三節　民國時期大學校園文化的演進

　　1912 年中華民國成立，它不僅在政治上昭示著新舊王朝的替代，也預示著中國近代高等教育的質變。因為在民國成立之前，儘管已經存在以京師大學堂為代表的清末大學，但是它們畢竟仍帶有相當濃厚的封建色彩。自民國成立以後，伴隨著專制政權的推翻，也為中國近代大學的實質性發展開闢了道路，中國近代大學開始了其以民主和科學為目標的發展歷程〔註 61〕。正是在這一背景下，民國大學開始在清末大學的基礎上繼續向前演進。在其演進的過程中，民國大學校園文化無論是從表現形態，還是特點功能，都發生了與以往不同的顯著變化。

## 一、民國時期大學的發生和演進路徑

　　民國時期大學主要是指民國期間符合歷年頒佈的各種教育法令之規定的各類多科性、綜合性大學。1912 年 10 月 24 日，教育部頒佈的《大學令》首次以法令形式專門針對大學的性質、宗旨和成立條件進行了詳細規定：

　　　　第一條　大學以教授高深學術、養成碩學閎材、應國家需要為宗旨。第二條　大學分為文科、理科、法科、商科、醫科、農科、工科。第三條　大學以文、理二科為主；須合於下列條款之一，方得名為大學：一、文、理二科並設者；二、文科兼法、商二科者；三、理科兼醫、農、工三科或二科一科者。〔註 62〕

　　1913 年 1 月 16 日，教育部頒佈《私立大學規程》，除去私立大學不能設立大學院和不能授予學位等之外，當時能否稱之為私立大學的標準與《大學令》中的規定相同。〔註 63〕據教育部統計，民國初年共有公私立大學九所。其中國立大學為北京大學，省立大學為直隸北洋大學和山西大學，私立大學則包括復旦公學、中國公學、大同學院、中國大學、朝陽大學和武昌中華大學〔註 64〕。上述九所大學都具有一個共同特點，即它們都「是對清末封建教

---

〔註61〕鄭登雲編著：《中國高等教育史》（上冊），華東師範大學出版社，1994 年，第 96 頁。

〔註62〕潘懋元、劉海峰編：《中國近代教育史資料彙編‧高等教育》，上海教育出版社，2007 年，第 375 頁。

〔註63〕潘懋元、劉海峰編：《中國近代教育史資料彙編‧高等教育》，上海教育出版社，2007 年，第 376～377 頁。

〔註64〕鄭登雲編著：《中國高等教育史》（上冊），華東師範大學出版社，1994 年，第 110～111 頁。

育制度進行的重大改革，它廢除了忠君這一封建教育制度的核心，體現了辛亥革命推翻君主專制政體的成果；同時又取消尊孔這一封建教育的主要內容，表達了資產階級的革命性和科學精神。」〔註65〕也正是這種對於民主和科學的教育理念的追求，使得民國時期大學從一開始發展就從根本上有別於清末大學。1917 年 9 月 27 日教育部針對《大學令》進行修正。在修正之後的《大學令》中，除去第一和第二條與 1912 年《大學令》完全相同，在大學成立所需的條件上有所變化：「第三條 設二科以上者得稱爲大學。其但設一科者稱爲某科大學。」〔註66〕

　　1927 年國民政府定都南京，1929 年 8 月 14 日，教育部頒佈《大學規程》，其中對構成大學的基本組織和單位，以及大學成立的必備條件進行了相應規定：「第一條　大學依大學組織法第四條之規定，分文、理、法、教育、農、工、商、醫各學院。……第二條　大學依大學組織法第五條第一項之規定，至少須具備三學院，並遵照中華民國教育宗旨及其實施方針，大學教育注重實用科學之原則，必須包含理學院或農工醫各學院之一。」〔註67〕可以發現，《大學規程》與《大學令》和《修正大學令》的不同於之處就在於，大學原來以科爲基本建制變爲以學院爲基本單位。這種以學院作爲大學基本建制的特徵也爲以後的民國時期大學所保留和發展。這一點從 1934 年 4 月 28 日國民政府修正頒佈的《大學組織法》可以看出：「第四條 大學分文、理、法、教育、農、工商、醫各學院。第五條 凡具備三學院以上者，始得稱爲大學。」〔註68〕相較於民國初年而言，這一時期大學無論在總量上，還是類型上都明顯增多。以 1931 年爲例，當時全國共有大學 41 所，其中國立大學 13 所，省立大學 9 所，私立大學 19 所。如下表所示：

---

〔註65〕鄭登雲編著：《中國高等教育史》（上冊），華東師範大學出版社，1994 年，第 109 頁。

〔註66〕潘懋元、劉海峰編：《中國近代教育史資料彙編・高等教育》，上海教育出版社，2007 年，第 381 頁。

〔註67〕宋恩榮、章咸主編：《中華民國教育法規選編（1912～1949）》，江蘇教育出版社，1990 年，第 405 頁。

〔註68〕宋恩榮、章咸主編：《中華民國教育法規選編（1912～1949）》，江蘇教育出版社，1990 年，第 416 頁。

## 1931 年中國國立、省立和私立大學一覽表

| 校別 | 學校 |
| --- | --- |
| 國立 | 中央大學、北平大學、中山大學、武漢大學、清華大學、北京師範大學、浙江大學、北京大學、暨南大學、同濟大學、交通大學、四川大學、山東大學 |
| 省立 | 東北大學、廣東大學、東陸大學、河南大學、安徽大學、山西大學、湖南大學、東北交通大學、吉林大學 |
| 私立 | 燕京大學、嶺南大學、中法大學、金陵大學、輔仁大學、武昌中華大學、齊魯大學、震旦大學、南開大學、滬江大學、光華大學、廣東國民大學、廣州大學、廈門大學、東吳大學、復旦大學、武昌華中大學、大夏大學、大同大學 |

資料來源：周谷平等編：《孟憲承集》，浙江大學出版社，2010 年，第 213～214 頁。

　　縱觀 1912～1937 年間的民國時期大學，就其產生和演進的路徑來看，大致可以分為以下類型。

　　第一類是以民國之前已有的大學為基礎，在此基礎上繼續發展形成。這一類的典型代表是三所清末大學堂在民國轉變為大學。1912 年 5 月 16 日，京師大學堂改名為北京大學正式開學，這也是民國初年唯一的一所國立大學，北大於此年春天開始招收第一屆預科生。1917 年蔡元培長校，至此為北大奠定日後為人所熟知的民主和科學傳統。北洋大學堂根據 1912 年頒佈的《大學令》改名為北洋大學校，成為當時僅有的兩所省立大學之一。1914 年北洋大學校改名為國立北洋大學。1917 年對北大和北洋大學的系科進行調整，北洋大學成為專門辦理工科的工科大學。山西大學堂於 1912 年改名為山西大學校。上述三所大學也是民國初年僅有的三所公立大學。

　　第二類是民國成立後，根據教育法規中對於大學的規定，分別於不同時期所創設。相較於上述三所大學，日後為人所熟知的諸多民國時期大學大多屬於這一類型。這一類大學又可以分為兩種，其一是從成立之初就直接以大學的面貌示人。典型者如 1921 年成立的廈門大學、1924 年成立的大夏大學、1925 年成立的光華大學以及 1927 年成立的燕京大學。另一種則屬於民國成立前後就已經存在，但在當時並不屬於大學，而是高等師範學校或高等學校，民國成立後才逐漸升格為大學或併入大學。1911 年成立的清華學校、1912 年成立的北京高師和 1915 年成立的南京高師為其代表。其中清華學校和北京高師分別於 1928 和 1923 年升格為國立清華大學和國立北京師範大學，而南京

高師則於 1923 年合併進入 1921 年成立的國立東南大學。

總體而言，日後爲世人所熟悉的諸多民國時期大學大都沿著上述兩條演進路徑開始其辦學歷程。而伴隨著不同類型大學的發生和演進過程，它們的校園文化也隨之得以發生或在原有基礎上繼續演進。

## 二、民國時期大學校園文化對清末的超越

考察民國時期大學校園文化的演進，其實就是要探討相對於清末大學校園文化而言，民國時期大學校園文化的表現形態及其特點功能在哪些方面對前者進行了超越。鑒於民國時期大學不同的發生和演進路徑，其校園文化的具體面相也各有不同。因此，本書僅就作爲整體的民國時期大學校園文化與清末大學校園文化進行對比，僅就其在整體演進狀態中所表現出的具有普遍性的特質進行概述，以便爲下文具體描述民國時期大學校園文化的形態與功能進行鋪墊。

《大學令》和《大學規程》規定，民國時期大學教育的根本宗旨在於研究和教授高深學術，以養成碩學宏才。這一點與清末大學校園文化有著本質區別。固然清末大學校園文化從根本上也重視育人，但是受制於清末社會環境和時代背景，它所謂的育人與民國時期大學有著本質的不同。根本差異就在於民國時期大學以民主和科學作爲自身發展的起點和辦學實踐所要追求的最高宗旨。正是基於此種根本差異，民國時期大學校園文化的培育也從一開始就緊密的圍繞上述宗旨來著眼。

民國時期大學校園文化與清末大學校園文化的本質區別，首先鮮明的體現爲大學校園文化的精神表現形態。就民國時期大學校園文化整體而言，它將民主、自由、科學和法治等核心價值觀作爲建設校園精神文化的思想資源。也正是由於民國時期大學校園文化精神形態所發生的這種根本變化，直接導致了其校園文化物質表現形態和師生行爲方式發生改變。縱觀諸多在民國時期享有盛譽的知名大學，大都具有一個顯著特點，即它們都擁有自身的精神源頭，即擁有一個爲本校確立先進價值理念的大學校長。大凡在自身校園文化建設方面擁有顯著特色的民國時期大學，幾乎都能夠找出一位爲本校奠定精神源頭的校長。正是校長以其先進的辦學理念和高尚的道德人格，爲所在學校奠定了諸如民主、自由、科學和法治等核心價值觀，才爲日後大學精神的形成創造了條件。相較於清末大學而言，這一點不啻是根本性的轉變和飛躍。

正是基於民國時期大學校園文化精神表現形態的決定和作用，其校園文化的物質表現形態和師生行為方式，自然也就成為了體現校園精神的載體。相對於清末大學簡陋單調的校園文化而言，民國時期大學校園文化十分注重物質形態的建設，因而表現出與前者截然不同的多樣性。無論是校址的勘定，校園建築的設計與佈局，抑或以校訓、校徽、校旗和校歌為代表的校園物質象徵符號，都遠遠為清末大學所不及。更為關鍵的是，上述物質表現形態並非簡單地追求享受和美感，而是依托其來充分的發揮對於學生的育人功能。通過校景來對學生進行人格陶冶，依托校園物質象徵符號來傳達校園精神，進而起到凝聚和陶冶學生人格的作用。這些都遠非清末大學校園文化所能比擬。

民國時期大學師生行為方式也與清末大學大為不同。民國時期大學師生在生活方式上體現出豐富多樣性。無論是以教工生活為代表的師生合作和校工學校，還是代表學生基本生活方式的自治生活、社團生活以及體育生活，都為清末大學所不可想像。更為重要的是，在上述大學生活方式的背後，其實蘊含的無一例外是諸如民主、自由、獨立、法治和科學等校園核心價值觀。一方面，這些生活方式表達著民國時期大學所特有的精神風範，同時大學師生們也正是在踐行這些價值觀的同時，在師生之間和學生之間的互動中，更加深化了對先進理念的理解，不知不覺的達到了育人的目的。民國時期大學校園文化在形態的演進過程中，逐漸形成了與清末大學校園文化迥然有異的顯著特點。

首先，民國時期大學校園文化體現出傳承性和時代性。一方面，民國時期大學校園文化在某些方面對清末大學有所繼承。最為明顯的就是 1917 年蔡元培長校北大之前，北大預科生生活對於京師大學堂學生生活的傳承。另外，京師大學堂的太學精神也被北京大學所繼承。1919 年五四運動的爆發就是最為典型的例證。另一方面，民國時期大學校園文化則是更多的注重向近代西方文化和大學吸取養分，大力將上述具有普適性質的校園核心價值觀向大學師生滲透，最終為大學精神的形成奠定堅實基礎。

此外，民國時期大學校園文化也表現出易於受到社會環境影響和制約的特點。1927 年國民政府定都南京，向當時包括大學在內的公職機關強力推行總理紀念周制度。相較於 1927 年之前民國時期大學整體相對自由獨立的校園氛圍，1927 年之後民國時期大學校園的整體氣氛有所改變。重要原因就在於當時以總理紀念周為代表的黨化教育的推行。而大學在被強行嵌入總理紀念

周生活的同時，也以自身特有的方式來儘量拒斥和抵消其所造成的負面影響。

第三，民國時期大學校園文化深刻地受到高等教育制度調整的影響。這一點明顯的表現為預科生生活的改變和存廢。伴隨著預科制度的廢止，預科生生活自然也就消失在民國時期大學校園中。此外，伴隨著大學基本建制由科轉變為學院，大學校園中學生自治組織由科同學會變為院同學會。另外，當時校園中隨處可見的轉學生、旁聽生和特別生生活，無一不是民國高等教育制度安排和設置的結果。而偷聽生生活的存在，更是對民國時期大學校園內民主、獨立和自由風氣的表徵。

第四，民國時期大學校園文化形成了顯著的特色，導致各校特色不同的根本就在於形成了各自特色不同的精神傳統。由於民國時期大學各自不同的演進路徑，使得它們在培育校園文化方面形成了各異的特色。最為明顯的就是北大學生所盛行的自由獨立風氣。而當時諸如清華和燕京等校也都形成了自身特色不同的校園文化特質。

民國時期的大學校園文化也形成了迥然有異於清末大學校園文化的功能和影響。首先就體現為民國時期大學校園文化的育人功能。正是由於民國時期大學校園文化從一開始就緊密圍繞育人來著眼建設。因此，它能夠充分的發揮和利用校園文化來對學生進行自我教育，能夠充分的利用環境氛圍、師生互動和學生互動來進行自我教育，進而有效地輔助民國時期大學培養出數量可觀和推動中國近現代社會發展的各類高級專門人才。其次，主要體現為民國時期大學校園文化的社會輻射功能。這一點也為清末大學校園文化所不及。由於民國時期大學被認為是社會文化之中樞，因此大學校園文化也充分的發揮引領和改造社會文化的責任，充分利用各種校園生活方式來將先進的民主、自治和科學理念傳達給社會，間接地推動社會整體發展。

無論是就民國時期大學校園文化的精神表現形態，還是承載和表徵此種精神文化的物質形態和師生生活，抑或由上述表現形態所形成的特點及功能，都是對當時建設大學校園文化著眼於培育人才的體現。也正是在對這一根本宗旨的追求過程中，民國時期大學校園文化最終實現了對於清末大學校園文化的超越。

# 第二章 民國時期大學校園文化之精神表現形態

　　大學校園文化的精神表現形態，其實也就是通常所謂的校園精神或環境氛圍。它雖然不像校園物質環境那般具體和形象，能夠直接被個體的感官所觸摸和感知。但是，作為隱形環境和精神氛圍的它卻的的確確存在於大學校園中，雖然無色無味，無法觸碰。儘管校園精神無法被拍攝和裝幀成精美的圖像供校園內外的人們瞻仰和欣賞。甚至有時連生活於校園內，深受校園精神薰染的大學人也無法用語言準確地描繪和總結其究竟為何物。

　　假如說造型精美的大學校園景觀終歸有被改造、修葺甚至消逝的一刻，那麼，校園精神一旦形成，則天然地具有相對穩定的性質，很難輕易揮發或散失。根本原因就在於，其一經形成，便會成為每一個校園人都堅信並持守的基本價值觀念，便會植根於大學校園中每一個人的深層心理結構中。因此，從某種程度上而言，只要大學人的存在，這種特殊的校園精神環境就可能存在。可以說，是生活於大學校園內的人決定了這一精神和氛圍的生發和形成。也正因為這種精神環境的存在和作用，使得每一個生活其中的人都會逐漸受其濡染，在感受其「潤物細無聲」般的精神魅力的同時，在觀念和心理上認同校園精神背後所隱含的校園核心價值觀，進而直接影響到他們的思維方式和生活行為。正因為校園精神具有如此魅力，因此才有研究者將其與那些能夠被直接感知的校園物質文化形態和師生生活方式並稱為大學校園中「永恆的風景」：「大凡歷史稍長一點的學校，都有屬於自己的『永恆的風景』。構成這道『風景』的，除了眼見為實、可以言之鑿鑿的校園建築、圖書設備、科

研成果、名師高徒外，還有必須心領神會的歷史傳統與文化精神。」〔註1〕

　　大學校園精神文化是民國時期大學校園文化的靈魂和核心。相對於大學校園中有形的物質文化而言，它是一種普遍存在於民國時期大學校園中，由校園群體的日常生活方式直接加以體現和表徵的核心價值觀念及圍繞這些觀念所形成的整體精神氛圍。具體而言，民國時期大學在生成和培育校園精神文化方面形成了內在機制：大學校長的辦學理念和教育哲學，以及其個人高尚的道德人格魅力對於核心價值觀的孕育影響深遠。大學精神的源頭往往決定於校長，校園核心價值觀則是校園精神的內核；通過全校師生員工日常生活和行為方式所呈現，具有群體傾向特徵的大學校風則是校園精神文化的外顯；優美和成熟之校風則在大學長期的辦學實踐過程中逐漸定型為大學所特有的精神傳統，進而對生活於校園內的各種群體起著潛移默化的薰陶和浸染作用。

## 第一節　精神源頭：大學校長及其對校園核心價值觀的確立

　　「校園價值觀是一所學校的精神、傳統、作風和理想追求的綜合體現，是校園文化的本質與核心。校園價值觀同時又作為一種校園精神，滲透到每個校園人的思維方式和行為模式之中並影響其終生。」〔註2〕作為大學校園文化的靈魂和核心，校園核心價值觀的確立，為校園精神文化的發育和形成提供了精神源頭和方向路徑。從校園核心價值觀的確立到優美和成熟之校風的形成，其實也意味著大學文化的逐漸成型。縱觀民國時期諸多形成自身優美和成熟之校風的大學，無一不是先行確立了先進的校園核心價值觀，進而以此為核心通過開展形式多樣的校園活動來將這種價值觀向師生員工加以普及和灌輸，最終形成了獨具自身特色的校風和校格。因此，校園核心價值觀正是培育大學校園精神文化的根本所在。而從根本上為大學植入這一文化基因的奠基者，正是大學校長自身高尚的人格道德魅力以及其所持有的大學理念和教育哲學。

　　「一師」先後，有過許多校長，可是，我們說到「我們的校長」，

---

〔註1〕陳平原、夏曉紅編：《北大舊事》，三聯書店，1998年，代序第1頁。
〔註2〕關成華主編：《北京大學校園文化》，北京大學出版社，2001年，前言第5頁。

只是指經子淵（亨頤）先生而言，跟其它校長毫無關係。〔註3〕

上述文字是曾就讀於浙江第一師範學校的曹聚仁〔註4〕，在日後對於時任一師校長的經亨頤〔註5〕的回憶和評價。曹氏這段評價，字數雖然不多，但其傳神之處就在於「我們的校長」這五個字。因爲無論是過去還是現在，能夠擔當起學生如此評價的校長其實並不多見。而「我們的校長」一語的絕妙之處就在於，一所學校的發展歷程中會留下許多校長的足跡，但是真正能夠無愧於發自學生內心的這五個字的評價的人卻是屈指可數。畢竟只有那些真正依靠其先進的辦學理念、崇高的學識、高尚的道德和人格魅力的校長們，才有資格獲得學生這一素樸卻又無比珍貴的絕佳評語。

雖然曹聚仁所形容的只是一所師範學校的校長，但是無論小中大學生，他們作爲學生來感受學校的心理卻不存在高低之分。在學生們眼中，校長本身就可以被視爲學校的化身。其實民國時期諸多知名大學之所以會在後世人眼中變得迷人且散發著濃鬱的魅力，一個很重要的原因就在於曾經作爲這些大學的舵手，引領大學步入正確的航道，爲大學健康發展奠定堅實基礎的校長們自身所具有的超拔的人格魅力。所以，每當後世津津樂道這些民國時期的知名大學，其實某種程度上都是在談論那些由某位重要校長治理學校時期的大學發展階段。

鍾叔河曾對這種將大學校長視爲所在大學化身的現象有過十分經典的表述：「『過去的大學』，是蔡元培、蔣夢麟、胡適當校長的北京大學，是梅貽琦當校長的清華大學，是羅家倫當校長的中央大學，是竺可楨當校長的浙江大學……」。〔註6〕其實，縱觀民國大學史，對於當時許多大學而言，大都不乏無愧於「我們的校長」這個稱號的校長。這一點從當時各個大學的眾多畢業生在日後對於各自校長的深情回憶中就可以清楚的看出。

在眾多對於校長的回憶方式中，利用歌曲來抒發學子對於校長的歌頌和紀念，不僅形式上新穎，而且在傳播的廣泛性上也最能凸顯「我們的校長」

〔註3〕曹聚仁著：《我與我的世界》，人民文學出版社，2000年，第107頁。

〔註4〕曹聚仁（1900～1972），著名記者、學者、作家。畢業於浙江省立第一師範學校。曾任教於暨南大學、復旦大學。代表作有《國學概論》、《我與我的世界》、《中國學術思想史隨筆》。

〔註5〕經亨頤（1877～1938），著名教育家。先後擔任浙江兩級師範學堂校長、浙江省立第一師範學校校長。1920年創辦春暉中學，出任首任校長。

〔註6〕鍾叔河、朱純編：《過去的大學》，長江文藝出版社，2005年，新序第1頁。

在學子們心目中獨特的地位。提及中國近代大學校長，估計所有人都會不由自主的首先想起北京大學校長蔡元培。關於蔡元培的各種回憶和研究現在已經汗牛充棟。但是在眾多時人和後世對其的記述中，有一類最能夠反映出他作為北大師生心目中的「我們的校長」的崇高地位和影響。1917 年，國立北京大學舉辦二十週年紀念會。時任文科教授，同時也是著名戲曲理論家的吳梅〔註7〕專門撰寫了《北京大學二十週年紀念歌》以示紀念：

> 棫樸樂美材，試語同儕：追想遜清時創立此堂齋，景山麗日開，舊家主第門程改，春明起講臺，春風盡異材。滄海動風雷，弦誦無妨礙。到如今費多少，桃李培栽。喜此時幸遇先生蔡！從頭細揣算，匆匆歲月，已是廿年來！〔註8〕

在這首紀念歌中，最能吸引讀者之處可能還在於「喜此時幸遇先生蔡！從頭細揣算，匆匆歲月，已是廿年來！」一語。此處所言的「先生蔡」指的正是剛剛於此年擔任北大校長的蔡元培，不難看出北大師生對於蔡元培的深厚感情。吳梅撰寫的這首紀念歌也見於北大畢業生吳相湘在日後的回憶中。而在吳相湘看來，這首紀念歌「更顯示蔡先生主持北大除舊布新工作不過一年，已獲得全校師生的衷心擁戴。」〔註9〕相較於其它形式的紀念方式，這種將校長蔡元培融入到校慶紀念歌中的形式不可謂不新穎，也可謂最傳神。蔡元培之所以能夠在當時就獲得北大人如此高度一致的認同，根本原因還是在於其自身高尚的道德和人格魅力，以及其所信奉並努力貫徹的「思想自由，兼容並包」的辦學理念。畢業於北京大學，日後成為著名哲學史家的馮友蘭〔註10〕曾對校長蔡元培所具有的人格魅力進行過極為精闢和傳神的描繪：

---

〔註 7〕 吳梅（1884～1939），著名戲曲理論家、教育家。先後任教於北京大學、東南大學、中山大學、光華大學、中央大學、金陵大學。代表作有《顧曲塵談》、《曲學通論》。

〔註 8〕 《國立北京大學紀念冊·第一冊》（民國六年廿週年紀念冊——上），臺灣傳記文學出版社，1971 年，第 27 頁。

〔註 9〕 吳相湘著：《三生有幸》，中華書局，2007 年，第 12 頁。

〔註10〕 馮友蘭（1895～1990），著名哲學家、教育家。現代新儒家的代表人物。1918 年畢業於北京大學哲學系。1924 年獲美國哥倫比亞大學哲學博士學位。回國後，歷任清華大學、西南聯合大學教授。1948 年當選中央研究院院士。1956 年當選中國科學院哲學社會科學部委員。代表作有《中國哲學史》、《中國哲學小史》、「貞元六書」。

我在北京大學的時候，沒有聽過蔡元培的講話，也沒有看見他和哪個學生有私人接觸。他所以得到學生們的愛戴，完全是人格的感召。道學家們講究「氣象」，譬如說周敦頤的氣象如「光風霽月」。又如程頤寫的《行狀》說程顥「純粹如精金，溫潤如良玉，寬而有制，和而不流。……視其色，其接物也如春陽之溫；聽其言，其入人也如時雨之潤。胸懷洞然，徹視無間，測其蘊，則浩乎若滄溟之無際；極其德，美言蓋不足以形容。」這幾句話，對於蔡元培完全適用。這絕不是誇張。我在第一次進到北大校長室的時候，覺得滿屋子都是這種氣象。〔註11〕

蔡元培治理北大時所採取的思想自由和兼容並包思想也為北大迅速形成自由、民主和獨立的精神傳統植入了文化基因。這一理念也被當時任教於北大的周作人〔註12〕言簡意賅的形容為「古今中外」：「蔡子民的主要成就，是在他的大學教育。他實際擔任校長沒有幾年，做校長時期也不曾有什麼行動，但他的影響卻是很大的。他的主張是『古今中外』一句話，這卻是很有效力的，也是最得時宜的。」〔註13〕正是由於蔡元培將此種「古今中外」的教育哲學運用於北大的辦學實踐，因而才為北大成為中國近代大學之翹楚奠定了堅實基礎。其實，民國時期諸多大學中也都不乏蔡元培式「我們的校長」。

白燭點亮了記憶，眼淚洗濕了花圈，校長你離開了我們，離開了世界，都不是你所甘願。你帶去的悲怨，成了我們的憤恨，往日建陽的快樂，反留給大家哀痛。安息吧！校長！歷史會記住你的工作，記住你的工作！〔註14〕

上述文字是 1946 年 10 月國立暨南大學學生會自發舉行「追悼何故校長柏丞先生大會」時所編唱的輓歌，追悼的對象正是 1935 年開始擔任暨南大學校長，1946 年 7 月 25 日病逝的何炳松〔註15〕校長。從暨大學生會自發的舉行

---

〔註11〕馮友蘭著：《三松堂自序》，三聯書店，1984 年，第 320～321 頁。

〔註12〕周作人（1884～1966），著名散文家、文學理論家、思想家。魯迅之弟。1917 年秋至抗戰爆發，一直擔任北京大學教授。

〔註13〕陳引馳等編：《文人畫像——名人筆下的名人》，上海三聯書店，1996 年，第 12 頁。

〔註14〕劉寅生等編：《何炳松紀念文集》，華東師範大學出版社，1990 年，第 535 頁。

〔註15〕何炳松（1890～1946），著名歷史學家、教育家。1912 年畢業於浙江高等學堂。1917 年任北京大學文預科講師，後任歷史系教授並任北高師英語科教授及史地系主任。1935 年 6 月任國立暨南大學校長。代表作有《新史學》。

追悼會，以及輓歌中流露出學生們對於何校長滿懷深情的追憶，不難體會何炳松在暨大學子心中的崇高地位。其實，正是由於何炳松的長校暨大，才使得暨大有了實質上的改觀和發展。正如時人所言：「君之初長暨南大學也，校風未盡滯祓，風潮時仍不免，君則力持鎮定，惟簡聘名教授是務，以饜學生之需求循循善誘，以祛學生之客氣，不三年而校風丕變。嗣是君長校逾十年而風潮竟不復聞矣。」〔註16〕僅僅從「不三年而校風丕變」，就能看出作為校長的何炳松對於暨南大學校風的影響力。

曾於南開大學任教的蔣廷黻〔註17〕也曾於日後將南開與張伯苓〔註18〕之關係形容為：「南開就是張伯苓，張伯苓就是南開。」〔註19〕1934年由山東大學轉校清華大學，日後成為著名史學家的何炳棣〔註20〕也將時任清華校長的梅貽琦〔註21〕形容為「30年代清華精神的至高表率」。他引用時任清華教授的劉崇鋐〔註22〕之於梅氏的評價來加以佐證：「他處事態度嚴謹，守正不阿，堅定不移。治事善辯輕重，明識大體。……實事求是，誠懇待人。最令人欽佩者乃其人格感召。其個人志趣高尚，嚴峻自持而富幽默感。自奉儉樸，數十年如一日。對清華鉅額基金絲毫不苟。」〔註23〕僅從「最令人敬佩者乃其人格感召」一語，就不難想像梅校長在清華師生心目中的崇高地位。

需要指出的是，當時絕非名校校長才會具有如此質素，形成如此影響。校長對於一校精神之培植的重要性，也充分體現在一些地方大學的建設和發展過程中。安徽省立大學在成立之初，就充分認識到了校長之於未來安大發展的重要意義，進而直接將校長視為該校精神養成和培育的頭等大事：「校長

〔註16〕 劉寅生等編：《何炳松紀念文集》，華東師範大學出版社，1990年，第226頁。

〔註17〕 蔣廷黻（1895～1965），著名歷史學家、外交家。1912年春赴美留學。1923年獲哥倫比亞大學博士學位。回國任南開大學歷史系教授，從事中國外交史研究。1929年，任清華大學歷史系教授兼系主任。1957年4月，當選臺灣「中央」研究院人文組院士。

〔註18〕 張伯苓（1876～1951）著名教育家。南開中學和南開大學的創辦人。

〔註19〕 蔣廷黻著：《蔣廷黻回憶錄》，嶽麓書社，2003年，第90頁。

〔註20〕 何炳棣（1917～2012），著名歷史學家。1934年就讀於清華大學歷史系。1966年當選臺灣「中央」研究院院士。

〔註21〕 梅貽琦（1889～1962），著名教育家。第一批庚款留美學生。1931～1948年任清華大學校長。1955年，在臺灣新竹復建清華大學並任校長。

〔註22〕 劉崇鋐（1897～1990），著名歷史學家。1911年考入清華學堂。1921年獲哈佛大學文學碩士學位。1923年任南開大學歷史系教授。1925年轉任清華大學。

〔註23〕 何炳棣著：《讀史閱世六十年》，廣西師範大學出版社，2005年，第96頁。

回校問題，亦爲今日本校重要問題之一，因本校一切久遠大計，均賴學校當局運籌畫策，且求大學精神之嚴整，亦須校長在校監督，……」〔註24〕

其實諸如蔡元培之於北大，何炳松之於暨大，梅貽琦之於清華的大學校長在民國時期不乏其人。知名者如胡適之於中國公學、司徒雷登之於燕京大學、李登輝之於復旦大學、林文慶之於廈門大學以及張壽鏞之於光華大學等等，不一而論。對於上述學校的學子們而言，將「我們的校長」這樣評價用於也毫無不妥。正是由於這些校長們自身所具有的諸多共性，才使得無論時間如何推移，關於他們的記憶和書寫總是不絕於耳，不絕於書。關於這些共同點，時人早已給出了明確答案：

> 一、高尚的人格。當此奸詐虛偽的人格破產的中國——尤其是現在的中國——賦有救國救民之天賦的大學生，在鍛鍊身心的時候必有人格高尚的人來指導他們，方可免去一切惑人於邪的「障礙」。教授對於學生有直接的關係，而品學不良的教授決不能立於人格高尚的校長之下，所以校長實有左右學生趨向的能力。要是人格卑污的人做了校長，學生們平日所習染的無非是卑鄙齷齪，所有的學術無非增加他們作惡的能力，這是辦學的原意麼？

> 二、辦教育的能力。不懂教育原理的人，當了校長不免「武斷」和「盲從」的弊病，受人愚弄而不知，已入迷途而不返，學校前途何等危險！或者緩急先後，互相錯位，還望他有辦學的成績麼？

> 右邊的兩個條件是最小的限度，但大學校長只要合乎這兩個條件，學校方面和社會上所得的好處，與黨或非黨有什麼分別？〔註25〕

上文作者並沒有單純的糾纏於大學校長是否應該具備政治派別這樣的形式問題，而是直接就一名優秀的大學校長所應具有的基本素質予以廓清。在他看來，一名理想的大學校長，起碼應該具備以上兩個基本條件，即高尚的人格和辦教育的能力。如果對蔡元培、梅貽琦、何炳松等大學校長的治校經歷悉心梳理，他們無一例外都具備上述兩個看似平凡和普通，但卻需要堅毅之決心去踐行的條件。用當下流行的話來說，但凡符合這二者的大學校長在本質上就體現爲民國時期悄然形成的教育家辦學的優良傳統。

所謂教育家辦學，就在於治理大學的校長深諳教育規律，並能嚴格按照

〔註24〕《安大今日之重要問題》，《安徽大學校刊》，第 18 期，1929-12-12。
〔註25〕《大學校長不許有「黨」的色彩麼？》，《南大周刊》，第 16 期，1925-05-01。

教育規律來實現大學良治。遍觀民國大學史，凡是能夠在當時形成鮮明辦學特色，育人效果卓越的大學，其基本都表現出對於教育家辦學的尊重。無論是校長自身的學問人品，抑或其所信奉的先進辦學理念，本質上都是尊重和理解教育規律的表現。也正是因爲民國時期大學形成的教育家辦學的文化傳統，才使得上述大學校長從一開始培育校園文化就注重用一己所具有的精湛學問、高尙道德、人格魅力以及先進理念，爲各自所在學校確立了民主、科學、獨立和自由等基本價值觀念。也正是圍繞這些核心價值觀，才爲優美和成熟之校風的形成提供了基礎和可能。

## 第二節　精神表徵：優美和成熟的校風之養成

　　大學校長在爲一校奠定了核心價值觀之後，便需要通過全校師生的通力合作來對此加以貫徹和實踐，基本途徑就是教工和學生群體的各類日常生活方式。正是在各類校園生活方式的具體運作和踐行過程中，校園核心價值觀被內化爲校園人的深層心理結構和基本思維方式，最終通過師生的行爲方式加以表現，便成爲了代表一校整體精神風貌的校風。簡而言之，「校風者即學校精神之現象也。」〔註26〕

### 一、大學與校風的相互成就

　　通觀現有的校園文化研究著作，校風大多被置於學風的上位。被視爲校風的一個重要組成部分，學風主要是指校內學生整體的學習風氣，校風主要指全校師生員工的風氣和精神面貌〔註27〕。對於校風和學風之不同的界定，勢必會導致兩者所屬關係的變化。其實，學風不僅可以被置於校風的下位，同時也可以被視爲是涵蓋包括校風在內的社會整體學術風氣的代名詞。例如，通常所謂的學風頹敗，學風不振等皆是就此而言。由於學風和校風這一概念本身所具有的遊移性質。因此，在探討作爲民國時期大學校園精神文化之表現形態的校風這一現象時，就有必要先就二者的基本內涵加以釐清。

〔註26〕《交通大學校史》撰寫組編：《交通大學校史資料選編：1896～1927》（第一卷），西安交通大學出版社，1986年，第235頁。
〔註27〕史華楠等主編：《校園文化學》，北京醫科大學：中國協和醫科大學聯合出版社，1993年，第168～172頁。

其實早於民國時期，已經有學者開始有意識地對學風和校風二者進行區分：「這兩個名詞的意義與範圍都不相同。學風是指一地方或一國家的學術界——包括教育界、學術團體及學問家——所表現出來的態度。校風則指學校所表現出來的態度。故學風所指的範圍要比校風所指的來得大。」〔註28〕因此，本文也基於此界定來使用校風和學風兩個概念，即校風特指一校所所表現出來的整體態度。

不過，將校風視爲一校表現出來的態度，究竟還是稍顯空泛，仍然有必要對其作進一步的細化理解。「校」自然是指學校，「風」究竟指的又是何物呢？「所謂風，乃是一種風範，或者說是一種「空氣」（atmosphere）。個人有個人的風範，通常就稱爲人格。校風是一個學校的風範，竟也不妨稱爲『校格』。」〔註29〕用空氣來對應校風，用人格來對應校格，的確形象且不乏深刻。用空氣來形容校風之所以形象，原因在於其指出了校風最大的特點就在於其無所不在，無所不包。凡是置身其內，大都無法逃避和脫離其而存在，因而無時不刻不被其裹挾和包圍。最爲關鍵的是，正如世界上沒有人能夠離開空氣而存活，一所眞正具有靈魂並追求卓越的大學，同樣無法想像忽略校風從而最大程度地實現自我價值。用人格來比擬校格之所以深刻，原因在於任何一個要想生活的有尊嚴和有價值的個體必須具備獨立人格，而人格恰恰體現爲個體的言行舉止及其所內隱的基本價值觀念。同理，任何一所想要眞正實現自身育人理想和存在價值的大學也必須具備獨立的品格和原則，而這些品格和原則必須通過大學人的基本行爲方式來加以呈現。

校風之養成與大學的辦理本質上是相互成就的關係。一方面，大學自身的辦學實踐決定了校風能否形成。另一方面，一旦大學形成了穩定的校風，那麼它就會於不知不覺之間，隨風潛入大學校園的各個角落，充分發揮其「視之無形，聽之無聲，嗅之無味，觸之無物」〔註30〕的特性，並以此來化育和薰陶生活於校園內的師生們。而受其影響和作用的大學人自然也就具有了較之於其它學校的人群所不同的風範與特質。

理想的校風理應具有優美與成熟兩大標準。言其優美，意在指出它應該始終具有高尚的內涵和卓越的品質，能夠穿越時代成爲被一所大學校園中的

〔註28〕《學風與校風》，《學生》，第 12 卷第 1 號，1925-01-05。
〔註29〕《校風是什麼？》，《學生》，第 12 卷第 1 號，1925-01-05。
〔註30〕《校風》，《學生》，第 14 卷第 3 號，1927-03-10。

師生們所共同尊敬和持守的理想標杆，並將其奉爲學習和生活的思想指南與行動圭臬，能夠鮮明的體現所在大學的核心價值觀。言其成熟，意在說明它一經形成，就具有相對穩定的內在品質。它不會因爲外界各種因素的干擾和阻礙而搖擺不定，時聚時散，反而是能夠頑強的經受住來自大學內外部的各種誘惑與影響，依然不爲所動的按照自身的精神信仰去辦學和行動。

「校風是一個學校內的人物在各方面生活上所表現出來的一種態度和傾向。」〔註 31〕如果說核心價值觀是校園精神文化的內核和靈魂，那麼，校風則是大學校園精神文化的外顯和表徵，是活動於大學校園內的師生員工在各方面生活中所表現出的一種穩定的群體性態度和行爲傾向。作爲大學校園中人數最多的群體，學生自然也是校風最易於集中呈現的群體。爲了便於深入考察，本書專門選取民國時期北京大學校園內的學生群體，以其所體現出的北大校風爲例來進行探討，以期加深對於優美和成熟之校風的理解。

## 二、從學生宿舍看北大獨立自由的校風

北京大學從 1913 年首次招收預科生開始，其學生宿舍中就開始出現一個很具特色的現象。該年首屆考入北大預科的茅盾〔註 32〕曾於日後回憶過自己初次接觸這種宿舍現象時的印象：

> 當時北大預科第一類新生約二百多人，分四個課堂上課。每個課堂約有座位四十至五十。至於宿舍（譯學館），樓上樓下各兩大間，每間約有床位十來個。學生都用蚊帳和書架把自己所居圍成一個小房間。樓的四角，是形成小房間的最好地位，我到時已被人搶先占去了。……〔註 33〕

本來應該極具生活情趣的學生宿舍，卻被北大學子們人爲地分割爲一間間像鴿子籠似的狹小空間。所以等來晚一步的茅盾入住時，宿舍的四個角落已經被他人捷足先登的占爲己有。原因很簡單，因爲在房間的四個直角易於懸掛蚊帳和擺放書架。

千萬不要以爲這間宿舍只是特例，這種感覺只是茅盾的一己感受。從 1915

〔註 31〕《怎樣造成良好的校風？》，《學生》，第 12 卷第 2 號，1925-02-05。
〔註 32〕茅盾（1896～1981），著名作家。1913 年考入北京大學預科一部。曾擔任《小說月報》主編。1949 年 10 月，任中央人民政府文化部部長。代表作有《子夜》、《林家鋪子》。
〔註 33〕茅盾著：《我走過的道路》（上），人民文學出版社，1981 年，第 93 頁。

年考入北大預科旁聽的陶希聖〔註34〕的回憶中，也能尋覓到這種特有的宿舍
文化的蹤影。不過比起茅盾，陶希聖還算是比較幸運，能夠選擇到靠近窗口
的位置來搭建自己的獨立空間：

> 北大本科與預科的宿舍有一種特色。在一間大房間裏，每一同
> 學都是利用床帳與書架隔成自己的小局面。我也是這樣，在大房間
> 的一個窗子邊，利用床帳和書架隔成一個小房間〔註35〕。

如果以爲茅盾和陶希聖之所以遭遇這樣的宿舍怪象是因爲早期北大宿舍
不敷分配，所以才導致這種「自我封閉」現象的出現，那就是大錯特錯。因
爲到了日後，出現了二至四人不等的宿舍時，這種情況依舊沒有絲毫改變，
似乎反而成爲了被歷代北大學子所激賞和恪守的宿舍傳統，被一屆屆進入北
大的學生所繼承和發揚。

1931年入校的何茲全〔註36〕住的是三人間，「房間相當大，一屋住3個
人。我們用布幔隔開，各人就是一個獨立的小屋。這樣做好像是北大宿舍的
傳統，西齋很多房間都是這樣。」〔註37〕即使宿舍再爲狹窄，北大學生也依
舊我行我素的「劃地而治」。據任繼愈〔註38〕回憶：「當時北大學生們習慣於
個人單獨活動，宿舍裏只有幾平方米左右的地盤，也往往用布幔隔開，互不
來往。我在北大西齋住了幾年，也有一個單獨活動的小天地。」〔註39〕當時
的北大學生除了利用書架、床帳和布幔來製造彼此的距離，還有人使用紙
張。吳相湘〔註40〕就是其中的一位：

> 北京大學學生宿舍，稱作「齋」，饒有古趣。「西齋」在景山東
> 街，是我居住最久所在。「東齋」在紅樓側，都是平房，兩人合住一

---

〔註34〕陶希聖（1899～1988），著名社會經濟史家。1922年畢業於北京大學法科。1931
　　　年任北京大學教授。代表作爲《中國社會現象拾零》。

〔註35〕陶希聖著：《潮流與點滴》，中國大百科全書出版社，2009年，第33頁。

〔註36〕何茲全（1911～2011），著名歷史學家。國內魏晉封建說的創始者。1935年畢
　　　業於北京大學史學系。1944年任中央研究院歷史語言研究所助理研究員。1950
　　　年起任教於北京師範大學。

〔註37〕何茲全著：《愛國一書生：八十五自述》，華東師範大學出版社，1997年，第
　　　59頁。

〔註38〕任繼愈（1916～2009），著名哲學家、佛學家。1942～1964年任教北京大學哲
　　　學系。1987～2005年擔任中國國家圖書館館長。

〔註39〕任繼愈著：《竹影集：任繼愈自選集》，新世界出版社，2002年，第31頁。

〔註40〕吳相湘（1912～2007），著名歷史學家。畢業於北京大學歷史系。曾任臺灣大
　　　學歷史系教授。

室。可能是爲著讀書安寧，每一室都用紙壁隔開作前後間，同室兩人不論熟識與否，很少交談。〔註41〕

當時北大宿舍的格局如此特別，平日裏在宿舍讀書自修和日常起居的同學們又是如何進行交流呢？必須承認的是，伴隨著宿舍空間的被分割，居住於宿舍內的學生交流也幾乎完全消失。1923 年考入北大的陶鈍〔註42〕就曾詳細描繪過自己在北大宿舍中的生活情形：

學校規定是兩人住一間屋，每間屋都開一個門，前面兩個窗戶，每人一鋪單人床、一張兩屜桌、一把有後背的椅子、一個書架。書架一朝東一朝西，就把屋子隔成兩間的樣子。冬天有一個燒煤的爐子。兩人如果是朋友或同鄉，在不作功課不看書的時候可以一起閒談。如果素不相識，常常是相處兩三年，只打招呼，不談別的事。這個作風今天也許有人感到奇怪，當時就是這樣子。〔註43〕

與宿舍內的這種特殊居住環境相類似的還有北大學生可以隨意入住和自由調配宿舍的文化傳統。據陶鈍回憶：「宿舍也有一套傳統秩序，住宿不是由管理宿舍的舍監分配，而是朋友同鄉相傳的。一個學生住上宿舍以後直到畢業才離開，離開之前約自己的朋友或同鄉來接住，只要是本校註冊課有名的學生，舍監就不能干涉。」〔註44〕陶鈍所言的這種宿舍文化在現今大學幾乎不可想像。其實，宿舍只是瞭解北大學生校風的一個面相。北大的特有校風也可隨處見於學生生活的其它方面。

北大同學一個個好像都是大丈夫，神氣很不凡。不僅同坐一堂，很少交談，甚至住一間宿舍，幾年都不交談。我當時覺得很彆扭，悶得慌。我還以爲這是我們山東曹州人的土氣，保守，不開展，不和外邊人接觸，看到張先生的文章，才知道這是當時北大學生間特有的風氣。〔註45〕

上文見於歷史學家何茲全先生的回憶。文中提到的張先生，是與何茲全

---

〔註41〕吳相湘著：《三生有幸》，中華書局，2007 年，第 23 頁。

〔註42〕陶鈍（1901～1996），曲藝研究家、作家。

〔註43〕陶鈍著：《一個知識分子的自述》，山東人民出版社，1987 年，第 138～139 頁。

〔註44〕陶鈍著：《一個知識分子的自述》，山東人民出版社，1987 年，第 138 頁。

〔註45〕何茲全：《愛國一書生：八十五自述》，華東師範大學出版社，1997 年，第 53 頁。

同於 1935 年畢業的文史學家張中行〔註46〕。不同於何氏畢業於北大史學系，張中行就讀的是中國語言文學系。張中行就是在課堂上十分明顯的感受到了類似於北大宿舍文化的那種隔膜和陌生感：

> 我剛入學的時候，首先感到奇怪的是同學間的隔膜。同坐一堂，摩肩碰肘，卻很少交談，甚至相視而笑的情況也很少。這由心理方面說恐怕是都自以爲有一套，因而目中無人。常有這樣的情況：一個學期，上課常常在一起，比如說十幾個人，其中哪些是選課的，哪些是旁聽的，不知道；哪些是本校的，哪些不是，也不知道。〔註47〕

造成這種原因正如張中行所言：「這由心理方面說恐怕是都自以爲有一套，因而目中無人。」1919 年，自稱是從「鐵屋子」的山西大學轉學北大就讀的川島〔註48〕，就對於張中行提到的課堂文化體會甚深：

> 上課時，等老半天教員才來；有些課，有內容嶄新的講義，有些課，自己記筆記，不記也不管；課程，除少數幾門是必修的外，可以自由選修──我在第二學年就選了近五十學分的課程。不愛聽的課，不去上也沒人管。甚而至於有的同學主張不考試、不要文憑。有的說，上課記筆記是低能。〔註49〕

內容嶄新的講義，隨意的上課制度，對於來自據說當時仍然在使用「京師大學堂師範館用過的講義」的山西大學的川島來說簡直無法想像。隨著這種自由上課風氣的逐漸蔓延，當時北大校園內更多的事物也都開始發生變化，例如川島提的不考試和不要畢業文憑，就是這種自由風氣發展到極致的表現。而它的發起者正是當時就讀於北大的學生朱謙之〔註50〕。

「少年苦學在紅樓，落筆龍蛇氣尙遒。爲愛讀書磨晝夜，不堪考試似幽囚。」〔註51〕這位自稱不能像囚犯一樣忍受各種考試的詩作者就是朱謙之。

---

〔註46〕 張中行（1909～2006），著名學者、散文家。1935 年畢業於北京大學中國語言文學系。代表作有《順生論》、「負暄系列」。

〔註47〕 張中行著：《負暄瑣話》，黑龍江人民出版社，1986 年，第 83 頁。

〔註48〕 川島（1901～1981），著名散文家。原名章廷謙。1919 年由山西大學哲學系轉學至北京大學哲學系。1924 年，與魯迅、孫伏園等共同參與發起創辦《語絲》周刊。代表作爲散文集《月夜》。

〔註49〕 川島著：《川島選集》，人民文學出版社，1984 年，第 119 頁。

〔註50〕 朱謙之（1899～1972），著名哲學家、歷史學家。1916 年就讀於北京大學哲學系。1932～1951 年任教於中山大學。1952 年任北京大學哲學系教授。

〔註51〕 朱謙之著：《朱謙之文集・第一卷》，福建教育出版社，2002 年，第 203 頁。

1920年他以大字報的形式發表了著名的《反抗考試宣言》。日後他曾這樣描述自己當時的想法：

> 最初使我感到不快的，就是學校的考試制度，所以我在哲學系時，便發起一種廢考運動，首先提出《反抗考試的宣言》……在學校未實行廢止考試以前，我竟敢大膽宣言自決，並立誓不要畢業文憑，……其結果沒考試沒文憑，要文憑就要考試，這種不澈底的辦法，自算是我們的失敗了。〔註52〕

其實，當時並非只有朱謙之一人有這樣的想法。據當時任教於北大哲學系的梁漱溟〔註53〕回憶，「像這樣不計較分數和文憑者頗有其人，非只有朱一個。」〔註54〕1923年畢業於北大哲學系的蔣復璁〔註55〕也承認，「北大當時流行不應考試，不拿文憑的自由風潮」。而因為自己沒有小學和中學文憑，所以極希望能夠拿到大學文憑，竟然成為了蔣復璁抵制這種行為的最主要原因〔註56〕。

從宿舍到課堂，從聽課到考試，當時的北大校園無處不彌漫著濃厚的獨立和自由氣息。這股氣息如此濃鬱，竟然從臨近畢業的畢業生們所製作的畢業同學錄上也能感受到強烈的獨立和自由精神。因為，對於許多北大畢業生而言，此時的看似簡單的同學錄卻是平日裏相互陌生的同學們在走出校門後供他們保存彼此印象和記憶的絕佳指南：

> 編完了，從新翻開一看，內容太貧乏了。哪裏是畢業同學錄，簡直是「人頭彙錄」！但在北大，這「人頭彙錄」式的畢業同學錄，自然也有他的作用。北大的學生專講個性發展，養成了一種散漫的學生生活，在本屆畢業的二百同學中，彼此不相識的，我敢說在半數以上。在路上相遇時，便恐甲不知乙與他同級，乙不信甲是他同

〔註52〕朱謙之著：《朱謙之文集·第一卷》，建教育出版社，2002年，第46～47頁。

〔註53〕梁漱溟（1893～1988），著名思想家、哲學家、教育家。現代新儒家的早期代表人物。代表作有《中國文化要義》、《東西文化及其哲學》等。1916年在《東方雜誌》發表《究元決疑論》，被校長蔡元培延聘至北大任教。

〔註54〕梁漱溟著：《憶往談舊錄》，中國文史出版社，1987年，第84頁。

〔註55〕蔣復璁（1898～1992），中國現代圖書館事業的奠基人之一。1923年畢業於北京大學哲學系。臺灣「中央」研究院院士。1965年任臺灣「故宮博物院」院長。

〔註56〕蔣復璁等口述，黃克武編撰：《蔣復璁口述回憶錄》，中央研究院近代史研究所，2000年，第33頁。

學。這本同學錄的作用，最少能使本屆的同學們彼此有個外貌的認
識。〔註57〕

　　上文出自《北大二十年級同學錄》的編輯們之手，這本在清華和燕大學
子眼中簡單的不能再簡單的同學錄，在北大學生這種特殊的關係下卻會起到
「最少能使本屆的同學們彼此有個外貌的認識」的寶典作用，這也確實難爲
這些編輯同學們對於北大畢業生們的一片苦心。不過文中所提及的一屆畢業
的二百名同學中，至少有一半以上的同學互不認識卻絕不誇張。因爲日後許
多同班同學見面卻相互詢問尊姓大名的有趣情況屢屢發生。1917 年進入北大
的潘菽〔註58〕就在畢業二十餘年之後親歷了這樣的有趣情形：

　　　　我有一個同班同學，後來做了教育界相當重要的行政人員。有
　　一次在上海，一個朋友請客，他也碰巧是被請的客人之一。我遇著
　　了他，還和他「尊姓大名」一番，他也似乎覺得我是一個完全陌生
　　的人。後來和另外一位同班同學談起，才知道他原來也是同班同學
　　之一。我當時很驚訝，爲什麼我的記憶裏一點印象都沒有呢？〔註59〕

　　據潘菽事後回憶：「說起來幾乎難於令人相信，我和少數幾個同班的同學
雖然同班三年，但從來沒有交談過一句話，在路上相遇時也並不互相招呼，
和彼此不知道一樣。」話雖如此說，但是，潘菽自己似乎並不認爲這樣有何
不妥。導致這種現象出現，絕不是由於潘菽一己性格之怪癖，或其不善與人
交往，而是他從心底裏欣賞和認同北大學生所養成的這種純粹的自由和獨立
的生活方式：「在北大做學生可以獨往獨來，如無必要，可以誰也不答理誰。
莊子所說的魚相忘於江湖，這句話用來形容五四時代的北大學生生活似乎最
爲貼切。」〔註60〕

　　也許單就北大人自身的感受而論，還不足以烘托北大人所特有的這種獨
立和自由意志。1922 年，就讀於南開大學的學生王清彬轉學至北京大學經濟
系。1924 年，他應《南大周刊》之邀來向南開同學介紹自己在北大的學習生

---

〔註57〕　《編後》，《北大二十年級同學錄》，1931-05。
〔註58〕　潘菽（1897～1988），著名心理學家、教育家。1917～1920 年就讀於北京大學
　　　　　哲學系。1927 年獲芝加哥大學博士學位。1927～1949 年任教於第四中山大學、
　　　　　中央大學心理系。1955 年，當選爲中國科學院學部委員。
〔註59〕　中國科學院心理研究所，中國心理學會編：《潘菽全集・第十卷》，人民教育
　　　　　出版社，2007 年，第 203 頁。
〔註60〕　中國科學院心理研究所，中國心理學會編：《潘菽全集・第十卷》，人民教育
　　　　　出版社，2007 年，第 203 頁。

活。殊爲有趣的是，他專門在文末特別強調了北大學子所具有的的與衆不同的校園風氣：「此外還有一項要附帶著說的就是『學生之團體生活』。北大學生無論何系，團體精神甚形決散，勢如一盤散沙，甚至有同年級中亦不相識者。均北大學生團體之精神實遠不如我母校同學。」〔註 61〕從其所言之「團體精神甚形決散」「勢如一盤散沙」不難看出北大校風之特異。何茲全也曾將北平師範大學的宿舍文化和北大進行過比較：

> 師大風氣就和北大截然不同。我的中學好友朱啓賢、王顯林都在師大。星期天無事，常到和平門外師大找他們去玩。他們那裏總是熱熱鬧鬧。宿舍裏人來人往，海闊天空地聊，彼此間都很熟。我師大的朋友比北大的還多。〔註 62〕

不僅學生在對比，北大教師也會通過不同大學的授課經歷來加以比較。曾任教於北大的錢穆〔註 63〕就很難在燕大和清華學生身上找到北大學子的這種特殊風氣：「燕大上課，學生最服從，絕無缺課，勤筆記。清華亦無缺課，然筆記則不如燕大之勤。北大最自由，選讀此課者可不上堂，而課外來旁聽者又特多。」〔註 64〕錢穆的此種感受，馮友蘭曾經有過精闢形容。在他看來，北大簡直可以稱之爲是一個「自由王國」。〔註 65〕北大之所以能夠形成自由和獨立這樣相對穩定的校風與校格著實與蔡元培的大學理念密不可分〔註 66〕。他曾在1919 年發表的《致公言報並答林琴南君函》一文中明確闡述過這一理念：

> 至於弟在大學，則有兩種主張如左：（一）對於學說，仿世界各大學通例，循「思想自由」原則，取兼容並包主義，……無論有各種學派，苟其言之成理，持之有故，尚不達自然淘汰之運命者，雖彼此相反，而悉聽其自由發展。……（二）對於教員，以學詣爲主；在校講授，以無背於第一種之主張爲界限。……〔註 67〕

---

〔註 61〕《北大經濟系的組織》，《南大周刊》，第 9 期，1924-12-05。

〔註 62〕何茲全著：《愛國一書生：八十五自述》，華東師範大學出版社，1997 年，第53 頁。

〔註 63〕錢穆（1895～1990），著名歷史學家、教育家。1930 年因發表《劉向歆父子年譜》成名。先後任教北大、清華、燕京、北師大。1950 年在香港創辦新亞書院。

〔註 64〕錢穆著：《八十憶雙親・師友雜憶》，嶽麓書社，1986 年，第 136 頁。

〔註 65〕馮友蘭著：《三松堂自序》，三聯書店，1984 年，第 326～327 頁。

〔註 66〕陳平原著：《北大精神及其它》，上海文藝出版社，2000 年，第 3 頁。

〔註 67〕蔡元培著：《蔡子民言行錄》，山東人民出版社，1998 年，第 181 頁。

　　正是由於蔡元培大力推行思想自由和兼容並包的大學理念，才爲北大日後形成自由和包容的學術氣度打下了堅實基礎。任繼愈於 1934 年考入北大哲學系時，蔡元培早已離開北大多年。但是校園內活躍於講臺上的教師依舊如蔡氏長校時那樣形形色色，無所不包：「形形色色的教授中，有衣冠楚楚的，也有衣履邋遢的；有口才便捷的，也有語言不清的，有有學歷頭銜的，也有沒有上過大學的，有新人物，也有老秀才。」〔註 68〕由此不難想像蔡元培未離任時，北大校園內的熱鬧景象又是如何。也正是在對教師學術觀點的包容和維護中，才爲學生們養成獨具一格的自由精神提供了最爲直接的榜樣和示範。

　　北大獨立自由的校風一旦確立，便會成爲相對穩定和持久的內在精神傳統。1937 年抗日戰爭全面爆發，由北大、清華和南開三校內遷合組而成的西南聯大就是最佳證明。正如錢理群所言：「正是在民族危難、個人生命流徙中，大學的精神力量與作用再次突現：偏於西南一隅的昆明的西南聯大……成了人們心目中的『精神聖地』。」〔註 69〕錢理群所言大學所具有的這種精神力量，其實正是我們所探討的校風這一大學精神的外顯和表徵。正是因爲「一個學校的校風是很難建立的，樹立了以後，這傳統會保存下去，也很難打散消失。抗戰時期，學校播越在昆明，和清華、南開組成西南聯大，到抗戰勝利遷返北京，北大的學術自由氣氛仍保留著。」〔註 70〕1939 年考入西南聯大，日後任教於北大中文系的朱德熙〔註 71〕也認爲這種獨立自由的校風一直持續貫穿於北大和西南聯大的整個辦學過程中：「說北大自由散漫是指抗日戰爭以前的老北大說的。我沒有趕上老北大，不好妄加評論。不過西南聯大的自由散漫是我親眼見到的。我想那很可能就是從老北大那裏傳下來的。」〔註 72〕1918 年進入北大理預科，日後成爲著名地質學家的楊鍾健〔註 73〕認爲，正是在北

〔註 68〕任繼愈著：《竹影集：任繼愈自選集》，新世界出版社，2002 年，第 26 頁。

〔註 69〕黃延復著：《二三十年代清華校園文化》，廣西師範大學出版社，2000 年，序言第 14 頁。

〔註 70〕何茲全著：《愛國一書生：八十五自述》，華東師範大學出版社，1997 年，第 53 頁。

〔註 71〕朱德熙（1920～1992），著名古文字學家、語言學家、語法學家。1939 年考入西南聯合大學物理系，1940 年轉入西南聯合大學中文系。

〔註 72〕北京大學校刊編輯部編：《精神的魅力》，北京大學出版社，1988 年，第 72 頁。

〔註 73〕楊鍾健（1897～1979），著名古生物學家、地層學家、地質教育家。中國古脊

大才使自己「養成了一種『北大風氣』，以至自由作風終生不替。」〔註74〕

人既如此，校更何言！正是由於像楊鍾健、何茲全和朱德熙這樣的北大畢業生，始終將獨立和自由的校園核心價值觀念信奉爲自己在學術研究和爲人處世中的不二法則，因此北大獨立自由的校風和校格才能夠真切地呈現給外界社會，而社會也正是通過北大學生的獨立和自由精神才得以認識和瞭解北大。

## 第三節　精神傳統：「科學與民主，已成爲這聖地的不朽的魂靈」

「文化傳統當然是歷史上形成的東西，但它和也是在歷史上形成的傳統文化又有區別。傳統文化是比較具體的，某種學說，某種制度，某件文物都是傳統文化。文化傳統則比較抽象，它不是具體的一種制度，一件文化，一種學說，而是某一民族文化裏的民族精神。它包括思維方式、價值觀念、生活情趣等。」〔註75〕對於國家和民族而言，文化傳統正是貫穿其內的民族精神。文化傳統之於大學也同樣如此。正是獨特的大學精神代表和構成了大學的文化傳統。

民國時期大學已然形成了能夠一以貫之的精神傳統，它就是我們所熟知的大學精神。之所以能夠形成獨立和自由的北大校風，蔡元培校長的大學理念自然功不可沒。「京師大學堂和北京大學在機構上雖然有承續的關係，而在精神上，卻是完全相反的。如果沒有蔡元培校長大力改革京師大學堂留下來的陋習，開創北大新學風，那麼，它就絕不可能成爲新文化運動的大本營和愛國學生運動的先鋒。」〔註76〕更爲關鍵的是，正是由於蔡元培開創並形成了有別於京師大學堂廊廟傳統的民主和科學傳統，才使得北大獨立自由的校風得以形成，進而在長期的辦學實踐過程中形成自身獨特的精神傳統。雖然直到今天對於究竟何爲北大精神還沒有形成普遍共識，但是將民主和科學尊

椎動物學的奠基人。1918年考入北大理預科。1948年當選爲中央研究院院士。1955年當選爲中國科學院生物學地學部委員。

〔註74〕楊鍾健著：《楊鍾健回憶錄》，地質出版社，1983年，第30頁。

〔註75〕上海文藝出版社編：《反思：傳統與價值——中國文化十二講》，上海文藝出版社，1991年，引言第1～2頁。

〔註76〕吳中傑著：《海上學人漫記》，三聯書店，1999年，代序第1頁。

奉爲北大的校園核心價值觀卻是毫無爭議。而且，它不僅爲北大一校所有，也完全可以說是民國時期諸多知名大學所共有的精神傳統。如果要將當時的北京大學稱之爲聖地，那麼「科學與民主，已成爲這聖地的不朽的魂靈。」〔註77〕正因爲當時的北大校園處處瀰漫著對於民主和科學這兩大基本價值觀念的尊崇和信仰，所以才得以在辦學過程中形成了獨特的精神傳統，充分發揮出文化育人的功能和影響。

當時類似於北大這樣能夠形成獨特的精神傳統，並充分發揮校園文化傳統，對本校學生進行潛移默化地影響還有其它大學。清華就形成了獨具自身特色的清華精神。雖然對於何謂清華精神，也如同對於北大精神的解釋一樣，會出現仁者見仁，智者見智的情況。但是無論怎樣表述，都莫過於清華校訓「自強不息，厚德載物」八字所表現的那樣集中和凝練〔註78〕。教育史家蘇雲峰就曾這樣詳細闡釋過何爲清華精神：

> 它不外是一種做人做事及對於學術與政治的態度罷了。它所代表的是對學術研究比較執著，對實際政治比較冷淡；它是一種沉著、積極進取的人生態度；一種認眞奮鬥，勝不驕，敗不餒的運動家精神；對事，它代表實幹苦幹，腳踏實地，實事求是，勤勞盡職；對人，它代表謙虛自律，容忍異見，互相合作的民主素養。〔註79〕

前文曾提及的北洋大學堂，在民國成立後發展爲知名的北洋大學。而其辦學實踐的一個顯著特色就在於形成了能夠一以貫之的精神傳統：

> 北洋大學的優良校風在民國初期得到繼承和發揚，嚴謹治學，嚴格要求，始定校訓，實事求是，作風樸實，勤奮好學，形成良好的風氣。……學生在學習上勤奮刻苦，努力鑽研，無間寒暑，持之以恒，艱苦樸素的生活習慣，已成爲全校師生共信共行的準則。〔註80〕

正是由於北洋大學從開辦伊始就注重一校整體的優良校風的培養，才爲北洋大學精神傳統的形成奠定了基礎。

---

〔註77〕 北京大學校刊編輯部編：《精神的魅力》，北京大學出版社，1988年，扉頁。

〔註78〕 胡顯章主編：《自強不息 厚德載物：清華精神巡禮》，清華大學出版社，2010年，前言第5頁。

〔註79〕 蘇雲峰著：《從清華學堂到清華大學（1928～1937）》，三聯書店，2001年，第73頁。

〔註80〕 《北洋大學——天津大學校史編輯室》編：《北洋大學——天津大學校史·第一卷》（1895年10月～1949年1月），天津大學出版社，1990年，第102頁。

其實精神之於有機體的重要性顯而易見。大凡身處社會的個體或組織無一不需要精神的支撐和維繫。「什麼是精神？精神不是一種神秘莫測不可思議的東西，更不是一個哲學上的名辭，也不是凡屬圓顱方趾均所具備的質素。我們所謂精神，是有所確指。精神就是一種體力，有了這種體力，就可產生毅力，產生忍耐，產生奮鬥的能力，毅力忍耐和奮鬥的能力，都是凡事成功的必不可缺的條件。」〔註81〕一個人如果飽食終日，無所事事，整日處於精神空虛和無聊的狀態。那麼他就勢必會出現上述所言的缺乏「體力」的狀態。而這絕不是僅僅需要吃飽喝足和綾羅綢緞就可以滿足和解決的問題。其實精神所具有的這種特殊作用，還可以從國家民族這樣宏闊的事物中得以印證。對於精神傳統所具有的獨特功能，著名歷史學家顧頡剛曾有過精闢闡述：

> 歷史的傳統不能一天中斷，如果中斷了就會前後銜接不起來。
> 我們都是服務於文化界的人，自己的生命總有終止的一天，不值得
> 太留戀，但這文化的蠟炬在無論怎樣艱苦的環境中總得點著，好讓
> 子遺的人們或其子孫來接受這傳統。這傳統是什麼，便是我們的民
> 族精神，立國根本。〔註82〕

在顧頡剛看來，維持一個國家乃至民族的根本在於「民族精神」。而民族精神只能通過民族和國家的歷史綿延得以傳承和延續。正是由於精神傳統的延續，以及對於這一傳統的內在認同，才使得國家和民族得以綿延生息和長久保持〔註83〕。小至個體，大至民族尚且如此。作為社會組織之一的大學又何嘗不是如此。在某種程度上而言，大學之所以得以維繫和傳承，正是由於

---

〔註81〕 《精神身體與事業》，《現代學生》，第3卷第1期，1933-10。

〔註82〕 顧潮著：《歷劫終教志不灰‧我的父親顧頡剛》，華東師範大學出版社，1997年，扉頁。

〔註83〕 余英時也曾認為中國現代文化之所以會產生危機，一個非常重要的原因就在於，近代以來國人長期對於本民族文化傳統的疏離和體認不足。在他看來：「這是中國現代文化認同陷入長期困境的一個主要根源」；「知識分子一心一意以『西方』（不同的『西方』）為範式，並借助西方的『新思想』、『新方法』來重建中國。在這個過程中，中國的文化傳統不但沒有獲得應有的位置，而且愈來愈被看作『現代化』的阻礙，『現代化』每受一次挫折，推動者對文化傳統的憎惡便隨之更深一層。這一心態的長期發展終於造成一種普遍的印象，即以為文化傳統可以一掃而光，然後在一張白紙上建造一個全新的中國……中國認同危機的主要原因之一便是對於文化傳統缺乏足夠的認識。」可參見余英時著：《歷史人物與文化危機》，臺灣三民書局，2008年，自序第19～20頁。

對自身精神傳統的繼承。

　　構成民國時期大學校園精神傳統的靈魂和內核正是民主和科學。無論是民主還是科學，它們本質上都體現著一種理性精神。這種理性精神正是包括高等教育現代化在內的中國社會整體現代化所要達成的終極目標。現代化主要表現為：「政治管理體制走向合理化，即由前現代化的人治政治轉變到具有健全法制和高度民主的體制。在產業類型上，通過非動物性動力資源的開發和工業革命，過渡為高效率、高增長的近代產業類型。在意識形態上，由超經驗的神學和形而上學，轉變為承認理性自由並且建立與技術理論和實證知識密切結合的新型自然科學和人文科學。」〔註 84〕而現代化的本質上就是要在政治、經濟、科技、法律和文化等社會各個方面的全面理性化〔註 85〕。如果使用上述現代化的標準來衡量和評估中國近代大學校園文化，就表現為以理性精神為核心的民主和科學傳統的形成。也正是因為民主和科學這兩個核心價值觀被尊奉為民國時期大學辦學實踐活動的圭臬和指南，所以它們才逐漸伴隨著校園日常生活方式的普及，而積澱為活躍於大學校園內生命力最為頑強的精神傳統。正如謝冕在論及北大精神時所言：「把這座校園作為一種文化和精神現象加以考察，便可發現科學民主作為北大精神支柱無所不在的影響。正是它，生發了北大恒久長存的對於人類自由境界和社會民主的渴望與追求。」〔註 86〕因此，從這個層面來看，民主和科學精神其實恰恰代表了中國現代大學文化發展的根本方向〔註 87〕。

---

〔註84〕何新著：《中國文化史新論：關於文化傳統與中國現代化》，黑龍江人民出版社，1987 年，代前言第 3 頁。
〔註85〕張灝著：《幽暗意識與民主傳統》，新星出版社，2006 年，第 122 頁。
〔註86〕夏中義主編：《人與自我》，廣西師範大學出版社，2002 年，第 27 頁。
〔註87〕張亞群：《論大學文化的民族性與國際性》，《中國地質大學學報》（社會科學版），2008 年，第 4 期。

# 第三章　民國時期大學校園文化之物質表現形態

　　作爲大學校園文化得以生發和形成的物質環境基礎，民國時期大學校園文化的物質表現形態主要指民國時期大學校園物質文化的表現形式。它由三方面構成：第一部分爲校景，即中國近代大學校址所具有的人格陶冶和傳承歷史的價值。第二部分爲中國近代大學校園建築所具有的建築風格及其蘊含的教育理念。第三部分爲中國近代大學校園內各種具有獨特象徵意義的物質文化符號，如校歌、校訓、校徽和校旗以及它們所內隱的文化精神。

## 第一節　校景：自然風光與歷史底蘊的完美結合

　　作爲大學存在的物質基礎，校址的選擇往往令辦學者煞費苦心。因爲在辦學者眼中，校址並不是孤零零的一塊能夠容納若干師生，然後再建築若干校舍的地皮那麼簡單。辦學者總是奢望能夠尋覓到一塊「寶地」。它不僅能夠滿足開發者破土動工，大興土木的建築要求，從而使得學習和生活其中的師生的生活要求能夠得以滿足。更爲重要的是，辦學者還深刻認識到，校址往往能夠在很大程度上決定校景的良窳，而校景則對於學生人格和性情的陶冶起著其它事物難以替代的特殊作用。

　　正是校址所具有的獨特屬性，因此理想的校址往往被選址者寄希望於先天地具有以下質素：或是自然風光旖旎，能夠成爲大學日後進一步開發和規劃的天然模板，使得生活於內的師生能夠終日目睹美景，心悅神怡；或是歷

史人文底蘊深厚，能夠爲建築其上的大學及其師生進一步續接歷史資源和文化傳統提供寶貴資源。從全面抗戰爆發前一批大學的校址擇定過程就能夠很清晰地看出上述兩個特點。

民國成立至全面抗戰爆發前，如果以校址作爲考察中國近代大學發展和變遷的視角，不難發現一個有趣的特點，即在此期間成立的一批知名大學在選擇校址時均不約而同地體現出對於自然風光和歷史人文價值的重視。需要說明的是，此處所指的大學既包括在此期間，在原有高等學校或高等師範學校基礎上，升格改名後的各個大學，例如清華大學和中央大學；也包括那些在全新校址基礎上白手起家的諸多大學，例如燕京、南開、廈大和大夏大學等。這些大學在選擇校址時投入了巨大的心血和精力，並且在校園建築的規劃和佈局上也都不遺餘力地進行謀劃，最終基於此形成了具有自身特色的生活方式。校址以及在此基礎上經營和建設的校園也成爲孕育和發展各自校園文化的最爲基礎的場所。直到全面抗戰爆發，上述大學紛紛被迫離開各自校園。

## 一、校景詠歎調

假如你有機會漫步於全面抗戰爆發前中國諸多大學的校園，隨意在校內合作社買上一本校園刊物，都會不經意間發現這些刊物大都會刊載一類歌頌相同主題的「詠歎調」。雖然這些「詠歎調」的作者並非眞正的詩人，但他們卻都不約而同地用詩歌來表達自己對於同一主題的獨特感悟；雖然這些「詠歎調」用來撥動讀者心弦的是文字而非曲譜，但卻絲毫不減其直達人心神的別樣韻味；雖然它們所要描繪的只是尋常的校園風物，絕非任何悲天憫人的宏大敘事，但卻依舊具有撩人心魄的細膩情感；雖然它們的篇幅和體裁稱不上鴻篇巨製，但每一首卻都短小精悍，琅琅上口，令你讀後滿口生香，回味無窮。其實你千萬不要感到訝異和驚歎，因爲這些詩歌的創作者不過是大學校園中的普通學人，而這些所謂的「詠歎調」只不過是他們在用詩賦來描繪他們所鍾愛的美麗校景。

也許是由於詩賦體裁更容易表達自己的心聲，以至於這種以所在校景爲主題，以詩賦爲體裁，以「校景雜詠」或「感賦」爲題的作品在當時的大學校園中成爲了一種流行的校園風氣。可以說，這也成爲了當時除過照片來反映和保存大學校景之外的最主要途徑，爲後世遙想民國時期大學校園風物提

供了更爲豐富的想像空間。下面就讓我們跟隨著這些校園詠歎調的節拍和韻律，徐徐步入校景如畫的中國近代大學校園。

　　　　碧螺重疊映花嬌，撥破清波隱桂橈。

　　　　水徑香迷明鏡裏，採蓮人睡畫船飄。〔註1〕

　　千萬不要以爲這首題爲《西河採蓮》的小詩是在描繪煙雨迷蒙，催人欲醉的江南水鄉。這不過是一名自稱南鴻的大夏大學學人在描述自己眼中的大夏校景。據作者自述：「民十九年秋，大夏遷入新址；風景之佳，非往日居於室所比擬！」〔註2〕或許正是有感於大夏新址所擁有的優美風景，除去上述《西河採蓮》之外，作者還分別以《平臺晚眺》、《幽篁聽雨》、《松林望月》、《新村步雪》、《花架尋春》、《校園遣夜》和《北閣納涼》爲題對其它獨具特色的校景進行了吟詠，並將其統稱爲《校景八詠》。僅僅從以上詩名就不難想像，當時大夏人對於大夏大學新校址的心儀與讚賞。

　　當時大學校園中的師生似乎都不約而同地喜歡用詩作來定格有關校景的一絲一毫，而且大都傾向於將各自校園中的風物景觀歸納爲若干景。時任教於東北大學的劉豢龍〔註3〕曾以《瀋陽東大十二景》爲題，對瀋陽東北大學校址所具有的十二大校景加以描繪，分別將其稱之爲重樓排雲、孤塔通漢、雙虹濯錦、千鳳銜星、北陵松籟、南村柳雲、東澗晴瀾、西樓晚照、芸館疊翠、射圃盤雕、煙柳籠堤和香稻繡野。以下試以《香稻繡野》爲例，可以一窺東北大學校景之秀美：

　　　　校之周遭，稻畦彌望，縛阡綺陌，彷彿江南。夏則柔綠嬌風，

　　秋則黃雲媚月。憧憧豔婦，皆白衣鮮人。誦箕子麥秀之歌，不勝禾

　　黍油油之感矣。〔註4〕

〔註1〕《校景八詠》，《大夏期刊》，第3期，1933-02。
〔註2〕作者於詩中提及的西河其實就是抗戰爆發前，上海大夏大學新校址所位於的
　　　麗娃栗妲河。畢業於大夏大學的作家陳汝惠曾在其小說《女難》中這樣描繪
　　　過大夏大學的西河：「戰後的母校，已被逼離開了詩意的麗娃栗妲河而遷入終
　　　日塵囂的靜安寺路畔。」「麗娃栗妲河係20世紀30年代上海吳淞江的一段廢
　　　棄的支流，位於城鄉交接處，周圍綠樹成陰，環境幽靜。八一三日寇把戰火
　　　燒到上海之前，大夏大學校址就在該河一帶。」參見陳汝惠著：《陳汝惠文集》，
　　　上海社會科學出版社，2005年，第10頁。
〔註3〕劉豢龍（1883～1943），晚清經學家王闓運弟子，以經史詞章著稱。歷任教於
　　　東北大學、武漢大學、湖南大學。代表作爲《六藝通論》。
〔註4〕《關東百話——摘錄五則》，《東北大學校刊》（新年號），1935-01-01。1923
　　　年4月26日，東北大學在瀋陽成立。王永江任首任校長，校址位於原奉天高

1917 年，復旦公學創辦大學本科，並改名爲復旦大學。大學部也從原來的上海徐家匯遷往江灣。直到 1937 年抗戰爆發，復旦一直在江灣校址開展辦學活動。〔註 5〕隨著江灣校址的逐步建設和完善，復旦八景的說法也廣爲流佈。所謂的復旦八景分別是：桃園春色、柳徑鶯聲、板橋春水、平蕪朝煙、隔岸秧歌、遠市燈光、秋籬月影和梅林曉雪〔註6〕。僅僅從這些富有詩情畫意的稱謂中就不難想像當時復旦校景之美麗。

1929 年廈門大學的何勵生也曾以《校景雜詠》爲題分別對廈大磐石西的石梁、校園附近的南普陀寺、大操場西的炮臺和位於白城山上的教職員住宅等廈大校景進行了吟詠。

> 居傍禪房野興多，相隨猿鳥和樵歌。
>
> 岩扉澗筱尋幽編，帽影鞭絲說普陀。〔註7〕

上述文字是他專門以位於廈大附近的南普陀寺這一古刹爲題所作的詩作。其中「岩扉澗筱尋幽編」一語最具野趣，也最讓人回味。作者還於詩後專門注明「南普陀離校不半里，爲本校天然遊息之地。」其用意顯然是將這一古刹也納入到廈大校景的範圍之中。

其實又何止於朝夕生活在校園中的師生才能臨景吟哦，以詩賦明志。即使是當時走馬觀花式的來到大學校園中參觀遊覽一番，也難免會勾起遊者不盡的詩興。

> 龍占風雲虎占山，桃源世外自安閒。
>
> 天翻地覆渾淚忘，紅樹白雲日忘還。〔註8〕

上述詩作是當年一位遊客前往南開大學校園參觀後，所寫就的題爲《全校狀況》的詩作之一首。1924 年 10 月 30 日，一位署名「皋如」的遊客前往位於天津八里臺的南開大學校園參觀。其自忖「久思目睹其盛而未得也，甲

---

師所在的瀋陽大南關，史稱南校。鑒於南校校舍狹窄，東北大學於瀋陽北陵前新覓 500 餘畝土地建設新校址，史稱北校。經過二年多時間的建設，於 1925 年 9 月竣工。此處所謂的《瀋陽東大十二景》即指當時東北大學北陵校區之校景。參見中國教育報刊社組編，東北大學撰稿：《東北大學》，重慶大學出版社，2008 年，第 10～11 頁。

〔註 5〕復旦大學校史編寫組編：《復旦大學志‧第一卷》（1905～1949），復旦大學出版社，1985 年，第 106～107 頁。

〔註 6〕薛明揚、楊家潤主編：《復旦雜憶》，復旦大學出版社，2005 年，第 506 頁。

〔註 7〕《校景雜詠》，《廈大周刊》，第 207 期，1929-06-08。

〔註 8〕《參觀南開大學即事十二首》，《南大周刊》，第 8 期，1924。

子初冬，第一次前往參觀，大受感動。歸後，低回不置，賦詩十二章。」從其對南開校景的形容就不難理解他「大受感動」的原因所在：「南開大學，去南開中學約五里而強，面積七百餘畝，明潔寬平，綠水環繞，卉木清湛，空氣佳爽，風景十分宜人，其建築之偉俊，規模之宏遠，在中國北部學校，號稱首屈一指。」正是這種優美靜謐的南大校景使得作者坦言：「奉直馮吳之戰，時正劇烈，到此已完全忘卻」。由此不難想像南開校景所具有的獨特迷人魅力。

　　不禁要問，究竟是什麼使得無論是在校師生，抑或是外來遊客詩興大發，吟哦不止呢？答案自然是校景，準確的說應該是大學校園本身所呈現出的自然風光、蘊含的歷史意蘊以及校園建築的整體佈局。正是上述因素的綜合作用，驅動著校園內外諸多的「詩人們」不懈進行詩賦創作。

## 二、「樂園」和「仙鄉」

　　日後看來，大凡辦學歷史悠久，能夠形成自身鮮明特色的中國近代大學，往往與其注重選擇校址所在地不無關係。1919 年 7 月 13 日，陳嘉庚在廈門浮嶼陳祠進行演說。鑑於當時福建匱乏師資和高等專門人才的現狀，他決定在繼創辦集美小學校和師範中學之後，繼續創辦大學及高等師範學校。當提及將大學設於何處時，他表達了自己的如下看法：

> 其開辦地點，當以廈門為適宜。而廈門各區尤以演武亭一帶為最佳。茲該地背山面海，空氣新鮮，交通利便，兼之地坪廣闊數千畝，多屬政府公地，足備後來擴張之需，以之創辦大學高師，請給於政府長官，想必樂為贊成。〔註9〕

　　從「背山面海，空氣新鮮」一語，不難想像陳嘉庚對於未來廈門大學校址的地理位置和自然環境的重視。陳嘉庚的想法很快就得以付諸實踐。因為福建省政府也樂意將這樣優良的地皮用來興辦大學：

> 當廈門大學籌備之初，即承閩省政府特別許可撥給廈門南普陀寺附近之官地若干畝，以供大學建築校舍之用，地址寬闊，交通便利，依山濱海，風景清麗，蓋政府對於廈門大學輔導提攜之意亦至厚也。〔註10〕

---

〔註 9〕　《福建私立集美學校校主陳嘉庚倡辦廈門大學校附設高等師範學校演說詞》，《新教育》，第 1 卷第 5 期，1919-06。

〔註 10〕　《校史》，《廈門大學布告》（1921～1922），福建省檔案館，館藏號碼：民資7.2.73。

1920 年，「嗣承閩省政府指撥廈門南普陀附近官地爲本大學校址，因命名爲廈門大學。……十一年二月，新校舍一部份落成，因由集美遷入。」〔註 11〕隨著時間的推移，陳嘉庚當初精心挑選的校址是否眞如他所預期的那麼理想？1936 年，廈門大學舉行建校十五週年紀念。凡是與會人員都會拿到一本《週年紀念號》，其中對廈大校址進行了以下令人心曠神怡的介紹：

> 本大學校址，位於福建廈門島之東部，舊爲演武場，一望平蕪，左右山坡起伏，後依南普陀，叢林凝翠，秋冬不凋，古刹莊嚴，殿閣並麗。其前濱海，即九龍江鷺江出海之口，每當風日清明，海波不興，澄碧如鏡，有時颰湧白浪，鼓盪沙石，奔騰澎湃，若馳萬馬，雲物變化，瞬息萬狀。而夾岸數十里，南太武高峰矗立天際，隱現於白雲之間，尤爲壯觀。對岸爲鼓浪嶼，樓閣玲瓏，林木蒼翠，危石高踞於其嶺，相傳爲鄭成功觀演水操之臺。當休沐之暇，閒掉小艇，或訪古跡，或探名勝，俱足以消塵慮之紛煩，贈身心之逸趣。本大學環境之優良，實爲青年學子讀書修養最適宜之所。〔註 12〕

當然，像廈門大學這樣將自己的校址選擇在風景如畫的海邊並非特例。創辦於 1924 年的青島大學也獨具慧眼地將校址選擇在了黃海之濱。1930 年考入國立青島大學，日後成爲著名作家的臧克家〔註 13〕就曾經用如詩的手法來描寫自己眼中的青大校景：

> 青島，就是單單從這個名字上看，也是很有詩意的。坐在青島大學教室的坐位上，一歪頭，就可以從紅樓的紅瓦和綠樹的綠葉間看到海；從石頭樓的寢室裏，午夜醒來，就可以聽到海；從潮潤的風裏，從早晚的煙霧裏，從鷗鳥的翅膀上，隨時可以感覺到海的存在。〔註 14〕

除去廈門大學和青島大學依山傍海來選擇校址，當時還有大學選擇將自己的校址依山傍湖。1930 年春，原本位於武昌城內的武漢大學決定將新校址確定在武昌城外的羅家山。而這座本來其名不揚的羅家山在經過時任武大文

---

〔註 11〕 《本校最近概況》，《廈門大學十五週年紀念專號》，1936-04-06。
〔註 12〕 《本校最近概況》，《廈門大學十五週年紀念專號》，1936-04-06。
〔註 13〕 臧克家（1905～2004），著名詩人。1930 年就讀於國立青島大學。代表作有《難民》、《老馬》。
〔註 14〕 臧克家著：《臧克家代表作》，華夏出版社，1998 年，第 162 頁。

學院院長聞一多妙筆生花的改名後，便成爲今天眾所週知的珞珈山〔註15〕。
1931 年來武漢大學任教，日後被稱爲珞珈三女傑之一的蘇雪林〔註16〕就坦言
「未到珞珈之前，孱弱多病，上山以後，日夕呼吸湖光飲山露，身體日趨強
健。」〔註17〕從下面的文字中，就更能清晰地感受到她對於珞珈山和東湖的
情有獨鍾：

> 　　自從民國二十年我到武大教書以後，便在這風景秀麗、環境幽
> 靜的大自然的懷抱裏，開始我一段極有意味的生涯。那銀牆碧瓦，
> 煥若帝王之居的建築；那清波蕩漾，一望無際的東湖；那夾著蜿蜒
> 馬路，一碧參天的法國梧桐；那滿山滿嶺、鬱如濃黛的松林；那亭
> 榭參差、繁花如錦的校園，使得珞珈成爲武漢三鎮風景最美之
> 區。……武大則屹立於湖山佳處，背景是那麼高曠清遠，燈火光中，
> 愈覺玲瓏飄渺，看起來自然給人一種神仙樓閣之想了。〔註18〕

　　能夠讓蘇雪林產生身處「神仙樓閣」般的美妙體驗確屬難得。當時屬於
這種依山傍湖型校址的還有杭州大學。1923 年春，陶行知〔註19〕以一名遊客
的身份前往杭州大學參觀。而在他眼中，杭大校址堪稱優良：

> 　　未來的杭州大學校址，在鳳凰山下面，是從前的敷文書院。大
> 學範圍，並不限於書院舊址。凡左近之山脈，都包括在內，約有一
> 兩千畝的面積。後面四五個山峰，並立如掌扇。東邊的之江，西邊
> 的西湖，都近在咫尺。登高一望，杭嘉湖紹四屬數百萬的生靈，還
> 有那無邊無際的東海，都在眼中，不住的引人向那遠處大處默
> 想。……選擇這個校址的人，能從敷文書院大膽的將它一直伸到鳳
> 凰山頂，包到鳳凰山後，這是何等的魅力，何等的目光！〔註20〕

---

〔註15〕劉以剛著：《聞一多與武漢大學》，載於《紙上春秋——武漢大學校報 90 年》，
　　　　武漢大學出版社，2009 年，第 10 頁。
〔註16〕蘇雪林（1897～1999），學者、作家。畢業於北京女子高等師範學校。1931
　　　　年任武漢大學教授。任教武大 18 年。與凌淑華、袁昌英並稱爲「珞珈三女傑」。
〔註17〕《學府紀聞·國立武漢大學》，臺灣南京出版有限公司，1981 年，第 233 頁。
〔註18〕《學府紀聞·國立武漢大學》，臺灣南京出版有限公司，1981 年，第 231～232
　　　　頁。
〔註19〕陶行知（1891～1946），著名教育家、思想家。1911 年考入南京金陵大學文學
　　　　系肄業。1916 年任南京高等師範學校教務長兼教育專修科主任。1921 年，任
　　　　中華教育改進社主任幹事。1927 年，與趙叔愚在南京曉莊創立南京市試驗鄉
　　　　村師範學校，擔任校長。
〔註20〕陶行知著：《行知書信集》，安徽人民出版社，1981 年，第 1 頁。

陶行知對於杭州大學所選的校址極爲滿意，這種滿意以至於達到了如下程度，即他在參觀後所寫的這封公開信中忍不住地一再自問「中國還能找出第二個像這樣好的大學校址嗎？不獨在中國，就在世界上，像這樣的校址，能有幾處呢。」不難感覺他對於杭州大學校址的欣賞和喜愛。

當時還有一類大學校址較爲特殊。雖然它在地理位置上處於並不以山水見長的中國北方，但是它也依然能夠擇定一處雖不是水鄉，但卻勝似水鄉的絕佳校址。燕京大學就是其中的代表。

> 平西郊外，海甸鄉中，十頃庭園，林木蔚鬱，百里湖山，煙雨迷濛。華屋星羅，有如帝子之殿；亭臺棋布，彷彿王者之宮。暮攬西山之夕照，落霞片片；夜窺東崗之新月，明星點點。漣漪波光，搖漾於前湖後湖；曉霧殘雲，掩映於小島大島。塔聳於東，與煙突同凌霄漢；鐘懸於西，合棋杆共參雲表。廣場、宿舍、科學館、課室樓，殆不知其若干座矣。〔註21〕

上述文字出於燕京大學學生李素之手。在她眼中燕大校園有如世外桃源一般，因此她才會以諸如「入此桃源深洞，誰復知世外雲煙？優遊哉，斯足以卒歲矣矣乎？！」這樣的點睛之筆來作爲這篇《燕京賦》的結尾。提及這篇《燕京賦》，時任教於燕大的歷史學家錢穆對此記憶猶新。據錢穆回憶：「一日，偶書一題《燕京大學賦》，由學生下堂後試撰。有一女生李素英，文特佳，余甚加稱賞。」錢穆提及的李素英就是李素。當然使得錢穆印象深刻的不僅僅是因爲李素曾在他的班上聽課，並於日後又在他所參與創辦的香港新亞書院中工作。更爲重要的是，她的這篇《燕京賦》在當時就被錢穆揄揚爲是「一時名播燕大、清華兩校間」〔註22〕的名作佳篇。也許我們盡可以將燕大如此曼妙的校景歸結爲，它坐落於北平西郊一座雖已廢棄但卻曾經華麗輝煌的皇家園林遺址之上。但是如果對於南開大學的校址稍作考察，我們的上述推斷就顯得有些想當然。因爲即使沒有燕大校址所具有皇家氣魄和深厚積澱，大學仍然能夠建築起美輪美奐的校園風景。南開大學就是一例。

1919 年 10 月 17 日，南開大學部成立。鑒於「校址尙在中學南端，地方狹窄，難以擴充」〔註23〕，於是便於 1922 年 3 月在天津八里臺重新確定校址，

〔註21〕 《學府紀聞·私立燕京大學》，臺灣南京出版有限公司，1982 年，第 207 頁。
〔註22〕 錢穆著：《八十憶雙親·師友雜憶》，嶽麓書社，1986 年，第 137 頁。
〔註23〕 王文俊等選編：《南開大學校史資料選》（1919～1949），南開大學出版社，1989

於 1923 年 9 月整體遷入〔註24〕。而在時人眼中，南開能得到八里臺作爲新址眞不啻如進入「樂園」和「仙鄉」：

> 在天津，南大不只佔有全市教育上的重要位置，並且在地理上亦被視爲少有的「樂園」。它的位置是在天津全市正南的八里臺村的西北。距離市中最繁華的租界區和舊日的城圈都大約有七八里。校址的周圍多半是些農地和蓮塘；附近還有不少池塘和顯官們的別墅，供夏日遊賞的地方，在天津恐捨此莫屬了。……。尤其因爲在郊外，更可以超脫出鬧市中的塵囂之擾，稱得起作高等學府的雅靜的所在。更加上天然園林的點綴，還配作一個差強人意的修身養性的仙鄉。〔註25〕

## 三、「歷史背景尤爲大學無價之寶」

正是由於上述大學校址能夠與學校周邊的地理環境和自然風光有機融爲一體，因而才使得諸如「仙鄉」、「樂園」和「世外桃源」這一類的詞彙不絕如縷地出沒於時人對於大學校景的評價和讚賞中。除此之外，當時大學校址之所以會有上述魅力，還得歸功於一個十分重要的因素，即當時眾多大學校址本身所具有的悠久歷史背景與深厚的文化沉澱。也正是有鑒於此，當時就有學人直呼「歷史背景尤爲大學無價之寶」。〔註26〕

1929 年 11 月 1 日，《國立中央大學半月刊》第一卷第二期的扉頁上印著一幀照片。照片本身的構圖並不抽象和複雜，甚至可以說略顯單調。整個照片的主體是一棵高大的松樹，看起來並無任何特別之處。但是如果當你看見照片下方的寥寥數字時，一定會大聲驚呼：原來就是它！因爲這棵其貌不揚的松樹就是那棵被中央大學師生們倍加珍視的六朝松。〔註27〕1924 年 1 月畢業於國立東南大學文學院史學系的陳訓慈〔註28〕曾這樣評價這棵六朝松：

---

年，第 26 頁。
〔註24〕 王文俊等選編：《南開大學校史資料選》(1919～1949)，南開大學出版社，1989年，第 4 頁。
〔註25〕 王文俊等選編：《南開大學校史資料選》(1919～1949)，南開大學出版社，1989年，第 26 頁。
〔註26〕 《中央大學遷校問題》，《獨立評論》，第 172 號，1935-10-13。
〔註27〕 《插圖》，《國立中央大學半月刊》，第 1 卷第 2 期，1929-11-01。
〔註28〕 陳訓慈（1901～1991），文史學家。1924 年畢業於東南大學文學院史學系。曾任浙江省圖書館館長、浙江大學史地系教授。

現在東南大學還矜誇著他校園裏有一枝「六朝松」，這枝松是否真起於梁朝，卻也須費一番考證，或者是因梁代國學建於這裏而起的傳說，也未可知。但是通常終不曾措念到這裏曾有梁代來設學。〔註29〕

無論歷史上是否確有其事，抑或是後人善意的附會，六朝松顧名思義，僅僅從字面上就能夠感受到附著於其身那悠久的歷史感。正因為如此，中大學子們對其也是特別的情有獨鍾。有的學生就從它身上獲得了文學創作的靈感，創作了題為《語六朝松》的新詩：

> 一片潔白的寒冰，
>
> 散著銀色的清暉剛浮上鐘山之頂。
>
> 大地，在輕煙的涵漾中深深地寂靜；
>
> 松針墜地也聽到一縷微音。
>
> 一個幽獨的詩人，
>
> 撫著六朝遺老在俯首低吟。
>
> 松啊！你青青的美髮為甚飄零？
>
> 你摩天的強臂為甚離披？
>
> 我愛你崢嶸的氣魄，
>
> 我愁你骨瘦嶙峋！
>
> 你生自晉代直活到而今，
>
> 該遭受幾許摧折和侵凌！……〔註30〕

作者通過向六朝松提問的方式來表達自己對於它的敬仰之情。而從「你生自晉代直活到而今」這樣的話語中，也不難體會到中大學子對於自家校園能夠坐擁如此珍貴的歷史遺存而感到由衷地自豪。其實不僅中大人如此，早於南高師和國立東南大學時期，南高人和東大人就已經將其視為至寶。

除過六朝松給南高、東南和中大的學子們留下深刻印象之外，剩下的大概要數梅庵了。頗為有趣的是，梅庵的位置和六朝松並不遙遠，「中大校址西北角上有一小園，從前有一所簡樸的平房，題額曰梅庵，前面即蒼老的六朝松。」〔註31〕關於梅庵的來源，陳訓慈也進行過一番詳細地考證：

〔註29〕《東南大學的淵源與沿革》，《學生》，第 11 卷第 9 號，1924-09-05。

〔註30〕《語六朝松》，《國立中央大學半月刊》，第 1 卷第 7 期，1930-1-16。

〔註31〕《中央大學遷校問題》，《獨立評論》，第 172 號，1935-10-13。

　　只是現在東大校舍中有一個名稱，還保留著兩江的一位人物的影子。兩江的最後監督李瑞清，就是長於寫字的「清道人」，有時題著「清道人阿梅」，是因爲他的號叫做梅庵。據說他作監督時，也不停的在一字房樓上揮筆。高師創立以後，江校長易園因爲他和兩江關係很久，便篆著「杲弇」二字，做校園中小屋的名稱。我們後進的學生們，也便不問來由的以「梅庵」二字當做校園的名稱，這「梅庵」二字倒可與東大終古了！〔註32〕

　　從陳訓慈所說的東大學子普遍用梅庵來作爲東南大學校園的代稱，可見大學校園本身所具有的歷史文化背景對於學生們的濡染和薰陶之深。對於許多曾經於此畢業的學子們來說，梅庵之於他們的感覺可以用中央大學畢業生潘重規的評價來作爲代表，可謂「日涉成趣，彌習彌佳」：

　　　　梅庵坐落在體育館的後面，是用茅蓋的一座古色古香的建築物。右側有亭號德風，榜額是伯沆師的手筆。庵後古梅數十株，開時繁華如雪。課餘坐梅樹下，展書恬吟曼誦，幽香靚影，使人意消。

　　　　清秋寥落，徘徊籬菊旁，遙望北極閣紅葉樹叢，幽媚可愛。〔註33〕

　　如果單單是孤零零的六朝松和梅庵，似乎還不足以完整立體的呈現南高、東大和中大校址所具有的歷史積澱。因爲三校所在的共同校址本身就極具濃厚的歷史感：「東大學生的遊散地和遊人因參觀東大而旁及的古跡，不是「北極閣」、「雞鳴寺」、「臺城」麼？他們多能知道北極閣在梁以前已有王室所立的司天臺，雞鳴寺就是梁武捨身的同泰寺改建，臺城就是梁武餓死的遺址。」〔註34〕而將南高、東大和中大建設於擁有如此豐厚的歷史資源的遺跡之上，這一行爲本身就體現出創校者看重大學承載和傳遞歷史文化資源的獨特功能：

　　　　此校爲明代國子監的舊址，是五百年前國立大學的所在，永樂遷都以後，南監依然存在。詩人吳梅村曾充最後一任的祭酒，至清兵南下，學生始星散，故吳梅村詩有「弦管消沉」「極目蕭條」之語。嘉慶間的火災，把前明國學全毀，但成賢街之名尚保存至今。清末

〔註32〕《東南大學的淵源與沿革》，《學生》，第 11 卷第 10 號，1924-10-5。

〔註33〕張暉編：《量守廬學記續編：黃侃的生平和學術》，三聯書店，2006 年，第 73 頁。

〔註34〕《東南大學的淵源與沿革》，《學生》，第 11 卷第 10 號，1924-10-5。

兩江師範的舊事，姑且不提，即就四年以後南京高師東南大學艱難締造的歷史，究竟也含有相當的價值。〔註35〕

當時將校址擇定在具有悠久歷史的遺跡之上，還有建立在皇城之上的四川大學。據當時就讀於川大法學院的胡績偉回憶：「四川大學設在當年蜀王宮府裏，四周有高大的院牆，人們將這個地方叫皇城。包括城外的市場，統稱皇城壩。這裏的環境幽雅安靜，是一個興辦教育、培育人才、攻讀詩文、研究學問的好地方。」〔註36〕1933年考入川大中文系，日後成為著名歷史學家的王叔岷〔註37〕，日後也曾對自己在這個特殊的歷史遺址內所度過的大學生活進行過詳細而有趣的回顧：

> 川大文學院及法學院在校本部皇城內，皇城乃後蜀孟昶皇宮之遺址，亦為明代之王府，文學院內層偶然發掘出一池，疑是摩訶池，即蘇東坡《洞仙歌·自序》所述蜀主孟昶與花蕊夫人避暑處。院內有學生宿舍，我住的宿舍在留青苑，一人一間，甚舒適。……留青苑中有花園，園中有一巨大石硐，硐中養魚，有時我在石硐旁彈琴，引魚出聽，或抱琴回顧，欣賞魚游來游去，並攝影留存。〔註38〕

有的大學雖然並未像中央大學和四川大學那樣坐落於歷史遺址之上，但是在它的周圍也不乏歷史與人文景觀。位於天津八里臺的南開大學校址附近就保存著津沽為數不多的名勝古跡：「如庚子戰爭的要地海光寺，和先烈聶公士成殉難處的高四姑橋，亦都一北一南和南大遙遙並峙。」〔註39〕如果當年在南開大學八里臺校址附近散步，就有可能在八里臺南的四姑橋畔看見一塊碑石，上面肯定會寫有如下聯語：「勇烈貫長虹，想當年馬革裹屍，一片丹心化作怒濤飛海上；精誠留碧血，看此地蟲沙歷劫，三軍白骨愁調樂府戰城南。」而這塊殉難紀念碑正是為紀念晚清庚子一役為國殉難的聶士成。碑上的聯語則是袁世凱親自為紀念聶公所題。

1925年12月13日，南開大學一位署名「逸」的同學在外出散步時無意

---

〔註35〕《中央大學遷校問題》，《獨立評論》，第172號，1935-10-13。
〔註36〕胡績偉著：《胡績偉自述·第一卷》，卓越文化出版社，2006年，第50頁。
〔註37〕王叔岷（1914～2008），著名歷史語言學家、校讎學家。1933年考入國立四川大學中文系。
〔註38〕王叔岷著：《慕廬憶往：王叔岷回憶錄》，中華書局，2007年，第31～33頁。
〔註39〕王文俊等選編：《南開大學校史資料選》（1919～1949），南開大學出版社，1989年，第26頁。

中發現了這一歷史遺跡。受矗公精神的感染，其返校後即寫就了題爲《矗士成略傳》的文章發表於第 26 期的《南大周刊》。他在開頭所寫的文字頗能反映，作爲南開學子能夠在學校周圍發現歷史遺跡時所特有的興奮感：

> 吾校地處津南僻野，環繞蘆草，前流河道；脫城市之囂擾，享
> 自然之美趣，誠讀書佳地也。課餘之暇，則好徒步村中，泛舟河上。
> 悉此地民情淳樸，混混沌沌，工食而外，茫無所顧。噫！又誰知八
> 里臺南，原屬英雄殉國之；四姑橋畔，猶立精誠紀念之碑耶？〔註40〕

當時的大學學人還通過對所在大學校址所具有的歷史淵源進行深入考察，進而來激發本校師生對於學校歷史文化的熱愛和認同。這種主動和積極闡發大學歷史與文化的行爲，往往與大學辦學過程同步。

1935 年 12 月 19 日，時任教於廈門大學的鄭德坤〔註41〕教授在廈大文學院進行題爲《廈門大學校址考》的學術演講。他對廈門大學校址所蘊含的歷史內涵進行了翔實考證，力證廈大不僅坐擁風光優美的校園，其本身也積澱了相當深厚的歷史意蘊：

> 不過，廈門大學不特是學校的環境優美而已，她的校址從歷史
> 上說來，更有幾段可歌可泣的偉大悲壯的事跡哩！這尤其爲國內各
> 大學所望塵不及的。……當明末清初的時候，廈門一帶給鄭成功佔
> 據了。……他唯一的軍事根據和訓練的中心，便有兩個地方：一個
> 是鼓浪嶼的日光岩，因爲成功在那裏建築了一個水操臺，而這水操
> 臺，就是水師訓練的中心；另外的一個，就是目前廈大校址這塊地
> 方。史稱明永曆九年（一六五五）三月，成功命工官馮澄世在此地
> 建築演武亭爲訓練陸軍的中心。……演武亭不僅是訓練陸軍的場所
> 而已，其實水師，也多有在這裏培植的。廈門志有過這樣的記載：
> 演武亭的旁邊，又開鑿了一個演武池，也是一個演武的地方。……
> 〔註42〕

與廈大類似，燕京大學也十分注重挖掘燕大校址所蘊含的的歷史文化。代表人物爲時任教於燕大的著名歷史學家洪業〔註43〕教授。據 1932 年考入燕

---

〔註40〕　《矗士成略傳》，《南大周刊》，第 26 期，1925-12-25。
〔註41〕　鄭德坤（1907～2001），著名考古學家。1926 年考入燕京大學中文系。1934
　　　　　～1936 年任教於廈門大學。
〔註42〕　《廈門大學校址考》，《廈門大學十五週年紀念專號》，1936-04-06。
〔註43〕　洪業（1893～1980），著名歷史學家、教育家。1922 年留美歸國，參與創建燕

大歷史系的侯仁之回憶，燕京大學尚在建校之初，洪煨蓮教授就已經開始著手搜集和考證燕大舊址——勺園的相關史料，並最終訪得了勺園主人、著名書法家米萬鐘於 1617 年手繪的《勺園修禊圖》，交付燕大引得編纂處精印出版。隨後，洪氏又用英文寫就了關於淑春園的研究報告，並在校內進行了專題彙報，深得燕大師生的歡迎。〔註44〕

## 四、校景的文化價值：人格陶冶與傳承歷史

無論是注重大學校址的自然風光，還是追求其所深含的歷史底蘊，其實都是在審視和衡量一所大學的理想校址所應具有的標準問題，也就是說究竟具有何種標準的大學校址才能堪稱完美。可以從學生個體和學校整體兩個層面來加以思考。

就學生個體與校址的關係來看，主要表現為天然優美的校址能夠對於學生起到的潛移默化的人格陶冶作用。蔡元培曾對於何為美育以及美育與德育和智育的相互關係有過精闢論述：

> 美育者，應用美學之理論於教育，以陶養感情為目的者也。人生不外乎意志，人與人互相關係，莫大乎行為，故教育之目的，在使人人有適當之行為，即以德育為中心是也。顧欲求行為之適當，必有兩方面之準備：一方面，計較利害，考察因果，以冷靜之頭腦判定之；凡保身衛國之德，屬於此類，賴智育之助者也。又一方面，不顧禍福，不計生死，以熱烈之感情奔赴之。凡與人同樂、捨己為群之德，屬於此類，來美育之助者也。所以美育者，與智育相輔而行，以圖德育之完成者。〔註45〕

在蔡元培看來，教育的最終目的是追求道德的不斷向上發展和進步，輔助道德發展則無外乎智育和美育兩種基本途徑，而美育的最終目的正是在於陶冶情感和發展人格。因此，以陶冶人格和感情為最終目的的美育之所以被視為達成教育的必須手段，其最終著眼點正在於不斷地完善和提升人的道德境界。

---

京大學。歷任燕大歷史系教授、系主任、文理科科長、圖書館館長。「中國字度擷法」的創始者。

〔註44〕侯仁之著：《我從燕京大學來》，三聯書店，2009 年，第 3 頁。

〔註45〕張汝倫編選：《文化融合與道德教化——蔡元培文選》，上海遠東出版社，1994 年，第 376 頁。

　　蔡元培的這一觀念也充分體現在浙江大學校長竺可楨身上。1936 年，竺可楨在就任浙江大學校長之前，曾對於浙大校址有過充分考量：「關於浙大校址問題，郭任遠之意欲全部遷至太平門外，但目前只農學院一屋已造就。如欲全部遷往則非五十萬至百萬元不可，且不能利用省立圖書館，且該處太平門外校址絕無美景雲。」〔註46〕可見，竺可楨不主張搬遷浙大校址的原因主要在於經費過巨、利用省圖書館資源的交通不便以及天然環境的不利。尤其是竺可楨專門提及「絕無美景」作爲不主張浙大進行搬遷的主要原因，這一表現耐人尋味，足見馬上就要長校浙大的竺可楨對於未來浙大校址的重視。

　　就學校整體與校址的關係來看，主要側重於校址所蘊含的歷史與文化底蘊，對於大學本身發揚光大傳統文化和歷史資源的中介功能。大學作爲高等教育與文化學術機構，其本身就具有闡揚和光大固有文化的功能。正如陶行知所言：「富於歷史，使人常能領略數千百年以來之文物，以啓發他們廣大國粹的心思。」1935 年，廈大教授鄭德坤在校內作題爲《廈門大學校址考》的學術報告。他在結尾處曾這樣評價廈大校址：

> 廈門大學的校址，在歷史上我們不論它是抵抗外族也好，剿滅盜匪也好，國際交誼也好，總之，它與國家民族，都是有著很密切的關係。轟轟烈烈的事跡，歷史上永遠是有它不可磨滅的記載的。以往是如此，現在呢？此後呢？現在它是福建最高教育機關廈門大學校址的所在地，歷史的性質它是改變了，此後它是否會名符其實地在教育史上放異常的光彩，成其偉大的史跡，這要看今後我們大家的努力如何了。〔註47〕

　　上述話語透露出兩層含義，一方面是回顧過去，廈大所在的校址曾經蘊含了豐富的歷史事跡，在歷史上留下了不可磨滅的影響。另一方面則爲展望未來，如今建設於此歷史遺跡上的廈門大學又應該如何作爲，應該承擔起何種作用，發揮何種影響。鄭德坤將廈大校址以往的悠久歷史，與廈大在中國近現代教育史上應有的學術地位和成績加以聯繫，不難體會其試圖通過挖掘和追溯廈大歷史，來激發和培育廈大同人的歷史感的良苦用心。

〔註46〕竺可楨著：《竺可楨日記·第一冊》（1936～1942），人民出版社，1984 年，第20 頁。
〔註47〕《廈門大學校址考》，《廈門大學十五週年紀念專號》，1936-04-06。

　　鄭德坤的做法其實在當時代表了相當一批注重通過挖掘校史來對接歷史與當下的學人們的普遍心理。除過激發所在大學師生們的歷史使命感之外，就推進大學校史本身的研究而言，不斷總結和回顧本校過往的悠久歷史，也是大學精神成長和發育必不可少的途徑和方式。

　　1924 年，陳訓慈曾在考證南高和東大校址所在地的歷史時，對其接續和傳承明代南監優美學風的功能有過闡釋：「不過一個事業的價值，本不在於表象浸潤於明代的學風文化無形的傳沿到今——這不是南監的最大成效麼？何況，五百多年後，地靈誘致著一個新的學校，建設在他的殘跡之上，到現在好容易長出一個東南大學來！形跡是完全不同了，可是我們還依然維護著一個大學和五百年前的先驅，隱相銜接呢！」〔註 48〕此外，對大學校史進行回顧和總結，也能起到補充和豐富校史資料的作用。時任教於燕京大學的許地山〔註 49〕就曾在考證燕大校址前身的勺園時認爲：「關於勺園底詩很多，如果把它們集起來也是燕京校史上一種有趣的資料。」〔註 50〕

## 第二節　校園建築及其教育理念：「這些房子象徵了我們的教育宗旨」

　　大凡一所大學在擇定校址以後，緊接著需要思考的重大問你就是如何對整個校園進行規劃和布置。從當時學校專門設置建築委員會就能看出校方對此問題的重視。1924 年，廈門大學就曾專門成立過以林文慶校長爲主席的建築委員會〔註 51〕。1929 年，東北大學也曾專門報導過該校建築委員會技師趙伯期先生「任職以來，極爲勤苦，每日偕同土木系學生測量校園，及計劃未來一切建築問題，自朝至夕，幾無休息時間。」〔註 52〕的確，大學校園的整

---

〔註 48〕《東南大學的淵源與沿革》，《學生》，第 11 卷第 9 號，1924-09-05。

〔註 49〕許地山（1893～1941），著名作家、文學家。筆名「落花生」。1917 年，考入燕京大學攻讀文學與研究神學，得神學士學位。1923 年，獲美國哥倫比亞大學文學碩士學位。1926 年，獲英國牛津大學文學碩士。曾任教於燕京、清華和北大。1935 年秋，受聘香港大學，主持中文系。

〔註 50〕許建輝主編，許地山著：《中國現代文學珍藏大系・許地山卷》，藍天出版社，2002 年，第 234 頁。

〔註 51〕黃宗實、鄭貞文選編：《廈門大學校史資料・第一輯》（1921～1937），廈門大學出版社，1987 年，第 57 頁。

〔註 52〕《趙技師勤勞厥職》，《東北大學周刊》，第 68 期，1929-03-16。

體佈局不僅是反映中國近代大學校園風貌的一面鏡子，而且也能從其校園建築的風格中感受大學理念和精神。更爲關鍵的是，這種由建築所散發出的特殊美感和理念精神，還能夠對生活於內的眾多學子進行無言的薰陶和化育。

　　爲了能夠更加集中和深入地理解近代大學校園建築的風格和樣式與大學教育理念和精神之間的內在關聯，本書專門選取在中國近代大學校園建築中具有顯著的文化特徵與風格的燕京大學和廈門大學作爲考察對象。之所以選擇燕大和廈大，原因在於，作爲一所教會大學，燕京大學的校園建築風格卻體現出強烈的中國古典精神。而作爲由華僑所辦的私立大學，廈門大學的校園建築卻表徵出濃鬱的域外風情。一言以蔽之，雖然兩所學校在性質上迥然相異，但卻都毫無例外地體現出試圖融合中西文化的精神特徵。

## 一、「中國建築的美麗與歐洲建築的實用」

　　1932 年，侯仁之〔註53〕考入燕京大學。在他的眼中：「整個校園裏，風景佳麗，光彩煥發，洋溢著蓬勃向上的朝氣。這是我初入學時的第一個印象，至今難忘。」那麼，當時讓侯仁之難忘的校園究竟是怎樣一番情景呢？

> 　　新建成的燕京大學校園，選址在北京城的西北近郊，是歷史上有名的園林區。校門西向，遙對西山。校門以內，跨過一個波平如鏡的池塘上的一座大石橋，就進入了教學中心。中國古典建築形式的大樓，三面環列，中間場地開闊，綠草如茵。從教學中心深入校園腹地，崗阜逶迤，林木叢茂。大路起伏，暢通無阻。羊腸曲徑，經過其間。出人意外的是穿過這一區崗阜，突然展現在眼前的是一片微波蕩漾的湖泊，水光天色，視野開闊，這就是享有盛譽的未名湖。湖中有小島，點綴其間，平添無限景色。男生的宿舍大樓，一座又一座，並列在湖泊的北岸。深在湖泊南岸岡阜密林之後的則是傳統庭院式的女生宿舍。……還有更重要的一點，即這座校園的建築物，一律採用了中國古典的建築形式，這更是歷史傳統與現代化要求的相互結合。〔註54〕

　　在侯仁之的回憶中，有以下幾處值得注意。首先，燕大校園的校址是北

〔註53〕　侯仁之（1911～2013），著名歷史地理學家。1940 年畢業於燕京大學。1980 年當選爲中國科學院院士。

〔註54〕　侯仁之著：《我從燕京大學來》，三聯書店，2009 年，第 1～2 頁。

京城有名的歷史園林區；其次，教學中心的大樓呈現出「中國古典建築形式」；第三，女生宿舍是傳統庭院式樣；第四，侯仁之在文中提及燕園建築一律採行古典樣式，是歷史傳統與現代化要求相結合的體現。如果侯仁之的回憶是用來描述當時中國社會的非教會大學，那麼可能並無太多值得關注之處。但是，正因為燕京大學是民國大學史上極為有名的教會大學，但其校園建築卻整體採用了中國傳統建築樣式。因此，其可貴之處恰恰就在於此。侯仁之提及的園林區正是勺園。許地山曾在《燕京大學校址小史》中對其做過詳細考證：

> 我校佔有舊睿王府佟府村，米家墳及暢春園底一小部分。校內主要的建築多在睿王府舊址。睿王府即明末米萬鐘底勺園。校裏底湖就是萬鐘當時所濬底勺海或文水陂，故我校最初的地主實為米氏。〔註55〕

除過勺園之外，日後構成燕大校址的還有另一個名園——淑春園。雖然「到了1921年燕京大學在這裏開始建校的時候，這兩處歷史名園的建築，都已蕩然無存。」〔註56〕但是完全可以說，燕京大學之所以會在日後的校園建築風格上以中國傳統建築形式為主，與校址所在的淑春園和勺園這兩座知名園林的遺址密不可分。正是出於充分利用已有園林遺址基礎的想法，燕大校園建築群才不約而同地體現出十分鮮明的中式建築特徵。這一點在當時剛剛入校的許多師生看來都猶覺新鮮。

1926年，冰心回國在燕大任教，這也是燕大遷入新校址的第一年：「我回到母校任教，那正是燕京大學遷到西郊新校址的第一年，校舍是中國式的建築，翠瓦紅門，大門上掛著蔡元培先生寫的『燕京大學』的匾額，進門是小橋流水，真是美輪美奐！」〔註57〕僅從文中描述的翠瓦紅門和小橋流水，就能看出燕大校園建築所具有的濃厚的中國營造特色。

當時燕園內的大部分建築都體現出中國傳統的宮殿風格。燕大學生李素曾這樣描寫燕大中國宮殿式的建築風格：「園內有大小建築物三十餘座，十之七八是中國宮殿形式的。簷角玲瓏，鑲金砌玉，朱紅柱子琉璃瓦，色彩繽紛。

〔註55〕許建輝主編，許地山著：《中國現代文學珍藏大系‧許地山卷》，藍天出版社，2002年，第228頁。

〔註56〕侯仁之著：《我從燕京大學來》，三聯書店，2009年，第1～2頁。

〔註57〕冰心著：《冰心自述》，大象出版社，2005年，第91頁。

整個格局莊嚴宏偉，氣象壯麗軒昂。不憚樓宇美輪美奐，兼有獨特的園林勝境。」〔註58〕這種中國宮殿式的風格在當時的確使人印象深刻，就連燕大之外的人也能明顯體會其的與眾不同。吳組緗〔註59〕在 1929 年 9 月 12 日前往清華報到時曾偶然路過燕大。他在當天的日記中這樣記錄了自己對於燕大建築的最初印象：「車過燕京大學，望見那些雕梁畫棟，紅紅綠綠的，像畫中的宮殿一般。」〔註60〕

　　不過，千萬不要以為燕大人的生活方式也和它的校園建築風格一樣古意盎然。如果走進這些建築內部就馬上能夠體會到強烈的現代西方特色：「燕大校舍的外貌雖然古色古香，但室內設備全是當年最現代化、最新式的。例如：冷熱自來水，能排水的洗臉盆、水廁、浴缸、淋浴的花灑、供飲水的小噴泉、電燈、電風扇、電爐、暖氣系統等等，一應俱全。教學上的教材、用具和儀器，也是採購最新發明的新產品，一切務求趕上時代。」〔註61〕建築形式的極端中國化與生活方式的完全西方化，燕大身上所集中體現的這種中西方文化並存和交融的現象在當時可謂頗具代表性。

　　需要說明的是，能夠設計出如此具有中國傳統文化特色的建築師，卻並非國人，相反卻是美國建築師墨菲。誠如侯仁之所言：「（燕大）校園的規劃設計，乃是在美國建築師 Henry K・Murphy 的主持下進行的，實際上這也正是在中西文化交流的影響下所完成的足以代表時代趨向的一種新創造。」〔註62〕其實墨菲注重中西文化交融的設計理念，也代表了當時歐美在華建築師的普遍理念：

> 然在此時，歐美建築師之在華者已漸著意我國固有建築之美德，而開始以中國建築之部分應用於近代建築，如北京協和醫學院，燕京大學，南京金陵大學，成都華西大學，皆其重要者也。……至如燕京大學，則頗能表現我國建築之特徵，其建築師 Murphy，以外人而臻此，亦堪稱道；……〔註63〕

〔註58〕《學府紀聞・私立燕京大學》，臺灣南京出版有限公司，1982 年，第 75 頁。
〔註59〕吳組緗（1908～1994），小說家、散文家、文學家。1929 年考入清華大學。與林庚、季羨林、李長之並稱「清華四劍客」。代表作有《一千八百擔》。
〔註60〕吳組緗著：《拾荒集》，北京大學出版社，1988 年，第 9 頁。
〔註61〕《學府紀聞・私立燕京大學》，臺灣南京出版有限公司，1982 年，第 81 頁。
〔註62〕侯仁之著：《我從燕京大學來》，三聯書店，2009 年，第 2 頁。
〔註63〕梁思成著：《中國建築史》，百花文藝出版社，2005 年，第 501 頁。

可見，當時燕京大學注重中西融合的建築理念在當時中國諸多教會大學都能得以反映和體現。而在梁思成看來，燕京大學的建築風格尤是其中的佼佼者。

與燕大在廢園之上建立燕園不同，廈門大學從確定校址到校園規劃則完全是從頭做起。在擇定校址後，陳嘉庚最初設想將廈大校園的整體佈局和規劃交由外人來進行設計：「關於大學校舍建築之大概圖樣，已由美國著名之麥非登那建築公司詳為繪製，預科全部工程大約本年暑假即可告竣。」〔註64〕此處所指的本年是指1921～1922學年度，也就是廈大剛剛成立的第一學年。而此處所指的麥非登那建築公司，其實就是當時在中國建築界紅極一時的上海茂旦洋行。極為有趣的是，負責設計廈大校園建築的建築師恰好與設計燕園者是同一人，正是美國建築師墨菲。根據墨菲的設想，廈大樓群最初被設計為「大」字形的排列組合，而每三座樓房又被設計成「品」字形〔註65〕。不過這種品字形的建築佈局，陳嘉庚並不滿意，他對此有著自己的見解：

> 政府既許撥演武場四分一為大學校址，乃託上海美國技師繪校舍圖。其圖式每三座作品字形，謂必須如此方不失美觀，極力如是主張。然余則不贊成品字形校舍，以其多占演武場地位，妨礙將來運動會或紀念日大會之用，故將圖中品字形改為一字形，中座背倚五老山，南向南太武高峰。〔註66〕

正是由於陳嘉庚出於最大程度地有效利用和規劃演武場的校址，因此才沒有僅僅出於美觀的考慮而採納墨菲的建議，而是將墨菲設計的大字型改為了日後集經濟和美觀於一體的一字型佈局。1936年4月6日，廈門大學舉行十五週年校慶。經過十五年的經營和建設，廈大整體的建築佈局已經日趨完善。從當時的介紹中可以清晰看出全校整體的建築特色：

> 本大學面積，除空地路徑等不計外，凡二十六萬五千八百二十方尺。校舍主要部分：西南向，曰群賢樓，其左樓二，曰集美、曰映雪，右樓二，曰同安，曰囊螢，五樓廊宇相連，其直如矢。值其前者為體育場，逾場歷四十級而上，位最高勢最峻者曰生物學院。

〔註64〕《校史》，《廈門大學布告》（1921～1922），福建省檔案館，館藏號碼：民資7.2.73。

〔註65〕繆遠：《傳歷史文脈 承嘉庚風格——廈門大學嘉庚風格建築樓群賞析》，《華中建築》，2008年，第3期。

〔註66〕陳嘉庚著：《南僑回憶錄》，嶽麓書社，1998年，第15頁。

院後偏東平地，復有院曰化學院。植物園、醫院、煤氣廠在其側，新圖書館基址在其前。循此而東，登白城山，有住宅二十餘座。北降平地，逾電燈廠，有樓二，曰篤行，曰兼愛。篤行之西有樓曰博學。附設實驗小學，則在校門之西南。計凡八樓、二院、二廠、一醫院、一附校、二十餘住宅，皆仿西式，牆壁楹柱，悉琢文石爲之，極雄麗魁偉之觀。此外如溫室、游泳池、自來水池等，應有盡有，統計建築費在一百餘萬元以上。〔註67〕

　　從上述文字可以看出，經過十五年的發展，廈門大學已經形成了較爲完善和合理的建築佈局。但是如果就建築風格而言，其已經開始體現出爲後世稱道的嘉庚建築風格。這種風格集中體現在包括群賢樓以及分列其左右的四座樓所合稱的群賢樓群，也就是陳嘉庚重新設計的一字型建築。它集中體現了典型的中西合璧的建築理念。

　　中西合璧的建築風格是廈門大學校園建築群的標誌性特點。1936 年，廈大十五週年校慶時曾將一字型的群賢樓群形容爲「五樓廊宇相連，其直如矢」。而一字型本身就體現出了強烈的中西合璧風格。首先，就建築佈局和式樣而言，「群賢樓群總體佈局採用一字型橫向排列，體現了西式建築所長，但在樓群的一主四從軸線式對稱佈局卻是中式的。閩式重簷三川脊歇山頂的群賢樓爲首的集美樓、同安樓中間三座爲中式，兩端的囊螢樓、映雪樓爲西洋的哥特式，群體組合上體現了中西文化合璧的特色。」〔註68〕而且這種中西合璧的設計也絲毫不妨礙其實用功能的發揮：「有拱券外廊（通風、採光、避雨），單廊的廊寬一般在 2 米以上。從功能來看，每個空間都有良好的通風和採光，建築功能純粹單一，不設盥洗和衛生空間等其它設施，建築開間整齊而有規律，結構合理，施工方便。」〔註69〕群賢樓群本身的建築技巧和裝飾手法上也體現出鮮明的中西文化風格交融的特點。曾有評論者將嘉庚風格稱之爲是「穿西裝戴斗笠」，這種極爲生動的說法形象地表明了廈大建築群的根本特徵，即用中式屋頂加上西洋式建築：「最奇妙的是建築採用中國古典建築屋頂，西式的屋體，花崗岩拱券及廊柱，還有南洋建築的拼花、細作、線角

〔註67〕　《本校最近概況》，《廈門大學十五週年紀念專號》，1936-04-06。
〔註68〕　繆遠：《傳歷史文脈 承嘉庚風格——廈門大學嘉庚風格建築樓群賞析》，《華中建築》，2008 年，第 3 期。
〔註69〕　張燕來：《廈門大學嘉庚風格建築特徵與分析》，《福建建築》，2007 年，第 2 期。

等。……中式屋頂的秀麗挺拔、隔熱防濕的優點和西式屋體的通風明亮、佈局自由的長處，在這裏相得益彰。」〔註70〕

廈大建築樓群的命名則充分體現出中國傳統儒家思想的特點。群賢樓是群賢樓群的主樓，群賢二字則源於《荀子‧非十二子》：「一統類而群天下之英傑」，表達了陳嘉庚希望會聚群賢來辦好廈大之意。「囊螢」和「映雪」二樓也分別取自中國古典中勤奮讀書的典故，寄託了陳嘉庚希望廈大學子能夠發憤圖強，用功讀書的深刻用意。此外，他還將專用的女生宿舍和兼用的男生宿舍分別命名爲「篤行樓」和「博學樓」。篤行和博學二語分別出自儒家經典《禮記‧中庸》：「博學之，審問之，慎思之，明辨之，篤行之。」僅僅從上述建築的署名，就不難體會陳嘉庚寄意深遠的教育理念。〔註71〕其實，廈門大學校園建築所體現出的獨特的嘉庚風格與陳嘉庚本人試圖融合中西方文化的理念密不可分：「陳嘉庚受到中國傳統文化和多年僑居生活影響，汲取了中西不同文化的審美觀，以可貴的創新精神，將南洋的西方建築形式與本土建築形式相融合，體現出多元文化的綜合。」〔註72〕

## 二、「這些房子象徵了我們的教育宗旨」

無論是燕京大學，還是廈門大學，雖然就學校性質而言，它們不盡相同，但是它們的校園建築風格卻都體現出鮮明的中西方文化並存和融合的特點。而此種建築理念所折射出的正是當時所處的時代背景以及辦學者深謀遠慮的教育理念。

首先，中西文化交融的建築風格是中國由傳統社會向近代社會過渡的必然產物。建築作爲社會生活中的文化現象，其本身的變化和調整勢必受到所處時代變遷的影響，同時從它自身形式的遞嬗也能反映出時代的變動和走向：

> 其活動乃賡續的依其時其地之氣候，物產材料之供給；隨其國
> 其俗，思想制度，政治經濟之趨向；更同其時代之藝文，技巧，知
> 識發明之進退，而不自覺。建築之規模，形體，工程，藝術之嬗遞

〔註70〕繆遠：《傳歷史文脈 承嘉庚風格——廈門大學嘉庚風格建築樓群賞析》，《華中建築》，2008年，第3期。
〔註71〕陳天明編著：《廈門大學校史資料（第八輯）‧廈大建築概述》（1921～1990），廈門大學出版社，1991年，第14～15頁。
〔註72〕繆遠：《傳歷史文脈 承嘉庚風格——廈門大學嘉庚風格建築樓群賞析》，《華中建築》，2008年，第3期。

演變，乃其民族特殊文化興衰潮汐之映影；一國一族之建築適反鑒
其物質精神，繼往開來之面貌。〔註73〕

中國近代社會處於西學東漸這樣一個各種思潮相互激盪的過渡時代，其
所包括的政治、經濟和文化等思潮必然會在社會的各個層面加以反映，作為
文化現象之一的建築自然也不能例外。「鴉片戰爭後，隨著中國封建經濟結構
的逐步解體，資本主義生產方式的發生和發展，必然會逐步導致中國建築的
近代化。」〔註74〕如何面對從近代西方湧入的各種新興思潮，國人應該持何
種態度就顯得尤為重要。對於中國近代大學而言，它們正是通過校園建築的
風格和樣式來回應時代所提出的要求，答案就是燕大和廈大這類中西合璧式
的校園建築。其實這也是主校者對於如何衡估中西文化的明確態度。

對於中國近代大學所集體呈現出的這種建築樣式，民國建築師毛心一曾
給予高度評價：

> 徘徊在歐西和中國兩途的建築就是在同一建築中，一面在保持
> 數千年來中國建築的固有風度，同時卻在收容從西洋各國傳來的新
> 式樣，因而便將它們的作風成分奇妙了。這是採取各方面的特長和
> 優點所演化的成績，非但在晚清時代如此，就是在今日的大地也不
> 難找到哩！〔註75〕

不過，也正是因為處於由傳統向現代過渡的社會階段。上述大學校園建
築在體現出如毛心一所言的博採眾長的特長和優點的同時，也不可避免地體
現出中西文化尚處於磨合階段的生硬過渡表現，主要表現為當時存在的將西
方建築理念強行嫁接於中國傳統建築的做法。對於當時諸多教會大學熱衷於
採用中西合璧式的建築風格，梁思成曾指出其中有些學校存在著重形式而輕
理念的弊病：「然而此數處建築中，頗呈露出其設計人對於我國建築之缺乏瞭

---

〔註73〕梁思成著：《中國建築史》，百花文藝出版社，2005年，第3頁。

〔註74〕《中國建築史》編寫組編：《中國建築史》，中國建築工業出版社，1982年，
第208頁。

〔註75〕王璧文、毛心一著：《中國建築》（外一種《中國建築簡史》），嶽麓書社，2009
年，第250頁。當時不僅國人對此類中西合璧式的建築風格大加讚賞，就連
1920～1921年間來華講學的英國哲學家羅素也對其積極加以肯定：「協和醫科
大學的建築相當宏偉，是中國建築的美麗與歐洲建築的實用兩相結合的有趣
嘗試。綠色的屋頂是中國式的，而四周牆壁和門窗則是歐洲式的。這個嘗試
雖然稱不上完全成功，但也有值得稱道之處。」（英）羅素著：《中國問題》，
學林出版社，1996年，第173頁。

解，如協和醫學院與華西大學，僅以洋房而冠以中式屋頂而已。」〔註76〕時任教於燕京大學的錢穆也在自己的回憶錄中表露出與梁思成相似的看法：

> 天津南開大學哲學教授馮柳漪，一日來訪。告余：「燕大建築皆仿中國宮殿式，樓角四面翹起，屋脊亦高聳，望之巍然，在世界建築中，洵不失爲一特色。然中國宮殿，其殿基必高峙地上，始爲相稱。今燕大諸建築，殿基皆平鋪地面，如人峨冠高冕，而良足只穿薄底鞋，不穿厚底靴，望之有失體統。」余歎以爲行家之名言。〔註77〕

「中國建築，在外觀上，最下爲承托建築物全體之臺基，其上爲梁柱構架，再上即屋頂。以美術眼光觀之，屋頂不啻爲整個建築之美麗冠冕。其特殊之式樣，歐西各系建築中，絕少見之，所以引起西人之注意者，亦在此。」〔註78〕正是由於臺基、梁柱構架和屋頂三者才構成了中國傳統建築的特色。也正是以這種標準來衡量燕大建築，才有了南開教授馮柳漪所認爲的燕大建築缺少了作爲底座而存在的臺基，因此才有「望之有失體統」之慨歎。

其次，中西方建築風格背後蘊含著辦學者試圖融通中西文化的教育主張。張星烺〔註79〕曾認爲「久居東方之西人，皆喜建築外中內西之房屋，如北平協和醫院、燕京大學、輔仁大學等大建築，皆外取中國之形式，而內裏設備則西法也。」〔註80〕類似於張星烺這樣將「外中內西之房屋」視爲是中西方文化融合的理念在建築上的投射大有人在。李歐梵也曾將燕京大學的建築風格視爲當時特殊的「心態結晶」：「盡人皆知，今天北大的校園是當年燕京大學的舊址，建築大多是倣古式的，乃二三十年代設計師（美人和華人）的心態結晶——在一個現代性的大學中復古，追求民族形式……」。〔註81〕

但是對於作爲中國社會最高教育和文化學術機關的近代大學而言，這種

〔註76〕梁思成著：《中國建築史》，百花文藝出版社，2005年，第501頁。

〔註77〕錢穆著：《八十憶雙親・師友雜憶》，嶽麓書社，1986年，第131～132頁。

〔註78〕王璧文、毛心一著：《中國建築》（外一種《中國建築簡史》），嶽麓書社，2009年，第15頁。

〔註79〕張星烺（1889～1951），著名歷史學家。中國中外關係史學科的重要開拓者。1919年應北大校長蔡元培邀請，擔任北京大學化學系教授。先後任教於輔仁大學、清華大學、北京師範大學、燕京大學。代表作有《歐化東漸史》。

〔註80〕張星烺著：《歐化東漸史》，商務印書館，2000年，第203頁。

〔註81〕李歐梵著：《都市漫遊者：文化觀察》，廣西師範大學出版社，2003年，第30頁。

試圖在「現代性的大學中復古」的「心態結晶」其實更爲深刻地反映出主校者深遠的教育理念。無論是燕大還是廈大，它們之所以能夠體現出試圖糅合中西文化的建築風格，其實與其辦學者的教育理念密不可分。作爲燕京大學的創校者和首任校長，司徒雷登就曾如實描述過自己的建築理想：

> 最初，我們就決心把中國建築應用到建造校舍上。房屋的外表，具有優美的曲線及輝煌的色彩。而主要的建築物全部用鋼骨水泥，兼有現代電燈、暖氣及自來水的設備。因此，這些房子本身就象徵了我們的教育宗旨，是要保全中國固有的文明中最有價值的一切……燕大的美麗校園，真正能幫助學生們對這學校的愛慕之情，並增強他們的國際理想。至少在一方面，這種真實性比我原來的計劃美麗得多了。〔註82〕

正如司徒雷登所言，「這些房子本身就象徵了我們的教育宗旨」。正是由於司徒雷登試圖在燕大校園內推廣和施行中西文化相互融合的教育理念，因而才會在課程和教學等核心因素之外，又採取校園建築這一形式來對學生進行潛移默化地影響和薰陶。司徒雷登的這一傾向同樣能夠從 1921 年廈門大學成立所確定的校旨中得以體現：「廈門大學之主要目的，在博集各國之科學知識及其精神，以研究一切現象之底蘊與功用；同時闡發中國固有學術藝術之美質，使之融合建立一種最新之文化，即使廈門大學爲此文化之中心，居世界上極有精神之大學之地位。」〔註83〕正是由於司徒雷登和陳嘉庚所具有的深遠的大學教育理念，才使得燕大和廈大的校園建築能夠在呈現獨特風格和式樣的同時，又能夠有機融入融通中西文化的美好教育理想。

## 第三節　校訓、校歌、校徽和校旗：「取意深遠，含意顯豁」

除過前文所述大學校址以及在此基礎上規劃與佈局的校園建築，中國近代大學校園內還存在著一類特殊的物質文化形態——物質象徵符號。之所以言其特殊，是因爲雖然它並不像校址所處的地理位置和環境那樣具有能夠被

---

〔註82〕《學府紀聞‧私立燕京大學》，臺灣南京出版有限公司，1982 年，第 82〜83頁。

〔註83〕《校旨》，《廈門大學布告（1921〜1922）》，福建省檔案館，館藏號碼：民資7.2.73。

個體直接感知的旖旎風光和歷史滄桑感，雖然它並不像校園中風格迥異，造型特殊的建築那樣能夠被個體直接體會。但是它卻確實存在於中國近代大學校園。它可以是一面徽章，其大者可以懸掛於校內禮堂，其小者可以直接佩戴在學生胸口；它可以是一面旗幟，其能夠代表一個學校出席各種校際公共活動；它同樣可以是一支歌曲，以音律的形式縈繞在你的耳旁，出沒於你的口中。而且，一枚徽章，一面旗幟甚至一支歌曲，在它們的圖案、色彩和音調背後，其實都蘊含著深刻的寓意和內涵，也只有通過闡釋和解讀才能領會它何以會以如此形態呈現在世人的眼中、口中和耳中。這種特殊的校園物質象徵符號實際上就是中國近代大學的校訓、校徽、校旗和校歌。

## 一、校訓和校歌：在韻律和文字中追尋精神

在上述校園物質象徵符號中，如果僅就符號自身所具有的形式特點，以及其發揮影響的方式而言，校訓和校歌可謂異曲同工。它們二者均離不開文字作為載體來傳達富有深意的內涵，而這一富有深意的內涵其實正是大學所信仰和尊奉的大學精神。兩者的不同之處則在於校訓不過短短數字，校歌則在洋洋灑灑的行文之外，還配以與歌詞相配套的曲譜，從而形成了文字和旋律的完美組合。

現代意義上的中國近代大學校訓和校歌的產生和出現，是中國傳統社會向近現代社會過渡背景下，借鑒和移植西方大學制度的必然產物。西方自中世紀大學以來就已經出現了校訓。一般認為，牛津和劍橋大學是世界上最早提出校訓的大學。而中國古語中卻並無校訓二字。甲午戰爭後，作為專有名詞的校訓才從日本引入。中國近代大學中較早出現校訓的當數教會大學。其中聖約翰大學的「Light & Truth」（光與真理）以及東吳大學「Unto a Full Growm Man」（為社會造就完美的人格）可謂是中國教會大學中最早的校訓。中國近代由國人自辦的高等學校中，最早擁有校訓的要數兩江師範學堂的「嚼得菜根，做得大事」。自此以後，校訓才逐漸被確立為中國近代學校，尤其是中國近代大學辦學實踐乃至校園文化的重要組成部分。〔註84〕

現代意義上的校歌也是中國在步入近代社會以後才開始出現的新興事物。提及校歌，必先言及近代社會以來新學堂的開設，因為最早的學堂樂歌

---

〔註84〕王彩霞著：《二十世紀中國學校校訓研究》，華東師範大學博士學位論文，2006年，第25～40頁。

其實正是日後現代意義上校歌的源頭。學堂樂歌這一教育形式的出現，最早源於梁啓超的倡議，最終落實於制度層面，則體現於 1902 年清政府頒佈的《欽定學堂章程》。該章程明文規定，學堂專門開設樂歌一科。至此，樂歌最終成爲構成近代學堂辦學實踐活動的重要組成部分。中國近代最早的學堂樂歌《體操》成於 1902 年，作者爲沈心工，他在日後也被稱爲「學堂樂歌之父」。〔註 85〕正是在學堂樂歌被逐漸普及的基礎上，中國近代各級各類學校的校歌才應運而生，成爲校園文化的重要內涵〔註 86〕。

　　中國近代大學的校訓和校歌與各個大學自身的定位和發展經歷密不可分，體現出強烈的時代感和使命精神。而從其內容和意蘊上來看，則體現出既紮根本土文化，又積極借鑒外來文化精髓的鮮明特色。

　　　　前前分中國青年，及時努力分莫遲延！時當元二分國步方艱，
　　歐風美雨分又東漸。（重一句）天演競存分爾其開旆，文明進步分箭
　　離弦。曉日麗空分春華研，始貴精勤分終貴貞堅，培爾德爲厚壘！
　　勵汝志如深淵！前，前，復前，爾快奮發自雄，著祖生鞭！〔註 87〕

　　上述中國公學的校歌歌詞，源於 1907 年進入中國公學高等預科甲班的任鴻雋〔註 88〕的回憶。據他回憶：「中國公學校歌，用的是法國革命馬賽進行曲的調子，歌詞雖不見佳，頗能代表當時學子的情緒。」〔註 89〕從任氏的話語中可以看出兩層意思：首先，文中出現八個的「分」字鮮明的體現出中國公學校歌所具有的中國傳統文化特色，但是其所採用的曲調卻是當時最具革命氣息的法國革命馬賽進行曲，這無疑是典型的中西合璧風格；其次，雖然在任鴻雋看來，校歌歌詞雖不見佳，但是卻能夠「代表當時學子的情緒」。而這種情緒其實正是對中國公學艱難成立和發展的社會和時代背景的眞實寫照。

〔註 85〕錢仁康著：《學堂樂歌考源》，上海音樂出版社，2001 年，前言、第 1 頁。
〔註 86〕賀秀蘭著：《中國大學校歌的文化解讀》，中南大學碩士學位論文，2008 年，第 10 頁。
〔註 87〕張朋園、楊翠華、沈松僑訪問，潘光哲紀錄：《任以都先生訪問紀錄》，臺灣「中央」研究院近代史研究所，1993 年，第 147～148 頁。
〔註 88〕任鴻雋（1886～1961），著名學者、科學家、教育家。1907 年考入中國公學高等預科甲班。1914 年 6 月 10 日，與留美同學胡適、趙元任等發起中國最早的綜合性科學團體——「中國科學社」，出版中國最早的綜合性科學雜誌——《科學》月刊。1935 年 9 月至 1937 年 6 月，任國立四川大學校長。
〔註 89〕張朋園、楊翠華、沈松僑訪問，潘光哲紀錄：《任以都先生訪問紀錄》，臺灣「中央」研究院近代史研究所，1993 年，第 147 頁。

「中國公學之發起，實始於清光緒乙巳留日學生反對取締規則之役；時歸國者近千人，謀自建學以免鄰辱，得閩侯鄭孝胥助金千元，乃於閩午春擇地滬上租屋開學。嗣以諸事棘手，窘迫日甚，幹事姚宏業憤而投江，聞者悼焉。」〔註90〕此處所謂的丙午年正是 1906 年，任鴻雋也正是在其開辦後不久入校就讀的。正是出於強烈的愛國之心和對國家內憂外患現狀的憤慨，再加之中國公學舉步維艱的辦學困境，才使得上述歌詞中頻頻出現「國步方艱」、「天演競存」以及「前，前，復前」這樣體現出明顯焦灼感和催人奮進向上的文字。可以說，中國公學的校歌所要反映的正是要在困境中迎難而上，時不我待的「中公精神」。正因為如此，任鴻雋才會說這首校歌頗能代表當時中公學子們的心情，這其實也是當時中國社會整體對振興國勢期望的折射和反映。

與中國公學相似，同樣也能從其校歌中體會到強烈的時代和社會精神，進而以此為依據生發出大學自身的定位和使命感的還有復旦校歌。

> 復旦復旦旦復旦，巍巍學府文章煥，學術獨立思想自由，政羅教網無羈絆，無羈絆前程遠，向前，向前，向前進展。復旦復旦旦復旦，日月光華同燦爛。

> 復旦復旦旦復旦，師生一德精神貫，鞏固學校維護國家，先憂後樂交相勉，交相勉前程遠，向前，向前，向前進展。復旦復旦旦復旦，日月光華同燦爛。

> 復旦復旦旦復旦，滬濱屹立東南冠，作育國士恢廓學風，震歐鑠美聲名滿，聲名滿前程遠，向前，向前，向前進展。復旦復旦旦復旦，日月光華同燦爛。〔註91〕

上述復旦校歌完成於 1925 年，由豐子愷作曲，劉大白填詞。正如著名音樂學家錢仁康所言：「校歌的歌詞像《賣花女》一樣，是用長短句寫成的分節歌（Strophic song），三段歌詞，起句都是『復旦復旦旦復旦』，結句都是『日月光華同燦爛』，點明了復旦校名的由來，指明了復旦師生努力的方向。」〔註92〕從結構上來看，復旦校歌的特點正在於其所謂的分節歌唱，而且三段歌詞的起首都為相同的內容。其實這不僅是出於結構上的刻意安排，

---

〔註90〕《學府紀聞‧私立中國公學》，臺灣南京出版有限公司，1982 年，第 1 頁。

〔註91〕耿法：《從復旦新舊校歌說起》，《民主與科學》，2009 年，第 6 期。

〔註92〕薛明揚、楊家潤主編：《復旦雜憶》，復旦大學出版社，2005 年，第 204 頁。

其實也隱含著對於復旦成立時的社會和時代背景的說明。

　　1902 年，馬相伯〔註93〕成立震旦學院。他借用天主教上海徐家匯天文臺舊址作爲校舍，並聘請法國傳教士來校任教。後由於雙方發生矛盾，校內的一些愛國師生便集體脫離震旦學院。正是在這種特殊的社會背景下，1905 年復旦公學組建成立，1917 年改名爲復旦大學。而其之所以取名復旦，源於儒家經典《尚書大傳・虞夏傳》中的「日月光華，旦復旦兮」一語，「既表達了對光明的追求，也寓有恢復震旦的愛國傾向。」〔註94〕「復旦」一詞體現出強烈的愛國傾向。一方面，原有的震旦學院中的「震旦」二字本來就包含有日月光華之意，更關鍵的是爲了彰顯復旦公學試圖通過國人自己的努力來爭取教育自主權的努力。

　　與復旦從《卿雲歌》中來提煉校名相類似，時隔二十年之後，1925 年從聖約翰大學脫離的一批愛國師生也同樣從《卿雲歌》的「日月光華」中提煉出了自己的校名——光華大學，而當時的聖約翰大學同樣是教會大學。由此可見，無論是復旦還是光華，他們試圖從《卿雲歌》中尋覓能夠體現本校愛國思想的校名意圖是相當明顯的。而《卿雲歌》這首原本並不爲人所熟知的原始社會的曲調，也因爲復旦校名的公佈而廣爲世人所熟悉。「1919 年，教育部設立國歌研究會，延聘文學和音樂專家多次討論的結果，認爲與其撰寫新詞，不如遵照汪榮寶和章炳麟的建議，用《卿雲歌》作爲國歌。民國九年（1920年）正式頒佈蕭友梅作曲的《卿雲歌》爲國歌。」〔註95〕

　　復旦校歌歌詞也體現出復旦一校對自己和國家關係的特殊定位。從「學術獨立思想自由，政羅教網無羈絆」一語中就不難看出，復旦從建校之初就確立的對獨立和自由精神的追求。其中「教網」二字更是對復旦脫離震旦事實的折射。「鞏固學校維護國家」一語更是體現出其強烈的愛國愛校之意。而從「作育國士恢廓學風，震歐鑠美聲名滿」，更是不難體會復旦爲自己所確立的弘揚民族文化，躋身世界之林的宏大願望。可以說，這些既體現出強烈的民族精神和時代感，同時充分表現出其對本土文化的尊重和珍視。

　　無論是中國公學還是復旦大學的校歌，其採用五線譜和中文歌詞的組合

〔註93〕馬相伯（1840～1939），著名教育家、震旦大學首任校長、復旦大學創始人。蔡元培、于右任、邵力子均爲其弟子。

〔註94〕復旦大學校史編寫組編：《復旦大學志・第一卷》（1905～1949），復旦大學出版社，1985 年，第 1～2 頁。

〔註95〕錢仁康著：《學堂樂歌考源》，上海音樂出版社，2001 年，第 205～206 頁。

也充分地體現出中西文化合璧的特點。上述校歌在結構上也充分汲取了西洋音樂的元素。豐子愷在爲復旦校歌作曲時，就「採用二部曲式的結構，全曲包含兩段：第一段從主調（降 A 大調）開始，結束在屬調（降 E 大調），第二段回到主調；嚴格按照規範化的曲式結構，配上規範化的和聲，與劉大白的歌詞珠聯璧合。」〔註96〕

與校歌體現出中西合璧的風格略有不同，當時許多大學校訓體現出鮮明的本土文化特色，非常注重從中國傳統思想文化資源中汲取靈感。1914 年冬，梁啓超應邀前往清華演講。他將此次演講命名爲《君子》，僅從題目來看就可以想像他對於學生人格培養的重視。在演講中他專門引用《周易》中的「天行健，君子以自強不息」和「地勢坤，君子以厚德載物」來描述自己心目中理想的君子人格。他專門提到：「乾象言君子自勵猶天之運行，不得有一暴十寒之弊。且學者立志，尤須堅忍強毅，雖遇顛沛流離，不屈不撓。……坤象言，君子接物，度量寬厚，猶大地之博，無所不載。君子責已甚厚，責人甚輕。」梁啓超的此次演講給清華師生留下了極深刻的印象，隨後學校便採用了「自強不息，厚德載物」八字作爲清華校訓，一直沿用至今。可見，無論是校訓取材的來源，還是校訓立意所注重培養的君子人格，都能看出清華校訓所透露出的濃厚的中國儒家文化精神。正如學者所言：「作爲清華老校訓，自強不息、厚德載物這是一個整體，不可予以分割。……因爲不論是對於一個學校還是一個人來說，前者指的是精神，後者指的是品格；精神最多只能影響一個人的氣度或神態，品格才能最後決定一個人的本質。」〔註97〕

中國近代大學的諸多校訓都有著和清華類似的良苦用心。1921 年成立的廈門大學所確立的校訓「止於至善」就和清華相同。「止於至善」一語出自《禮記・大學》：「大學之道，在明明德，在親民，在止於至善」。廈大使用「止於至善」作爲校訓的目的就在於：「大學之道的最高境界或最終目的在止於至善。因此，廈門大學的校訓中實際上就有『大學之道』的含義在內。」〔註98〕不僅一些由國人辦理的大學注重從中國傳統文化中吸取思想精華，一些教會大學也努力將中國傳統文化精神糅合進本校的校訓之中。金陵大學的校訓「誠

---

〔註96〕薛明揚、楊家潤主編，復旦雜憶，上海：復旦大學出版社，2005：204～205，
〔註97〕黃延復著：《清華傳統精神》，清華大學出版社，2006 年，第 9～11 頁。
〔註98〕劉海峰：《廈門大學校訓、校歌與校史的特色》，《教育評論》，2004 年，第 1期。

眞勤仁」就屬於此類典型的中西合璧風格：「誠，源自儒家經典《禮記・大學》中的八條目——格物、致知、誠意、正心、修身、齊家、治國、平天下，即對國家要忠誠，對事業要虔誠，對人要誠懇。眞，即言崇眞求實，在辦學、治學、求學中，要有科學態度和科學精神，這明顯吸收了西方文化中崇尚科學的內容。勤，來自《尙書》，『功崇惟志，業廣爲勤』的思想。……仁，是儒家所推崇的道德準則，……」〔註99〕

　　校歌和校訓理應代表一所大學的精神面貌，也應該反映大學辦學和發展的特色。如果大學在辦學實踐方面進行了重大調整，並切實影響到大學整體的辦學格局和規模製度的話，勢必會影響到大學校園物質象徵符號的調整和變更。相反，如果校園物質象徵符號不能及時反映這種辦學實踐上的變化，或者不能如實加以反映，那麼，其勢必無法準確反映大學自身的特色，反而會紊亂和迷失全校師生的認同感。

　　　　　　好一片中華大地，不振興工藝，眞可惜，

　　　　　　眞可惜，同有耳目同有手足，同有心思才力。

　　　　　　不作工，負了好教育，勤勞，誠毅，提攜，

　　　　　　我中華國民，同舟共濟，同舟共濟，振興工藝。

　　　　　　好一片中華大地，不振興身體，眞可惜，

　　　　　　眞可惜，同有心腹同有肌肉，同有起居飲食。

　　　　　　不作醫，負了好教育，慈愛，仁義，扶持，

　　　　　　我中華國民，同舟共濟，同舟共濟，健康身體。〔註100〕

　　上文是中國近代一所知名大學的校歌歌詞。該歌詞共分兩段，第一段強調振興工藝教育，第二段強調醫學教育。第一段歌詞極爲形象地用耳目、手足和心思才力這樣的語彙，來強調人們應該注重開發和利用這些天生能力來接受工藝教育。第二段歌詞則形象地運用心腹、肌肉和起居飲食來強調人們應該充分發揮這些能力來接受醫學教育，並且用這些習得的能力來幫助他人。另外，兩段歌詞都強調同一個事物，即同舟共濟才能振興工藝，才能健康身體。

　　在中國近代諸多的知名大學中，如此強調醫科和工科的院校，在當時只

〔註99〕陳功江著：《校訓：大學個性化之彰顯——民國時期知名大學校訓研究》，華中師範大學博士學位論文，2009年，第164頁。

〔註100〕《國立同濟大學概覽》，國立同濟大學出版課編，1934年。

能歸功於位於上海吳淞口的同濟大學。提及同濟大學，自然會想起1907年由德國醫學博士寶隆在上海創辦的德文醫學堂，以及1912年在增設工科後改名的同濟醫工學堂。醫科和工科從一開始就是同濟得以發展的基礎和根本。隨著1929年《大學組織法》的頒佈，規定成立大學必須得有三個學院以上。這一政策變更迫使同濟開始在原有的醫工兩院之外籌設理學院。1937年同濟大學理學院成立。同濟開始形成了擁有醫工理三科的純實科大學，為以後的發展格局定下了基調。〔註101〕

從醫工兩科變為醫理工三科，可謂同濟大學在自身學科制度和辦學實踐上的重大調整。而伴隨著這種辦學實踐的變化，大學校園生活的方方面面勢必會隨之變化，自然也包括校歌這一類的校園物質象徵符號。儘管對其進行調整有可能會影響到廣大師生早已形成的對於同濟已有的認同。但是對於同濟大學本身而言，增設的理科如果不能被構成大學的種種要素及時加以反映，那麼，勢必會影響到理科被原有同濟人的接納和認可，甚至進而影響社會對同濟理科的接納。這一點十分明顯地反映在同濟校歌的變化上。

1936年11月1日，在理學院正式成立以前，同濟大學召開1936年度第一次校務會議。其中一個重要議題就是增設理科以後，校歌應如何加以反應。當時的議案為：「本校校歌詞句，係指醫工兩學院而言，今既添設理學院，校歌應如何更改案。」最終通過議決：「校歌仍照原譜，詞句從新編製。」〔註102〕改變後的同濟校歌如下所示：

> 好一片中華大地，不振興工藝，真可惜，
> 真可惜，同有耳目同有手足，同有心思才力。
> 不作工，負了好教育，勤勞，誠毅，提攜，
> 我中華國民，同舟共濟，同舟共濟，振興工藝。
>
> 好一片中華大地，不振興身體，真可惜，
> 真可惜，同有心腹同有肌肉，同有起居飲食。
> 不作醫，負了好教育，慈愛，仁義，扶持，
> 我中華國民，同舟共濟，同舟共濟，健康身體。
>
> 好一片中華大地，不格物窮理，真可惜，

---

〔註101〕翁智遠主編：《同濟大學史‧第一卷》（1907～1949），同濟大學出版社，1987年，第1、53頁。

〔註102〕《二十五年度第一次校務會議記錄》，《同濟旬刊》，第112期，1936-11-01。

　　眞可惜，同有頭腦同有智慧，同有星辰空氣。

　　不學理，負了好教育，明澈，清晰，訓練，

　　我中華國民，同舟共濟，同舟共濟，格物窮理。〔註103〕

　　上文是 1937 年同濟增設理學院之後，對原有校歌進行調整後的結果。校歌依然延續了以往分節式的結構。有所不同的是，在以往的兩節後又添加了與前兩節結構相同的文字內容。從格物窮理到星辰空氣就能夠感覺到強烈的理科氣息，而從明晰、清澈和訓練也不難感覺到科學的求眞精神和特質。更爲關鍵的是，同濟校歌並沒有單純地爲了將理科的內容塞進原有結構而破壞原來校歌的節拍和押韻，所以加上第三小節之後依然使人讀來頗有韻味，不覺生硬。

## 二、校徽和校旗：在結構和色彩中彰顯意義

　　如果說校訓和校歌是通過文字內容和音調節拍來反映大學之精神，那麼，校徽和校旗則通過圖像和色彩的結構來闡揚大學之理念。其本質就在於，通過有限的顏色、簡練的線條和精鍊的圖文來言簡意賅地呈現和傳達大學的辦學理念和教育宗旨。

　　與校訓和校歌相同，作爲中國近代大學辦學實踐的重要構成，校徽和校旗也是借鑒和移植西方大學制度的產物。它們作爲中國近代大學校園文化的基本內涵，充分地體現出中西文化相互融合的特質。

　　大學校徽最早起源於西方中世紀大學。從近代西方大學普遍具有的圓形或盾形校徽來看，其起源可能與歐洲中世紀戰爭中所使用的盾牌有著密切關係。盾牌具有的金屬質地的堅固性，色彩鮮明的標識性，以及大學校徽通常被佩戴於人體左胸的心臟處，都說明了校徽的形狀和規製取材於盾牌，暗含著大學校徽對於作爲大學生命之所在的大學精神的固守、堅持和保護〔註104〕。劍橋和牛津等西方古老大學的盾形校徽也的確能反映這一特點。縱觀中國近代諸多大學的校徽其實正是對西方大學校徽的模仿和借鑒。不過在借鑒的過程中體現出中西文化相互交融的態勢。例如，中國近代大學在借鑒西方大學校徽形制的基礎上，也巧妙地將中國傳統文化的精

---

〔註103〕翁智遠主編：《同濟大學史・第一卷》（1907～1949），同濟大學出版社，1987年，第 123 頁。

〔註104〕李金橋著：《大學校徽意象論》，中南大學碩士學位論文，2007 年，第 17 頁。

髓融入其中，最具典型的做法就是將漢字這一濃縮了中國文化精髓的符號巧妙地嵌入到校徽之中，充分地發揮出通過漢字來傳達大學精神的特點。

就大學校徽和校旗的結構和形式而言，大致可分為色彩模塊類、圖文並茂類和圖文合一三種類型。

色彩模塊類。這一類型主要體現為中國近代大學的校旗。其特點在於通過將不同比例的色彩模塊按照一定的結構鑲嵌到校徽或校旗上，進而烘托出大學的精神和理念。北大校旗可以視為這一類的代表。

**北大校旗**

資料來源：《北大二十年級同學錄》，北大二十年級畢業同學錄籌備委員會編，1931年。

關於北大校旗所蘊含的精神和理念，北大校長蔡元培曾專門寫過一篇題為《國立北京大學校旗圖說》〔註105〕的文章，從中可以瞭解作為校園文化重要構成的校旗傳達大學精神和理念的具體形式。

首先，從北大校旗的構成來看：「我們現在所定的校旗，右邊是橫列的紅藍黃三色，左邊是縱列的白色，又於白色中間綴黑色的北大兩篆文並環一黑圈，這是借作科學、哲學、玄學的符號。」因此，可以將北大校旗劃分為左右兩部分來加以考察。對於右邊的紅黃藍三色，蔡元培進行了如下解釋：

> 我們都知道：各種色彩，都可用日光七色中幾色化成的。我們又都知道：日光中七色，又可用三種主要色化成的：現在通行三色印刷術，就是應用這個原理。科學界的關係，也是如此。世界事物，

―――――――――――――――

〔註105〕蔡元培著：《蔡子民言行錄》，山東人民出版社，1998年，第202～203頁。

雖然複雜，總可以用科學說明他們；科學的名目，雖然也很複雜，
總可以用三類包舉他們。那三類呢？第一，是現象的科學，如物理、
化學等等；第二，是發生的科學，如歷史學、生物進化學等等；第
三，是系統的科學，如植物、動物、生理學等等。我們現在用紅藍
黃三色，作這三類科學的符號。

可見，在蔡元培的設計理念中，用紅黃藍三種自然界的基本底色來對應
三種基本科學，而且佔據了整個校旗的右邊，可見蔡元培對於科學的重視。
對於校旗左邊的白色底色，蔡元培也進行了如下說明：

我們都知道：白是七色的總和，自然也就是三色的總和了。我
們又都知道：有一種哲學，把種種自然科學的公例貫串起來，演成
普遍的原理，叫作自然哲學。我們又都知道：有幾派哲學，把自然
科學的原理，應用到精神科學，又把各方面的原理，統統貫串起來；
如英國斯賓塞爾氏的綜合哲學，法國孔德氏的實證哲學，就是。這
種哲學，可以算科學的總和；我們現在用總和七色的白來表示他。

蔡元培從白色是自然界七色光的總和入手來整合紅黃藍三色，進而衍生出
用一種類似於白色的哲學來統率類似於三色的各種自然科學。他將這種類似於
白色的哲學稱之為自然哲學。因為在他看來，這種綜合哲學和實證哲學就是對
科學的總和。因此，校旗左邊的白色可以視為是其它三色的統帥。不過，蔡元
培並沒有就此止步。在他看來，在科學和哲學之上，還需要有一類更高層次的
學術思想來加以整合，這種更具包容性的學問就是他所謂的「玄學」：

但是人類求知的欲望，決不能以綜合哲學與實證哲學為滿足；
必要侵入玄學的範圍。……玄學的對象，叔本華叫他作「沒有理解
的意志」；斯賓塞爾叫他作「不可知」；哈特曼叫他作「無意識」。道
家叫作「玄」；釋家叫作「涅槃」；總之，不能用科學的概念證明，
全要用玄學的直覺照到的，就是了。所以我們用沒有顏色的黑來代
表他。

可見，蔡元培之所以要在校旗白色的底色之上為黑色留下位置，原因就
在於他要在科學和哲學之外，還要為玄學的發展留下應有空間。不過蔡元培
並非一味地給三者均分空間。這一點從北大校旗上幾種顏色分佈的比例就可
以看出。他對此也進行了解釋：

大學是包容各種學問的機關；我們固然要研究各種科學；但不

能就此滿足，所以研究融貫科學的哲學；但也不能就此滿足，所以又根據科學而又超絕科學的玄學。科學的範圍最廣；哲學是窄一點兒；玄學更窄一點兒。……所以校旗上面，紅藍黃三色所佔的面積最大；白次之；黑又次之。

直到最後，蔡元培才表露了北大校旗之所以會使用以上色調和比例結構的真實原因，在於「大學是包容各種學問的機關。」在他眼中，北京大學就好比是這一面校旗。在這面旗幟中，理應容納科學、哲學和玄學等代表不同學說的思想流派。但是，各個學科的發展並非一窩蜂地無秩序存在，相反它們應該按照各自在近代社會發展中所起的作用和功能進行搭配。紅黃藍構成的各種基本科學以及對其加以統轄的白色所代表的自然哲學，其實可以視為廣義的科學。它之所以會佔據半面旗幟，不由得使人想起五四運動的兩面大旗——德先生和賽先生，而其中賽先生正是指科學。而蔡元培之所以要將黑色嵌入其中，則不由得使人想起著名的科玄之爭，人生究竟是由科學決定，還是必須倚重玄學。而從蔡元培在校旗上為玄學留下空間，就可想而知蔡氏對於科玄之爭的真實態度。其實，從北大校旗的設計理念不難看出，其最終所要表達的還是蔡元培始終倡導的「思想自由，兼容並包」的大學理念，以及他所提倡的自由民主的校園風氣。

圖文並茂類。這一類型主要體現為中國近代大學的校徽。它的特點在於將所在大學的校名或（和）校訓以及相關圖案，按照一定的方式進行排列組合，共同構成校徽的整體界面，以此向外界傳達大學精神和理念。

清華大學校徽

資料來源：《清華年刊》，清華大學一九三五年刊社年刊委員會編，1935 年。

　　上述圖案為清華大學校徽。該校徽呈圓形，可見其主要是借鑒西方大學校徽的盾形形制。校徽本身可以視為三個環形，分別象徵著「天地人三才」和「三光日月星」，如同旋轉的風火輪，轉動不息。其中，中環分佈有清華校訓「自強不息，厚德載物」八字。外環上半部分是「清華大學」四個漢字，下半部分是清華大學的英文名稱「TSING HUA UNIVERSITY」。整個校徽由圖像和文字兩部分構成。其所要傳達中西文化交融的意味也十分明顯，校徽上不僅體現出中英文清華大學的校名，而且內環的八字校訓也是按照中國傳統文化中的八卦方位進行排列。另外，將校訓嵌入到校徽中，也十分明確地體現出清華注重培養君子人格的辦學理念。〔註106〕

　　與清華大學校徽相類似的還有交通大學之前身——南洋大學的校徽。1926 年 1 月 23 日，交通大學的前身南洋大學頒佈了本校校徽。其最大特點也是充分地將「南洋大學」四字與代表南洋大學的學科特色的圖案有機融入到校徽的佈局之中，呈現出圖文並茂的特點。

**南洋大學校徽**

資料來源：《南洋季刊》，上海南洋大學出版部，1926 年 1 卷 1 期。

　　時人曾對校徽所蘊含的這一特點進行過深度解讀：

　　　　校徽中心為鐵砧，鐵錘，砧上置中西書籍若干冊，示工程教育

　　工讀並重之意，砧座有阿拉伯數碼 1896 四字，示本校創辦之年份。

〔註106〕李金橋著：《大學校徽意象論》，中南大學碩士學位論文，2007 年，第 44 頁。

> 用世界公曆者，取其便也。砧外爲齒輪，外框像車輪，皆寓工程與
> 交通之意。框與輪之間，上半題篆體南洋大學四字，下半題「Nanyang
> University」英文字。〔註107〕

這枚校徽「全徽取義深遠，含意顯豁，允稱佳構。」而這枚將交通大學辦學宗旨與特色表現得淋漓盡致的校徽，儘管日後大學校名屢次變更，但是校徽從一開始就蘊含的辦學精神和理念卻沒有發生改變。

圖文合一類。此類校徽大體上也可劃入圖文並茂類，但是其特點就在於能夠將圖案與文字的關係處理地十分巧妙，因此，既可以視爲是單純的圖像，也可以視爲是純粹的文字。由魯迅設計的北大校徽就屬於這種類型。1917年8月7日，魯迅在日記中這樣寫道：「……寄蔡先生信並所擬大學徽章。」〔註108〕魯迅日記中提到的蔡先生正是剛剛就任北大校長不久的蔡元培，大學徽章則是蔡元培邀請魯迅爲北大專門設計的校徽。

魯迅設計的這枚北大校徽，整體爲圓形。其巧妙之處在於，這枚校徽既可以視爲文字，又可以視爲一枚圖案。之所以會有如此視覺效果，原因就在於魯迅巧妙靈活地使用了中國書法中的篆體藝術：

> 魯迅設計的這枚北大校徽，其圖案以篆體的北大二字構成一個
> 圓形，便於製作圓形的徽章。巧妙的是：下面的大字像一個人，上
> 面的北字又像兩個人，這樣就構成了三人成眾的意象。又有如一人
> 而背負二人之象，給人以北大肩負重任的想像。在藝術處理上，這
> 枚徽章構圖簡潔大氣，線條流暢規整，蘊涵豐富。用設計對象的文
> 字構圖案，是徽標設計的常用手法，但高明的設計者用文字構成能
> 夠表現徽標內涵的圖案。魯迅這枚校徽的設計，就達到了這一境界。
> 〔註109〕

魯迅巧妙的設計理念其所要表達的主旨正是他本人對於北大和北大人所擔負的歷史責任的殷切期望。這種期望在他爲北京大學二十七週年校慶時所寫的那篇題爲《我觀北大》的名文中抒發的最爲酣暢淋漓：「第一，北大是嘗爲新的，改進的運動的先鋒，要使中國向著好的，往上的道路走。……第二，

---

〔註107〕《交通大學校史》撰寫組編：《交通大學校史資料選編・第一卷》（1896～1927），西安交通大學出版社，1986年，第433頁。

〔註108〕魯迅著：《魯迅日記》（上卷），人民文學出版社，1959年，第247頁。

〔註109〕王錫榮：《魯迅美術作品》，《新文學史料》，2006年，第1期。

北大是常與黑暗勢力抗戰的,即使只有自己。」〔註110〕

　　簡而言之,雖然中國近代大學的校訓、校歌、校徽和校旗各自具有的表達方式有所不同,但是它們所要呈現和表達的內在實質是唯一的,即它們分別從視覺和聽覺兩個方面來傳達和闡揚大學之文化精神和教育宗旨。

〔註110〕陳平原、夏曉紅編:《北大舊事》,三聯書店,1998 年,第 287～288 頁。

# 第四章　民國時期大學師生行為方式

　　民國時期大學師生行為方式是指民國時期的大學教師、校工和學生群體在大學校園中呈現出的各種生活方式和樣態。根據 1927 年 6 月 15 日國民政府教育行政委員會頒佈的《大學教員資格條例》規定，大學教師主要包括教授、副教授、講師和助教四類〔註1〕。校工是指中國近代大學校園內從事校園維護、基建和保衛等工作的校園基層工作人員，主要包括更夫、齋夫、聽差、校警、門衛和園丁等。

　　之所以要對師生和校工群體的日常生活方式進行考察，原因在於，「校園文化的主體不只是大學生，應當包括校園內三種主要人群：大學生、教師、幹部。三種群體雖各有其文化子系統，但在整體上應該有其必然的同一性。特別是後兩種群體，的確在校園文化中有著舉足輕重的位置。這不僅因為他們對學生的發展有著制約作用，也由於他們在校園中的時間延續性一般長於大學生。」〔註2〕這一點十分鮮明地體現在民國時期大學師生和校工群體的生活方式上。他們對於塑造民國大學校園文化整體起到了不可或缺的重要作用。

　　從培育大學校園文化的角度來看，教師之於學生、校工之於學生並非單純地施教者與受教者、主人與僕人這樣的簡單關係。「大學校園文化既是一種教育環境，同時它也是一種文化環境。……教育環境明確地規定了教育者和受教育者的地位任務，而文化環境中更重視兩者間的群體關係、雙向影響。」〔註3〕作為共處大學校園的主要群體，他們都是大學校園文化的積極創造者和

---

〔註 1〕宋恩榮，章咸選編：《中華民國教育法規》（修訂本），江蘇教育出版社，2005年，第 636 頁。

〔註 2〕潘懋元主編：《新編高等教育學》，北京師範大學出版社，1996 年，第 589 頁。

〔註 3〕潘懋元主編：《新編高等教育學》，北京師範大學出版社，1996 年，第 588 頁。

相互影響者。他們各自所呈現出的生活方式勢必會在互動中悄然對彼此產生影響。而從大學校園文化建設的效果來看，「從整體效應上看，校園文化的影響更重要的是體現於大學生群體上。」〔註4〕因為，大學教育的根本任務在於培養德智體美全面發展的高級專門人才，而學生正是大學教育存在價值和發展質量的唯一體現者。

## 第一節　師生合作：「造成一個師生最親密的最高學府！」

就民國時期大學校園文化生活的互動性質與影響而言，當首推教師與學生之間的相互影響和作用最為顯著和重要，因其最能充分體現大學校園文化著眼於育人這一要旨。師生之間的交互作用主要表現為，作為主導者的教師與作為主體的學生之間基於日常生活所進行的富有文化生活意味和教育意義的互動與交往。典型者即民國時期大學校園中存在的師生合作的理念與行為。

師生合作是指師生之間在人格平等的基礎上進行相互合作。此處的「師」，並不僅僅局限於教師，而是包括教師在內，與學生群體相對而言的校方。合作的前提在於平等，無平等談不上相互合作，因此師生合作的前提和基礎是師生的人格平等和校方與學生的人格平等。在此基礎上，師生合作便可以理解為師生之間在彼此尊重人格和相互理解的基礎上所表現出的積極合作意識，以及由此衍生的生活方式。那麼，師生合作的真義何在？時人對此早有清晰明確的認知：

> 師生合作這個口號，在任何教育制度之下，確已認為天經地義的原則。因為，第一，在任何學校裏面，師生的地位雖然有授教和受教的分別，可是師生共同的目標是增長智識，是發展思想，簡單說就是「教學相長，」他們的目標既相同，所以他們是無條件的應當合作了。第二在一個社會中間，教員與學生都算是智識階級，因為他們是智識階級，他們的見解和利益雖然是不能一致，可是智識階級的共同責任是是領導社會，是喚醒民眾，他們的職責既相同，所以他們為社會國家計，也必須趨於合作之途了。〔註5〕

〔註4〕潘懋元主編：《新編高等教育學》，北京師範大學出版社，1996年，第589頁。
〔註5〕《師生合作》，《南大周刊》，第38期，1927-05-26。

　　從上文可以看出師生合作主要具有兩個方面的意義。首先，就大學教育本身的目標和宗旨而言，大學教育所具有的研究高深學術的屬性決定了師生之間必須通過教學相長的方式來進行合作。只有切實施行師生合作，才真正符合大學教育的內在邏輯；其次，就大學與社會的關係而言，大學承擔著服務與引領社會的基本職能。無論是教師還是學生，作為受過高等教育的知識分子，他們具有共同的職責。而這一社會責任要求師生理應體現出良好的合作意識。由此可見，真正意義上的師生合作必須依靠校方、教師和學生三個方面的共同努力才可能得以實現。

　　師生合作所要求平等意識體現在學生個體層面，主要表現為教師與學生個體之間在人格上相互尊重和理解。而就學生群體而言，則主要表現為在校方給予學生群體應有的尊重和認可。這種尊重和認可反映在制度層面主要體現為民國時期大學校園內所彌漫的學生自治精神：

> 　　我們既認清了教育的目標是培養學生應付環境的能力，那麼，就應該發展學生自治精神和批評果斷的見解；我們既認清了學校應以學生和教授的利益為前提，那麼學生一方面固然要體諒辦學人的困難，一致的扶助學校長進；他方面辦學的師長，也須採民治的精神，容納學生的意見，使他們的希望有實現的可能；若是師生兩方而能夠本這種合理的願望和容量互相努力，這豈不是師生合作的真表現嗎？〔註6〕

　　學生自治精神的萌發與一系列學生自治活動的開展，正是從學生層面來詮釋和踐行師生合作理念的最佳證明。學生自治會的成立和具體運作則是對這種理念的制度落實。由於本書將闢專章，從學生層面來剖析和論述民國時期大學學生自治會的外在形態構成和內在理念精神。因此，此處只從校方和教師層面來論述它們為增進師生合作所進行的努力。

　　從日後保存下來的各種資料來看，當時各個學校的學生們似乎對所在學校的師生合作並不十分滿意。總的說來，當時要求師生合作的意見大致可分兩類，一類是批評改進型，一類是再接再礪型。

> 　　師生，在大體上而言，已經「合一」了。我們同站在一條復興本校的戰線上，我們沒有「私」，我們愛護本校之心，使我們只知道只有一個整個的「暨南」，是的，我們已臻到這一步了，但是

---

〔註6〕《師生合作》，《安徽大學校刊》，第22期，1930-01-09。

> 在師生之間，還不免有許多隔膜的地方，有許多教授先生們到了
> 上課時才挾皮包而來，下課時仍挾皮包而去，師生之間，簡直沒
> 有說話的機會，這樣，造成先生不識學生，學生雖識先生，見面
> 時也可不打招呼的笑話，似非大學教育的本旨！此不特本校如
> 此，即全國各大學又何嘗不然！所以我第一個希望就是：師生不
> 但要合作，並且要盡可能範圍內多多接近，造成一個師生最親密
> 的最高學府！〔註7〕

上文見於1937年6月14日第213號的《暨南校刊》。在這篇題為《兩個平凡的希望》的文字中，作者將打破師生隔膜，切實推進師生合作視為自己對未來暨南大學發展的殷切期許。同時他也不忘指出當時暨南校內還存在著「先生不識學生，學生雖識先生，見面時也可不打招呼的笑話」。的確，正如作者所言，「此不特本校如此，即全國各大學又何嘗不然！」當時，在其它許多大學也都或多或少地存在以上現象，甚至成為橫亙在某些學校內的「巨大鴻溝」：

> 我仔細觀察我們校裏的情形，男同學和女同學，大學部和中學
> 部，教員和學生，那種種的隔膜，用這鴻溝兩字來形容，真是再好
> 沒有的。……本校師生間的感情，外人都說是很好。但實際上，除
> 了幾個好出風頭的學生肯和教師接洽外，多數還是望教師而生畏
> 的。……這便是本校的第三鴻溝。……至於填平鴻溝的工作：最後
> 一層，希望各教師常能和各學生一塊坐著，談著，孔子說得好：「以
> 吾一日長乎爾，毋吾以也」。教師和學生都能照這句話去做，這第三
> 件事的鴻溝，不特可無形消滅，還可教學相長的。倘若我們大眾努
> 力工作，那麼，這幾大鴻溝，一時三刻就可變成「康莊大道」，那時
> 「熙來攘往」豈不很好。〔註8〕

這篇題為《本校的三大鴻溝》的文字，刊載於1927年3月16日第16卷第9期的《滬大天籟》。該文作者將師生之間的隔閡和淡漠，與男女同學和大中學部之間的隔閡並稱為橫亙於滬江大學校內的三條鴻溝。而且他認為這一現象並非滬大獨有，在其它許多學校都相當普遍：「這三大鴻溝，固然非本校所獨有，大約各學校都是如此的，或許我們的學校還較勝別校一籌。但有了

---

〔註7〕《兩個平凡的希望》，《暨南校刊》，第213號，1937-06-14。
〔註8〕《本校的三大鴻溝》，《滬大天籟》，第16卷第9期，1927-03-16。

這幾大鴻溝，雖然不見得是「巫山萬重」，卻也成了「長江天險」，界限南北。倘我們不努力擔泥鋤土，把他填平，日後漸漸擴大，前途的危機，恐怕不堪設想呢！」

　　此種師生之間的無形隔閡在學生方面感覺尤為強烈。這一點從當時學生自發的呼籲中就不難感覺到。1925 年 5 月 1 日，《南大周刊》第 16 期刊載了學生會出版股的會議記錄。在會議議決的諸多事項中，其中就明確提出要以公函的形式來推進師生合作〔註9〕。其實，當時不僅學生感覺需要師生合作，教師也不例外。1929 年，時任教於安徽大學的文學家朱湘〔註10〕奉命承擔安徽大學月刊的主編工作。在他為月刊所題寫的四條啟事中，其中就直接將「師生合作」作為自己辦刊的基本要求和宗旨〔註11〕。

　　而在時人看來，當時不利於推進師生合作主要在於以下三方面。首先是教育政治化：「……我國自五四運動以後，學生算是政治改革運動的中心，也算是民眾運動的提倡者，可惜漸漸為政治野心家所利用，對外的目標一變而為對內的運動，推翻校長，撤換教員，迎此拒彼的怪現象，層出不窮，言之令人痛心，這也就是教育政治化的結果！還談什麼師生合作呢！？」〔註12〕其次，學校缺少民主精神：「我回頭看我國的學校的師生本有這樣的精神麼？我敢答一句有也是限於少數呢，有些公立的學校學生真當了學校的主人翁，校長教員當了公僕，這種誤解學校民治的學生們，我替他們悲觀，因為這不算師生合作，是學生獨裁，這可以說是合乎教育民治化的原理麼？有些私立學校，教師變成家主，學生視為隸屬，這種舊封建思想的教育家，我也替他悲觀，因為這也不是師生合作，乃是師長獨裁，是一樣的違反了民治化的原則呢，所以在這兩種絕對獨裁的學校，還有什麼師生合作的可能呢？」最後，師生之間缺乏瞭解和高尚的精神。「師生不能瞭解，結果必發生誤會，有了誤會，必生疑竇，有了疑竇，還能夠合作麼？師生沒有高尚的精神，雖是表面合作，這種合作也不過是虛偽的，勉強的，對於師生的真正感情和結合是大

---

〔註 9〕　《學生會出版股會議》，《南大周刊》，第 16 期，1925-05-01。

〔註 10〕　朱湘（1904～1933），字子沅。詩人，散文家。1921 年，入清華學校肄業。「新月派」主要成員。提倡「格律詩」，主張詩應該具有音樂的美、繪畫的美、建築的美。1930 年春自美回國，擔任安徽大學英文文學系主任。1932 年夏辭職。

〔註 11〕　《朱湘為本校月刊啟事》，《安徽大學校刊》，第 18 期，1929-12-12。

〔註 12〕　《師生合作》，《南大周刊》，第 38 期，1927-05-26。

有妨礙，但是以我個人推測，我認爲誤會的發生，完全因爲師生間除課堂以外，接觸的機會太少的緣故，……」〔註13〕

不過就學校層面而言，當時除過對於學生自治會及其參與校務進行大力支持和肯定外，它還是採取了相當多的措施來推行和保障師生合作。在校內設置專門的機構就是當時較爲通行的方式。廈門大學曾專門成立了師生交誼委員會來辦理師生之間的交流和溝通事務〔註14〕。安徽省立大學也在每周開闢固定時間，以方便學生與院長直接進行面對面的交流和溝通〔註15〕。1936 年，同濟大學訓導委員會也在第二次會議中修正通過了師生懇談會規約〔註16〕。不過相對於學生而言，上述種種舉措仍略顯被動。而積極和主動引導師生合作的制度安排則當屬導師制。

1933 年，大夏大學重新恢復了受滬戰影響而中斷的導師制：「本校爲指導學生生活，實行導師制，迄已數年。上半年以滬戰關係，此制暫停實施，現經第一百三十次校務會議通過修改辦法，所有大學一年級及四年級師專第一學期及第四學期學生均得自由參加。每組以十二人爲限，即日由群育委員開始組織。」〔註17〕而實施導師制的最佳方式則是師生共同參與校內外的各種學生活動與集會：「與導師團最有關係者，厥惟學生間各種活動之表現，與夫各種集會之成立。……不過我覺得本校每一個教授，除擔任某團導師之外，必須以其研究之所在，再去指導某種活動。如歷史教授，指導歷史學會；社會學教授，指導社會學會，餘以類推。如此則每一個學會，必有一二教授，爲其指導之人；會務既不致落空，而群龍得有所擁戴。……」〔註18〕

當時除施行導師制外，廈門大學還於 1925 年施行過富有特色的師生午集制度：「本校林校長爲聯絡師生感情，振作團體精神起見，特仿歐美成例，組織師生午集，曾面委周辨明先生爲籌備員。」從午集制度的章程中就可以清楚瞭解其成立的宗旨及具體運作模式：

（1）名稱　定名爲廈門大學師生午集

（2）組織　凡屬本校教職員學生，均應加入。

---

〔註13〕《師生合作》，《安徽大學校刊》，第 22 期，1930-01-09。
〔註14〕《各種委員會一覽》，《廈大周刊》，第 271、272 期，1931-11-28。
〔註15〕《楊亮功、陶因、張其睿啓事》，《安徽大學校刊》，第 24 期，1930-02-21。
〔註16〕《訓導委員會第二次會議錄》，《同濟旬刊》，第 116 期，1936-12-11。
〔註17〕《續行導師制》，《大夏期刊》，第 3 期，1933-02。
〔註18〕《善頌乎？善言乎？》，《廈門大學十五週年紀念專號》，1936-04-06。

（3）宗旨　聯絡師生感情，流通學校消息，振作廈大團體之精神。

（4）會期　每星期一二三四五十二點至十二點十分

（5）會所　本校大禮堂

（6）主席　本校校長

（7）坐次　學生坐位，應照定次，以便點名。

（8）會務　齊唱修養的詩歌，或請教員演說二三分鐘，或宣佈校中各事。

（9）附注　午膳改十二點一刻，下午上課時間改自一點半起。

〔註19〕

同時，廈大為了豐富午集活動的形式，調動師生參與的積極性，還在全校範圍內有獎徵集在午集活動中用以助興的翻譯詩歌。由此可以想像校方為了讓師生之間有更多的交流和溝通的機會，所付出的良苦用心：

一、本校翻譯詩歌為演說集會時助興之用

一、翻譯詩歌以本校已出版之修養的詩歌為主（修養的詩歌各人自備）

一、願譯他種詩歌或創作或收集吾國舊有詩歌者聽，惟以有相當之歌譜並與修養的詩歌性質相類者為合格。

一、詩歌文字務求清雅易曉，白話詩尤所歡迎。

一、字數聲韻以及音拍之輕重，須與歌譜相稱以便吟唱。

一、錄取之詩歌每篇給獎一元至兩元

一、被取稿件過十篇者，加給獎金五元，被取最多者，加給獎金十元。

一、全書出版後，投稿被取者每人可得一本

一、本校教職員學生以及校外人士均得投稿

一、投稿者於十一月一日以前報名，願譯某篇請向周辨明先生聲明。

---

〔註19〕《組織師生午集》，《廈大周刊》，第 123 期，1925-10-17。

一、稿件請交周辨明先生，期限至民國十五年一月一日截止，
先期譯就者請隨譯隨寄。閱卷者孫貴定、毛夷庚、邵慶元先生。
〔註20〕

　　通過師生合作來培育和建設大學校園文化已然成為民國時期大學的辦學特色。對於學生而言，師生合作的生活方式對他們的成長有著不可低估的影響：「教師和學生同處於人類一份子的地位，當合而為一，不過先覺和後覺罷了！於是學生把教師做顧問，遇了困難，彼此商量……」〔註21〕正如金耀基所言，師生共處一堂的精妙之處，就在於「許多頭腦，許多心靈可以不時的相遇和對話。就在這種不經心的，習以為常的師生之接觸下，假如年輕人能夠對偉大的重要的價值有所體悟，有所執著，那麼（他）她的優異的品性就在不知不覺間發展出來了。」〔註22〕曾於清華任教五年之久的蔣廷黻對此感受良多：「在我教過的學生中，每年我都發現有些人他們的生活與我息息相關，他們的生活也成為我自己生活的一部分。」〔註23〕

　　師生合作也是中國古代書院教育傳統在近代大學的傳承和發展。雖然導師制度源於近代西方大學，但是其中所蘊含的師生平等，以及師生相處一堂藉此砥礪和薰陶學生人格卻並非西方大學所獨有。這一點也充分被當時的學人所認識：「大學導師制雖發源於英，然各國行之者，尚不多見，在我國尤屬創舉。我校當時採用導師制時，懷疑而觀望者亦有其人；後由各團之繼續施行，遂習而與之俱化矣。其最大好處在於：（一）打破形式的上課制；（二）師生打成一片；（三）學校教育集團化；（四）學校教育家庭化；（五）恢復書院教育的精神。……」〔註24〕

## 第二節　校工學校：「無人不當學，而亦無時不當學」

　　法國歷史學家瑟諾博斯曾如此解釋自己撰寫的《法國史》一書中出現的各類人物的作用：「我並不像有些人那樣完全否認個人對於社會的作用，凡是一切男女重要人物，如果我認為他們的行為或工作曾留下永久的影響，我都

〔註20〕 《徵求翻譯詩歌》，《廈大周刊》，第 125 期，1925-10-31。
〔註21〕 《試行自治應有的瞭解》，《學生》，第 9 卷第 1 期，1922-01-05。
〔註22〕 金耀基著：《大學之理念》，三聯書店，2001 年，第 21 頁。
〔註23〕 蔣廷黻著：《蔣廷黻回憶錄》，嶽麓書社，2003 年，第 138 頁。
〔註24〕 《善頌乎？善言乎？》，《廈門大學十五週年紀念專號》，1936-04-06。

加以敍述。」〔註25〕其實，在構成民國時期大學校園生活的眾多群體中，一直存在一個易於被世人所忽略乃至遺忘，實際上卻具有瑟諾博斯所言的「曾留下永久的影響」的校園群體。這個群體的身影頻繁出沒於中國近代大學校園的各個角落，他們從事著大學校園內最爲基層的事務性工作。正是他們的付出使得整個大學校園生活能夠正常運轉。這個特殊而普通的群體就是民國時期大學校園中的校工群體。

　　相較於教師和學生群體而言，校工的地位是尷尬的。之所以言其尷尬，主要因爲，他們作爲大學正常經營和運轉的組成部分必不可少的，但關於他們自身活動的書寫與記載卻最爲稀少。而且就在僅有的關於他們的隻言片語的記錄中，附加於他們身上的傳說和故事倒是占去了其生活史料的大半。反之，關於他們群體生活狀態的眞實記錄卻少之又少。

　　之所以會形成此種不成比例的現象，其實是與校工群體在大學校園中所扮演的角色密切相關。在以追求高深學問和生產知識爲己任的大學校園中，校工群體只不過是普通的不能再普通的雜役人員。他們所作的也只不過是維持學校日常生活正常運轉的繁瑣事務。正是這種根本不具有任何學術含量和教育性質的行爲，使得他們天然地缺乏與天之驕子的大學生和著述等身的教授們對話和溝通的可能性，自然也就成爲校園中最易於被忽視的底層群體。但是，校工畢竟構成了一所大學運轉和經營所必須的基礎分子。更爲關鍵的是，本身看似無關緊要的校工群體，圍繞它卻形成了民國時期大學校園一個極具特色的文化現象，即校工學校，一種完全可以稱之爲學校中的「學校」的歷史存在。

　　對於校工們而言，通過校工學校，他們獲得了在校外難以獲取的寶貴的教育機會。對於大學生們而言，正是由於他們與校工之間的積極互動，才使得校工學校這一校園文化現象的出現成爲可能。學生們也正是通過親身參與辦理校工學校，才眞正有機會在日常生活中去理解和領會民主教育的理念和價值，從而間接地受到了深刻而別樣的教育和洗禮。

　　民國時期的眾多大學幾乎都專門針對校內工役開辦過形式多樣的校工學校。這類學校無論在辦學模式，還是課程設置上，均是按照正規學校的辦學標準來進行規範，可以說，無論從辦學態度，還是辦學規制都堪稱優良。不

---

〔註25〕　（法）瑟諾博斯著，沈煉之譯，張芝聯校：《法國史》，商務印書館，1964 年，第 6 頁。

禁要問，當時作爲最高學府的大學爲何要爲校役這個弱勢群體開設專門的校工學校呢？1918 年，國立北京大學校役夜班正式開學。蔡元培校長應邀出席並發表演說。從他的演說中，可以清晰地瞭解爲校役設學的必要性和意義所在：

> 校役夜課，各學校早有行之者。本校開辦已二十年，至今日而始能開學，實爲抱歉之事。在常人之意，以學校爲學生而設，與校役何涉。不知一種社會，無論小之若家庭，若商店，大之若國家，必須此一社會之各人皆與社會有休戚相關之情狀，且深知此社會之性質，而各盡其一責任。故無人不當學，而亦無時不當學也。……我以爲夜課之有益於諸位者有二：（一）有益於現在之地位。……（二）有益於他種職業之預備。……〔註26〕

從蔡元培的演說中可以看出，首先，早在北大開辦校役夜班之前，其它大學已不乏如此實踐者；其次，蔡元培認爲，開辦此類機構可以視爲是建設良好的現代公民社會所必須的過程和步驟。他在文中提及的「社會」，既包含諸如家庭、商店和企業此類規模大小不一的社區和社團，同時也是指現代意義上的公民社會。因爲在他看來，對於社區中的每一個人而言，都是現代社會中的一名公民。僅就公民的身份而言，其都有權利和義務來瞭解自己所處單位的性質，自己對於所處單位所應負的權責關係。以及由此推衍開來，個體對於整體社會所應負的權利和義務觀念。所以，他才會認爲「且深知此社會之性質，而各盡其一責任。」從蔡元培的上述理解中，已經隱約可以看出他對於現代公民社會和合格公民的基本意見。作爲社會最高學術和教育機構的大學，更是應該按照上述要求來參與社會建設。因此，大學辦理校工學校，不僅僅是爲了讓校役更好地服務於所在大學，而且也是充分發揮大學這一學術共同體對於建設現代公民社會和引領社會前進的示範作用。

此外，校工學校的辦理也是對當時社會上風行的平民主義思潮的積極回應。時隔北大校役夜學開辦不久，1920 年 1 月 18 日，北大學生會平民夜校正式開學，校長蔡元培照例應邀出席並發表演說。在演說中，他將 1918 年北大校役夜班的開辦視爲北大施行平民教育走出的第一步：

> 北京大學第一步的改變，便是校役夜班之開辦。於是二十多年的京師大學堂裏面，聽差的也可以求學。從前京師大學堂裏面的聽

---

〔註26〕蔡元培著：《蔡子民言行錄》，山東人民出版社，1998 年，第 154～155 頁。

差，不過賺幾個錢，喊幾聲大人老爺；現在北京大學替聽差的開個校役夜班，他們晚上不當差的時候，也可以隨便的求點學問。於是大學中無論何人，都有了受教育的權利。〔註27〕

　　無論是校役夜學還是平民學校，其實都是對平民主義教育思潮的一種回應。當然也可以將平民學校的開設視為大學辦理校役學校的延伸，二者在性質上完全相同。那麼，當時此類機構的具體辦學實踐又是如何？從1928年廈門大學預科同學會所辦理的校工學校的相關報導中可以得到大概印象：

　　　　（一）學級編制，係按照測驗結果，分高初兩級，初級又分甲乙丙三組。高級學生，為年齡較長及已讀書二年以上並習國語者，故一切功課，均用國語教授。初級甲乙兩組，全用廈語教授。丙組學生，對於國語，多能說話，故用國語教授。此種編制，於教員之擔任，學生之聽講，均極便利。

　　　　（二）課程方面，高級為國文、國語、尺牘、常識、三民主義、珠算等六門，初級課程，與高級大概相同，惟兼授算術。上課時間為每日下午六時至八時，共計教員十餘人，均為預科同學，平均支配擔任，已於上星期四開始上課，近聞對於訓育方面，亦在著手進行，力求完善云。〔註28〕

　　由所在大學專門劃撥經費，組織專門的委員會，根據入學測驗編班進行分別教學，設置專門的課程體系等等。從籌備到實施，從入學到教學，幾乎很難看出這是針對一所校工學校所進行的專門化設計。當時的校工學校大都依託所在大學進行辦理。上課時間一般都在晚上，主要是為了不佔用校工們白天固定的工作時間。

　　1928年，東北大學理工科辦理的校役夜校就採取了入學甄別考試的方法，目的是為了更好地根據這些「特殊」的學生的已有程度來進行分班教學：

　　　　理工科校役夜校，於本月十六日晚，在西大樓工預科一年級教室舉行秋季始業式。是日除代理夜校校長及夜校教員，夜校學生均依時出席外，理工科各級學員，前往參觀者甚眾。聞該夜校於十七日舉行甄別試驗，以定優劣。試驗結果，將夜校學生分高級初級兩

〔註27〕蔡元培著：《蔡孑民言行錄》，山東人民出版社，1998年，第156頁。
〔註28〕《本校附設平民學校消息》，《廈大周刊》，第182期，1928-03-31。

班教授，所有各班課程表，於十八日發表，由十九日起，即行上課矣。〔註29〕

入學以後，大多數學校均在考慮校工原有學習能力的基礎上，專門爲他們量身定制了不同特色的專門課程。例如，滬江大學將其辦理的義務夜校分爲中文科、英文特科和英文普通科三個班級，科目主要包括：中文科，以教授普通新國文教科書及平民千字課爲主；英文特科：主要教授新法英語教科書第三冊；而英文普通科則以教授英文啓蒙讀本爲主〔註30〕。廈門大學學生總委員會開辦的平民學校，則專門開設了國文、常識、尺牘和珠算等四門較爲實用的課程〔註31〕。

一旦在教學過程中發現課程有不適之處，校工學校還會專門進行修正和調整：「北校校役夜校原有課程表，略有不適之處，刻由該夜校職員另新編定完好。除通知各夜校教員外，並牌示夜校各級學生知照以便按照新表上課云。」〔註32〕考慮到校工入學起點很低，當時有的校工學校還專門自編了專用教材：「由南洋大學（上海）學生會辦理，本期由茅以新君主持校務，學生約有六十人，分四班教授，一律不收學費，學生皆年長失學者，或爲校役，或爲工人，或爲學徒。所用講義，皆由自編，以合於義務學校爲標準，現已出版者有《自然科學常識》及《中國歷史講義》兩種。」〔註33〕而爲了有效及時地反饋校工們的學習效果，同時也爲了更好地改進教師的教學方式，大多數校工學校還會定期舉行測驗：「北校校役夜校職教員，以本學期內各級功課業已結束，乃定於本月十五日起舉行考試，至考試日程表，已於六月十日宣佈矣。」〔註34〕

和普通學校一樣，有課堂學習就會有課外娛樂，校工學校自然也不例外。即使是校工們也不能一味進行知識灌輸。考慮到他們各自在校內承擔著性質不同的工作。爲了更好地調劑他們的精神生活，有些校工學校還專門爲他們組織和開展富有趣味的課餘活動：

本校校工補習夜校，除平日注意課業外，對於工友們體魄之鍛

〔註29〕《理工科校役夜校近聞》，《東北大學周刊》，第53號，1928-09-29。
〔註30〕《本校青年會義務夜校之報告》，《滬大天籟》，第16卷第8期，1927-01-17。
〔註31〕《學生總委員會》，《廈大周刊》，第165期，1926-11-27。
〔註32〕《北校校役夜校改編課程表》，《東北大學周刊》，第49號，1928-06-19。
〔註33〕《南洋義務學校的發達》，《學生》，第10卷第1號，1923-01-05。
〔註34〕《北校校役夜校規定考試日期》，《東北大學周刊》，第50號，1928-06-25。

錬，倡導不遺餘力。本學期首創級際籃球比賽，分甲乙與丙丁兩組，
採三賽兩勝制，本月十五日下午三時，假大學部籃球場舉行比賽，…
結果丙丁組勝甲乙三分，聞該校擬製銀盾一座，給獎優勝組，以資
激勵云。〔註35〕

上述文字見於 1937 年 5 月 24 日第 210 號《暨南校刊》。在這篇題為《校
工級際籃球錦標賽》的校聞中，主要報導了暨南大學校工補習夜校級與級之
間的一次籃球錦標賽。而在這次特殊的級際籃球賽中，甲乙組最終獲得了冠
軍〔註36〕。

作為大學積極回應平民主義教育思潮的直接產物，校工學校的蓬勃發展
反映出民國時期大學校園內所充盈的強烈的民主精神。正如時人所言：「學校
民主化或憲法化之言，非謂學校為國家，學生為主人翁，而教師其公僕也，
以學校為國會，故居於被監督之地，以教師為政府，故居於被監督之地；然
學校民主化的目標，在完全人格之自由發展。」〔註37〕實現校工群體「完全
人格之自由發展」自然也是學校民主化的當然內涵。民國時期大學正是通過
辦理校工學校，在培養學生自治理念和精神，鍛鍊學生自治能力和方法的同
時，也直接提升了校工群體的文化素質，為培育良好的現代公民，形成理性
的公民社會間接提供助力。

## 第三節　「特殊」學生生活：「努力求學，自是青年的快事」

民國時期大學每迎來一個新學年，校園中總會出現一批新面孔。在這些
新面孔中，有一類特殊的「新生」群體。相較於那些循規蹈矩地從小學升入
中學，再從中學考入大學的大學新生而言，他們已經不是第一次踏入大學門
檻。但是對於每一所即將接受他們的大學而言，他們仍然可以被稱之為「新
生」。對於他們而言，他們也需要和那些剛剛進入大學校園的一年級學生一
樣，需要在新的環境中去適應校園生活，這一特殊的「新生」群體就是轉學
生。

---

〔註35〕《校工補習夜校舉行級際籃球比賽》，《暨南校刊》，第 210 號，1937-05-24。
〔註36〕《校工級際籃球錦標賽》，《暨南校刊》，第 213 號，1937-06-14。
〔註37〕《師生合作》，《安徽大學校刊》，第 22 期，1930-01-09。

如果以學生是否獲得所在大學的正式學籍作為劃分標準，民國時期大學校園內還活躍著一類「特殊」的學生群體。雖然他們也同正式生一樣隨著上下課的鈴聲進出教室，雖然他們也會屌雜於正式生中間去泡圖書館和閱覽室。但他們在剛開始進入學校時沒有正式學籍，甚至有的人也不想和不會去追求學籍或者學位。但是，如果純粹以好學和求知的欲望來評價他們，他們的好學和刻苦程度不僅不遜色於正式生，甚至有時還勝過這些學生。他們默默無聞，絕無其它奢望，所想要的只不過是能夠安心地聽完一堂精彩的課，或者能夠大大方方地在圖書館中隨意瀏覽和閱讀。他們的存在和作為在當時就成為大學校園中無人不知，無人不曉的佳話，贏得了師生一致的讚賞和欽佩。他們的人數遠遠少於龐大的正式生群體，他們也沒有任何刻意組織的機構團體，但卻都自發聚集和作息於一所大學附近，從而使得這個區域在當時也擁有了相當的知名度。這個特殊的「學生」群體就是民國時期大學校園中赫赫有名的旁聽生、特別生和偷聽生群體。作為一個特殊的校園群體，他們所具有的集體風貌和獨特的校園生活方式，以及從他們身上所折射出的民國時期大學校園文化所蘊含的可貴品質，都使得他們成為當時大學校園中一抹獨具魅力的風景線，也成為後世遙望和追憶那個已經逝去的大學不可或缺的重要組成部分。

## 一、轉學生生活

在全面抗戰爆發前，民國時期大學之間的轉學大致可以分為兩種類型。一種是學生出於自身學業發展和個人興趣的需要，自願要求申請由原來所在大學轉入另一大學；另一種則是由於大學所在地受戰爭因素的影響和干擾，校內學生被迫轉入其它地域的大學以繼續完成學業。例如，1932 年淞滬會戰爆發，上海許多大學的辦學活動都受到干擾。在滬的許多學生都紛紛選擇轉學回到籍貫所在地的大學繼續完成學業。福建省教育廳就曾於 1932 年 3 月 21 日給福建省的各大學和學院頒佈了《限制戰區學生轉學日期之訓令》，明確規定本省大學和學院接受戰區轉學生的最晚期限為該年三月三十和三十一日。接受轉學生的大學或學院必須直接向該生原來所在學校去函索要其轉學證書及成績分數單〔註38〕。

---

〔註38〕《教廳限制戰區學生轉學日期之訓令》，《廈大周刊》，第 279 期，1932-03-26。由於戰時轉學更多地受制於外力因素，基本上不能體現出在正常狀態下轉學

　　關於轉學制度，起初教育部並沒有進行過明確規定。1912和1917年分別頒佈的兩個《大學令》中均沒有提及轉學生制度。可見當時基本上是由各個大學自主對轉學生進行規定和要求。教育部正式對轉學生進行明確規定始於1929年8月14日頒佈的《大學規程》。該規程對轉學生進行了如下規定：

> 　　大學或獨立學院轉學資格，須學科程度相同，有原校修業證明書，於學年或學期開始以前經試驗及格者。但未立案之私立大學或獨立學院學生，不得轉學於公立及已立案之私立大學或獨立學院。大學各學院或獨立學院各科最後一年級，不得收轉學生。
〔註39〕

　　上述規定主要針對轉學生的學年程度、轉學生原來所在學校以及預備接收轉學生的學校性質進行相應規定。不過從規程中可以看出，當時的教育部對於學生轉學還是鼓勵和支持的。從1928～1929年廈門大學所頒佈的學生通則中，就可以清楚瞭解當時大學對於轉學的完整要求：

> 　　一、凡在本大學認為合格之下列各校本科肄業得有一年之上之成績，並經原肄業之學校正式證明及本大學入學審查委員會通過者，方能轉入本大學本科。
>
> 　　（一）中華民國大學院核准之大學
>
> 　　（二）本大學特別承認之大學或專門學校
>
> 　　凡轉學生所列入之年級，須視其在本大學第一年之成績為準。
>
> 　　二、凡轉學生須於每學年開學一月前填具轉學願書，並其原校之正式證明書與該生已習各學科之詳細成績單，以憑查核辦理。但關於科學或其它實驗與實習學程應同時繳驗實驗或實習課本。
>
> 　　三、凡轉學生其肄業之大學或專門學校，如經中華民國大學院核准或本大學承認，但其入學試驗之各學科較本大學缺少一二科者，須按照本大學入學試驗規則補考或補習其所缺之學科。
>
> 　　四、凡經本大學特別承認之大學或專門學校轉學生，倘其未入

---

生制度本身所具有的靈活自主性和教育精神。因此，本書僅針對第一類轉學生的生活進行考察分析。

〔註39〕宋恩榮，章咸選編：《中華民國教育法規選編》，江蘇教育出版社，2005年，第387頁。

　　該大學本科或專門學校時，僅在舊制中等學校畢業或高級中學肄業
一年者，應按照高級中學畢業或本大學預科畢業程度補足年限方准
轉入本大學本科肄業。

　　五、凡轉學學生其在原肄業之大學或專門學校選習及格之各學
科，倘經本大學有關係之科主任特別許可時，得免受該學科轉學試
驗並由本大學給予相當績點。

　　六、凡轉學學生至少須在本大學肄業二年，修滿本大學本科所
規定之課程，試驗及格方能領受畢業文憑。〔註40〕

　　在以上轉學規定中，最為值得注意的是第五點，即轉學生在原來所在學
校修習的課程，經過接收學校的審核後，方有可能被接收學校承認並予以轉
換績點。這一點對於當時的諸多轉學生來說具有相當的誘惑性。因為這種成
績的相互認可和流通轉換在無形中可以節省許多不必要的時間損失。當時廈
大不僅在制度層面如此規定，其在辦學實踐中也是嚴格按章執行。1931～1932
年度廈大第三十七次行政會議就通過了如下議案：「教育學院學生陳兆慶請求
准將大夏大學所修本科第一年英文上學期三績點移算本校英文一上學期成
績，議決由教育學院院長照章核辦。」〔註41〕

　　抗戰爆發前，民國各個大學之間的轉學風氣還是比較流行的。各個學校
對於轉學生持歡迎態度，所不同的僅僅是各個學校對於轉學生所作的要求寬
嚴程度不一而已。當時有些學校對學生轉學要求相對靈活，不僅對於手續要
求不是那麼苛刻，而且對於跨專業轉學的尺度也開放得比較寬鬆。日後擔任
權威辭書《辭海》主編的夏徵農，就是先在金陵大學就讀過一年半，後來在
相關證明材料不完整的情況下，得到時任復旦大學中文系主任陳望道〔註42〕
的首肯，得以順利插班進入復旦大學中文系二年級就讀〔註43〕。相比之下，
當時有些學校對於轉學的要求就顯得較為苛刻。北京大學的轉學制度素以嚴

〔註40〕《學生通則》，《廈門大學布告》（1928～1929），福建省檔案館，館藏號碼：
　　　　民資 7.2.74。
〔註41〕《第三十七次行政會議》，《廈大週刊》，第 277 期，1932-01-09。
〔註42〕陳望道（1890～1977），著名教育家、修辭學家、語言學家。1927 年，任復旦
　　　　大學教授兼中文系主任。1949 年 10 月，任復旦大學校長。1955 年 5 月，任
　　　　中國科學院哲學社會科學部委員。代表作有《修辭學發凡》。
〔註43〕復旦大學語言研究室編：《陳望道文集・第一卷》，上海人民出版社，1979 年，
　　　　第 7～8 頁。

格著稱。據當時就讀於北大的鄧廣銘〔註44〕回憶：「當時北大的規定是不論任何系的轉學生都必須先參加新生的入學考試，考取後再考一次插班的課程。吳晗的新生入學考試未能及格，因此轉學北大的計劃未能實現。」〔註45〕正是由於此種規定，原就讀於中國公學社會歷史系本科二年級的吳晗〔註46〕只得插班進入了清華歷史系二年級〔註47〕。而這種對於轉學的嚴格要求也能夠從胡適擔任北京大學文學院院長之後對於轉學制度進行的改革反映出來。經胡適改革之後，「對轉學生只應考他插班的課程，而不應當先通過新生入學考試。」〔註48〕當時的武漢大學對於轉學的要求也較為嚴格。轉學生必須要經過三場考試和體檢，並由兩位擔保人進行擔保，一名經濟擔保人簽字方可完成。〔註49〕

## 二、旁聽生生活

旁聽生制度是民國時期大學一項特殊的辦學制度。言其特殊，首先在於民國成立至全面抗戰爆發以前，由政府所頒佈的若干重要教育法規中並沒有「旁聽生」這一名詞。無論是在 1912 年頒佈的《大學令》、1917 年頒佈的修正《大學令》，還是 1929 年頒佈的《大學規程》以及 1934 年修正頒佈的《大學組織法》中均是如此。之所以要花費筆墨來勾勒這樣一個特殊的校園群體，原因在於，當時一些大學通過實施旁聽生制度，使得一些無法通過參加正常的大學招生入學考試來接受高等教育的人，也能夠有機會通過旁聽課程來為自己爭取大學求學的機會。而從諸多旁聽生日後的人生發展軌跡來看，大學的旁聽經歷對其日後的事業發展顯得至關重要。另外，對於接納旁聽生的大

---

〔註44〕鄧廣銘（1907～1998），著名歷史學家。1936 年畢業於北京大學史學系。代表作有《陳龍川傳》、《岳飛傳》、《宋史職官志考正》等。

〔註45〕劉隱霞、鄧小南編：《鄧廣銘學術文化隨筆》，中國青年出版社，1998 年，第257 頁。

〔註46〕吳晗（1909～1969），著名歷史學家。1929 年，入上海吳淞中國公學大學部。1931 年夏，考入清華大學歷史系二年級。1941 年，任西南聯合大學歷史系教授。1949 年 11 月任北京市副市長。代表作有《明史簡述》、《朱元璋傳》等。

〔註47〕蘇雙碧主編：《吳晗自傳書信文集》，中國人事出版社，1993 年，第 4 頁。

〔註48〕劉隱霞、鄧小南編：《鄧廣銘學術文化隨筆》，中國青年出版社，1998 年，第257 頁。

〔註49〕《紙上春秋——武漢大學校報 90 年》，武漢大學出版社，2009 年，第 14～15頁。

學而言，旁聽生群體的存在也是從另一個側面印證了其所特有的大學校風和精神理念。

當時許多大學都根據本校的實際情況來決定是否收取旁聽生。1936 年 11 月 1 日，同濟大學召開該年度第一次校務會議。此次會議的一個重要議題，就是討論本校是否應該開始收取旁聽生：「本校屢接外界來函，要求入校作旁聽生，此項請求書，迄今一概拒絕，此後本校是否應收旁聽生案。」議決的結果為：「收旁聽生原則通過，其詳細辦法組織特別委員會討論之。」〔註 50〕從這條議案可以得知，在此之前，同濟大學對於收取旁聽生的態度是堅決地「一概拒絕」。

而對於那些早已開始收取旁聽生的大學而言，其對於旁聽生的資格審查也是相當地嚴格和謹慎。1929 年 10 月 9 日，安徽省立大學發佈第十二號布告，從中不難體會學校對於旁聽生的嚴格規定：「本布告事，此次旁聽生考試及格者計三十五人，望錄取各生即日來校註冊繳費，如將來查有偽造冒名或資格不符事實仍取消其入學資格，此布。」〔註 51〕1932 年由南開大學評議會通過的《私立南開大學學則》，則對於旁聽生的資格進行了較為嚴格的規定：「（一）學生曾在公立或已立案之私立高級中學畢業，其國文、英文之程度經本校考驗認為合格者，得為本校旁聽生。（二）本校旁聽生經補應大學考試及格後，得改為正生。」〔註 52〕

旁聽生之於各個大學之所以會成為一種特有現象，主要和當時報考大學的資格審查規定密切相關。1917 年 9 月 27 日，經過修正頒佈的《大學令》之第四條和第五條分別對於報考大學預科和本科的資格進行了明確規定：

> 大學設預科，其學生入學資格須在中學校畢業，或經中學畢業同等學力試驗，得有及格證書者，但入學時應受選拔試驗；大學本科學生入學資格，須在預科畢業或經預科畢業同等學力試驗及格者。〔註 53〕

由此可見，即使是報考預科也必須得出示能夠證明自己具有中學學力的

〔註 50〕《二十五年度第一次校務會議記錄》，《同濟旬刊》，第 112 期，1936-11-01。

〔註 51〕《本大學布告第十二號》，《安徽大學校刊》，第 4 期，1929-10-16。

〔註 52〕王文俊等選編：《南開大學校史資料選》（1919～1949），南開大學出版社，1989 年，第 145～146 頁。

〔註 53〕《國立北京大學紀念刊·第一冊（民國六年廿週年紀念冊——上）》，傳記文學出版社，1971 年，第 111～112 頁。

文憑或證明，然後才有資格參加預科選拔考試。而報考大學本科的最低要求則必須是預科畢業或能夠通過預科畢業同等學力試驗。1929 年頒佈的《大學規程》也明確作出要求：「大學或獨立學院入學資格，須曾在公立或已立案之私立高級中學或同等學校畢業，經入學試驗及格者。」〔註 54〕無論上述哪種規定，對於那些由於種種原因沒有文憑來證明自己學習能力的青年而言，大學都只不過是可望而不可及的幻想罷了。所以，在這種背景下，如果哪所大學能夠實施旁聽生制度，對於一心嚮往大學殿堂的青年而言簡直不啻是天賜良機。

> 涵瑜：

> ……努力求學，自是青年的快事，也是我念念不忘的。不過我每天教了兩點鐘代數，還要擔任許多校務，晚上連休息時間都覺不夠，實在沒有餘力用功；……下半年決計擺脫一點教務，到北京大學英文系去旁聽。……

> 你的皮克〔註 55〕

上述文字摘於小說《皮克的情書》。在主人公皮克給涵瑜的這封信中，皮克的一句話很能代表當時眾多青年的心聲，即他準備去北京大學英文系旁聽課程。有趣的是，這篇小說的作者彭家煌本人就曾於 1922 年在北京大學旁聽課程〔註 56〕。因此，從小說主人公的話中不難捕捉到彭佳煌自己的旁聽經歷。但是，這段話所反映出的一個事實卻是毋庸置疑的，那就是當時的確有許多青年都極爲嚮往到北大去旁聽！

日後看來，當時眾多實行旁聽生制度的大學中，北京大學可以說是日後擁有知名「旁聽生校友」數量最多的大學。最爲後世熟知的，莫過於日後成爲新聞界巨子的孫伏園和成舍我〔註 57〕。據當年就讀於北大，日後成爲著名

---

〔註 54〕宋恩榮，章咸選編：《中華民國教育法規選編》，江蘇教育出版社，2005 年，第 386 頁。
〔註 55〕嚴家炎編選：《彭家煌代表作》，華夏出版社，2009 年，第 225 頁。
〔註 56〕嚴家炎編：《彭家煌小說選》，人民文學出版社，1987 年，第 386 頁。
〔註 57〕曹聚仁著：《我與我的世界》，人民文學出版社，2000 年，第 475 頁。孫伏園（1894～1966），著名散文家、報人。1917 年秋在上海參加北大招生考試，未錄取。1918 年秋，入北大文科國文門旁聽，翌年隨班考試及格，改爲正式生。1921 年夏畢業。1921 年 10 月 12 日，《晨報》副刊創刊，擔任主編。此後報紙副刊逐漸受人重視。時有「副刊大王」之稱。

心理學家的潘菽回憶：「北大的旁聽生也不少。要做北大的旁聽生是很容易的，只須有相當的學歷就可以獲得學校的允許。」〔註58〕需要說明的是，北大的旁聽生制度也經歷了多次調整。1920年5月21日，北大評議會通過的《修正旁聽生章程》是具有關鍵意義的轉折點。因爲自此之後一直到全面抗戰爆發，北大的旁聽生便不再允許被改爲正式生。這期間北大又分別公佈過若干個旁聽生規程，但是上述核心規定一直被加以保留〔註59〕。而在此之前，旁聽生通過學習和考核還有機會被改爲正式生。

　　現以1919年北大評議會通過的《修正選科生及旁聽生章程》爲例，從中就很能反映出當時北大校園內寬鬆自由的旁聽風氣：

　　（一）本科各系有缺額時，均得收旁聽生。

　　（二）旁聽生得依其志願，於各系中選聽願習之功課。

　　（三）旁聽生入學時，須將所經歷之學校，及平時所研究之學業，填具願書，附加相當之保證書，並最近四寸半身相片一張。經本校教授主任會審查合格後，應繳納全年學費，領取旁聽證，方准其聽講。開講後兩星期內，如該省自問學力不及，得自行呈請退聽，所繳該科學費亦可退還。惟兩星期後，所旁聽學科之教員認爲無聽講之學力時，應取消該科旁聽之權利，所繳學費概不退還。

　　（四）旁聽生按正科生所需要，聽滿應習之單位，並隨同考試能及格者，得呈請將預科所有功課補行考試，及格後改稱正科生，一律給與畢業文憑。

　　（五）旁聽生按所旁聽之學科，每單位每年應繳學費二元。

　　（六）旁聽生平時對內對外均應稱「北京大學旁聽生」，不得通稱「北京大學學生」，並不得呈請學校咨請本省給予津貼。

　　（七）旁聽生須於每學年開始前報名，不得中途插入。

　　（八）所有本校應守之規則，旁聽生在校時均應遵守。〔註60〕

〔註58〕中國科學院心理研究所，中國心理學會編：《潘菽全集·第十卷》，人民教育出版社，2007年，第202頁。

〔註59〕王學珍，郭建榮主編：《北京大學史料·第二卷》（1912～1937），北京大學出版社，2000年，第924頁、925頁、927頁、933頁、937頁。

〔註60〕王學珍，郭建榮主編：《北京大學史料·第二卷》（1912～1937），北京大學出版社，2000年，第924頁。

從上述章程可以看出，當時北京大學對於收取旁聽生的前提條件、修習課程、收費情況以及旁聽生能否升為正式生等問題都進行了嚴格而明確的規定。但在所有規定中，對於所有旁聽生最有吸引力的估計可能還是第四條，即在通過一系列的考核通過後，就有可能獲得北京大學的畢業文憑。

1915 年初春參加北京大學預科旁聽生考試的陶希聖，日後一直對當時考試時墨水結冰的情景記憶猶新：

> 考試那日清晨，我從草廠二條走進前門，轉東城，到北河沿譯學館，那就是北大預科的校舍。我與同考生約十二三人，在一個小教室裏，考國文和英文。我帶著墨盒，墨水與毛筆都凍住了。鋼筆插進墨水瓶，那瓶裏墨水結成冰。我與同考生都到煤爐邊烤墨盒和墨水，然後各就座位，寫考卷。我考上了北大預科旁聽生，便從黃岡會館搬進北河沿八旗先賢祠宿舍。〔註61〕

1918 年暑期參加旁聽生考試的成舍我〔註62〕也曾詳細回憶過自己的旁聽生活：

> 我是民國七年一月去北京的，目的是入北京大學讀書，但是要等到暑假才能考學，所以就請李大釗介紹到《益世報》工作。我一進《益世報》，就做總編輯，寫社論、編副刊、看大樣，都是我一個人；暑假到了，我以同等學歷的資格，考取北大做旁聽生，按照規定旁聽生的成績如在第一學年，平均到 80 分以上時，就改為正式生。但如果這一年都不缺課的話，可以加 3 分。我為了爭取全勤加分，每天都不敢缺課。但報館的工作燈看過大樣之後，一定要到凌晨 4 點鐘。而報館離學校很遠，每天造成都是打個盹，就去學校上課，太累了身體實在吃不消。一學期過去了，成績考的還不錯，看情形升正式生是沒問題了，所以向杜社長說明工作太累，請准辭掉總編輯的職務，改為主筆名義，……〔註63〕

1919 年 9 月，成舍我順利地由旁聽生轉為北京大學中文系正式生。據友人兼報人張友鸞日後回憶，當時成舍我的這種半工半讀的旁聽生活曾被人戲

---

〔註61〕陶希聖著：《潮流與點滴》，中國大百科全書出版社，2009 年，第 32 頁。

〔註62〕成舍我（1898～1991），著名報人。曾任上海《民國日報》主編，北京《益世報》總編輯。

〔註63〕中國人民大學港澳臺新聞研究所編：《報海生涯：成舍我百年誕辰紀念文集》，新華出版社，1998 年，第 284 頁。

稱爲是在北京大學「東齋吃飯，西齋洗臉」和「逐水草而居」〔註 64〕。不過這也確實反映出當時大部分旁聽生半工半讀生活的艱辛。

　　的確，當時北大課堂上聽課的學生身份可謂五花八門。不過最能顯示當時北大所形成的這種特殊的旁聽風氣之處，在於除過形形色色的國人之外，課堂上還會出現外國旁聽生的身影。據 1931 年始任教於北京大學的錢穆回憶：「余在北大任此課（按：中國通史）時，又常有日本學生四五人前來旁聽。課後或發問，始知此輩在中國已多歷年數。」〔註 65〕1928 年 4 月至 1931 年 4 月，在北大做過旁聽生的日本人吉川幸次郎〔註 66〕就是其中的代表。不過遺憾的是，在他離開中國之後的數月，錢穆才來到北大任教。因此，在吉川幸次郎的回憶中自然無法尋覓到有關錢穆授課的精彩片段。吉川幸次郎主要是在中文系旁聽。第一年旁聽的課程主要有由馬幼漁主講的《中國文字聲韻概要》（3 學分），馬幼漁主講的《經學史》（2 學分），以及由朱逖先分別講授的《中國文學史》（3 學分）和《中國史學史》（2 學分）。有趣的是，旁聽生制度在日本人吉川氏看來也十分新鮮：「所謂旁聽生，既不是本科學生，也不是選課學生，只是允許在一旁聽講的旁聽生，旁聽生不光有外國人，好像也有中國人。」〔註 67〕如果將錢穆眼中的外國旁聽生和吉川氏眼中的中國旁聽生結合起來加以品味，會發現在無形中他們都成爲了彼此眼中的一道別樣的校園風景。

## 三、特別生生活

　　1932 年 1 月 9 日，《廈大周刊》第 277 期刊載了一篇題爲《下期大學部特別生可參加入學試驗》的報導。其內容主要是「本校特別生願改爲正式生者，得於二月一日至三日參加入學試驗。」〔註 68〕此處提及的特別生，是與旁聽生一樣在當時屬於比較特殊的一類學生群體。

　　1929 年，教育部頒佈的《大學規程》對大學和獨立學院招收特別生進行了明確規定：「大學或獨立學院得酌收特別生，其具有前項學校畢業資格，於

〔註 64〕 中國人民大學港澳臺新聞研究所編：《報海生涯：成舍我百年誕辰紀念文集》，新華出版社，1998 年，第 285 頁。
〔註 65〕 錢穆著：《八十憶雙親・師友雜憶》，嶽麓書社，1986 年，第 148 頁。
〔註 66〕 吉川幸次郎（1904～1980），日本著名漢學家。「京都學派」代表人物。
〔註 67〕 （日）吉川幸次郎著，錢婉約譯：《我的留學記》，光明日報出版社，1999 年，第 48～49 頁。
〔註 68〕 《下期大學部特別生可參加入學試驗》，《廈大周刊》，第 277 期，1932-01-09。

第一年內補受入學試驗及格者，得改為正式生。」文中所說的「前項學校畢業資格」主要指的是「須曾在公立或已立案之私立高級中學或同等學校畢業。」〔註69〕這一規定也是特別生與旁聽生的根本不同之處，即特別生需要出示中學畢業文憑或與中學畢業學力相當的有關證明，並且在第一年通過了補考的入學試驗，他就能夠順利轉為正式生。而對於旁聽生來說，正是由於他們缺少那張能夠證明自己的中學文憑，因此只能以旁聽的形式來感受大學生活。1928～1929 年廈門大學對於特別生所作出的規定可以幫助我們清晰的瞭解特別生制度：

　　一、凡經本大學錄取之本科或預科正式生，其志願不欲完全學習本大學所規定之課程，僅擬於本大學各學科特別選習數科者，經各該科主任特別許可，得為本科或預科特別生。

　　二、凡本大學教職員經各該科主任之許可得為特別生。

　　三、本大學預科除前一二兩條規定所收該項特別生外，其它特別生一概不收。

　　四、凡高級中學或各大學預科畢業生，經本大學本科各該科主任之特別許可者，得為本大學本科特別生。

　　五、特別生所選習之學程，須經各該科主任及所選該科教員之許可。

　　六、每年特別生人數，本大學得隨時酌量限制。

　　七、特別生每習一績點或等於一績點之學程，須繳學費四元，其它應繳各費與本大學正式生同。

　　八、特別生須於本大學宿舍有空位時，方得在校寄宿。

　　九、特別生在本大學時間以二年為限。

　　十、凡於十六年第一學期在本大學之特別生，須於一年內改為正式生，否則照第九條辦理。

　　十一、特別生欲改為正式生時，除本規則第一條所指學生外，其餘均須按照下列兩種辦法辦理：（一）通過入學試驗（二）照轉學

---

〔註69〕宋恩榮，章咸選編：《中華民國教育法規選編》，江蘇教育出版社，2005 年，第 386～387 頁。

生辦法經入學審查委員會通過

十二、特別生應遵守本大學一切規則。〔註70〕

從上述規程可以看出，當時特別生的來源大致分為三類：一類是希望可以任意選修自己感興趣課程的廈大本校的在籍預科和本科正式生。一類是本校的教職員。最後一類則是只面向本科特別生開放的中學畢業生或其它大學的預科畢業生。

不難看出，這種面向不同類型的特別生制度，其實不僅僅給予校外諸多一心向學的人以希望，而且也給予了本校的正式生們一種更為自由和寬鬆的學習選擇。它是一種同時滿足校內外學生求學和求知的特殊制度。同時，廈大特別生的另一個吸引人之處在於，特別生通過一定時期的學習和考核後，能夠順利地轉為正式生。當時並非僅僅廈大能夠如此。1928 年成為中央大學文學院中國文學系的一名特別生的常任俠〔註71〕就是特別生的典型代表。

1928 年 10 月，錯過當年中央大學招生入學考試的常任俠，帶著自己平日的習作拜訪了時任教於中央大學中國文學系的汪東〔註72〕和黃侃〔註73〕之後被收為特別生。作為特別生的常任俠更加珍惜來之不易的學習機會，因此他的讀書生活也顯得格外緊湊：

> 得到入學的機會，非常榮幸，這對我以後的生活，起了很大作
> 用，就這樣開始了新的歷程。……掙錢交納學費和維持生活，很不
> 容易，所以覺得時間非常寶貴，如饑似渴的學習知識，聽老師的講
> 授，精力專注，不放鬆一點時間，常常最先走入課堂。〔註74〕

由於特別生不允許居住在中大校內，所以居住於清涼山附近的常任俠便「每日早出晚歸，早間挾書步行至中大，約十五里，晚間步行回去，用在路

---

〔註70〕《學生通則》，《廈門大學布告》（1928～1929 年），福建省檔案館，館藏號碼：民資 7.2.74。

〔註71〕 常任俠（1904～1996），著名藝術考古學家、東方藝術史研究專家。中國藝術史學會創辦人之一。

〔註72〕 汪東（1890～1963），著名文學家、書法家。章太炎弟子。與黃侃、錢玄同、吳承仕並稱「章門四子」。1927 年 8 月，任中央大學中國文學系教授兼主任。

〔註73〕 黃侃（1886～1935），著名語言文字學家。章太炎弟子。曾先後任教於北京大學、中央大學和金陵大學。

〔註74〕 郭淑芬，常法輯，沈寧編：《常任俠文集・卷六》，安徽教育出版社，2002 年，第 17～18 頁。

上約三個小時，每日如是。」〔註75〕在後世看來比較新鮮的是，雖然只是一名特別生，但是常任俠卻也和其它中大正式生一樣積極而毫無障礙地參與中大校內的各種集會和課外活動：「除在校聽課外，還參加了學生會的活動，我被推為會中的執行委員。」由於其工作出色，以至於時任中大校長的張乃燕要將其特批轉為正式生。在拒絕了張校長的美意之後，常任俠在連續參加兩次要改為正式生所必須經歷的新生考試之後，終於 1930 年轉正，並於次年順利畢業。當時並非所有的特別生都希望能夠轉為正式生。在常任俠的記憶中，當時的中大校園就存在這樣一批特立獨行的特別生：「他們只願學習中文系的專門課，取得專長。五組必修之類，他們不想學，因此不打算改。」〔註76〕

## 四、偷聽生生活

如果說旁聽生和特別生群體的存在，尚是基於制度來保障民國時期大學學生的學習自由。那麼，偷聽生群體的出現，則完全可以視為民國時期大學校園民主和自由精神的完整體現。無論從數量上還是受尊敬的程度上而言，偷聽生都絲毫不遜色於旁聽生和特別生。雖然他們被冠以「偷」的名號看似不雅，但是他們所造成的「偷聽」風氣卻確確實實印證了當時大學校園優良校風的存在。

偷聽者按照身份基本可以劃分為三類：第一類是各個大學已經註冊在籍的正式在校生。他們出於一己之興趣愛好，頻繁前往校內其它院系去旁聽課程。由於這一類情況相當普遍和平常，因此不在論述範圍之內。第二類是各校在校生經常性地前往其它學校的課堂去旁聽課程。第三類則可以稱之為是名副其實的偷聽生，主要是指那些沒有任何大學學籍的校外人員，純粹出於求知的目的，既不辦理旁聽手續，也無任何許可證明，經常性自發地集中在某些大學進行持續的聽課活動。本書論述的偷聽生正是指這一類「學生」。

而在民國時期的諸多大學中，能夠使得數量龐大的偷聽生們長期和自覺地聚集在其校園周邊，呈現出持久性和群體性的偷聽現象，進而將此種偷聽風氣與自身校園文化有機融合，並且為所在大學師生廣泛認可和贊同的，恐怕只有北京大學具有如此境界！

〔註75〕郭淑芬，常法韞，沈寧編：《常任俠文集‧卷六》，安徽教育出版社，2002 年，第 26 頁。

〔註76〕郭淑芬，常法韞，沈寧編：《常任俠文集‧卷六》，安徽教育出版社，2002 年，第 27 頁。

　　無論是當年就讀於北大的學生們，還是任教於北大的教師們，假如說一定要在他們各自的北大記憶中尋覓出一個具有普遍性的回憶共同點的話。不可否認的是，特殊的「北大人」——偷聽生必是其中之一。這一點可以從北大人在日後對於偷聽生不厭其煩，津津樂道地回憶和描述中明顯感覺到。1929年考入北大文預科的陶鈍就對於當年北大校園內盛行的偷聽風氣印象深刻：

> 北大的學生有三種：一是正式學生，經過考試入校的，分科分班上課；二是旁聽生，有人請求旁聽某一系的功課，由系主任出題考試，系主任批准，就成了旁聽生，交學費和講義費；三是自由聽講的學生，到學校排的功課表前看清什麼時間那位教授講課，在哪個教室可以自由聽見，如果需要講義可以花點錢，到發講義的地方買一份。〔註77〕

　　當時北大校方對於偷聽是默許的，甚至可以說是放任和支持的。這種態度的養成主要源於當時北大校園內所瀰漫的民主精神和自由空氣。對這種寬鬆氛圍感受最深的可能還是偷聽生自己。當時能夠讓偷聽生們在北大真正得到滿足的地方只有兩處，即課堂和圖書館。他們的北大生活基本上也圍繞著這兩個地方鋪展開來。

　　北京大學對於偷聽生們的待遇不可謂不優厚。就拿聽課來講，基本上屬於來者不拒。據陶鈍回憶：

> 學校有一個好傳統，就是只要你願意來學就不拒。不只本校學生要照顧，連外校或沒考上學校的來學習某一教授的某門課，也給他找椅子。教室小了，往大教室挪，有的教授在大禮堂上課。陳啓修（後名陳豹隱）講經濟學就在三院大禮堂上課。〔註78〕

　　這種完全予以滿足的聽課方式在當年的北大教師那裏也得到了印證。據梁漱溟回憶：

> 特別是自由聽講的人極多，除了照章註冊選修這一哲學課程者外，其它科系的學生，其它學校的學生（例如琉璃廠高師的學生，太僕寺街法專的學生等等），乃至有些並非在校學生，而是壯年中年的社會好學人士，亦來入座聽講。往往註冊部給安排的教室，臨時不合用。就為按照註冊人數，這間教室座位可以容得下，而實則聽

---

〔註77〕陶鈍著：《一個知識分子的自述》，山東人民出版社，1987年，第130頁。
〔註78〕陶鈍著：《一個知識分子的自述》，山東人民出版社，1987年，第130頁。

講的人竟然多出一倍。〔註79〕

當時的北大任課教師對待校內學生和偷聽生們一視同仁。而當時在課堂上，教師們對待偷聽生們的要求之嚴格在現今也難以想像。在當年的課堂上，教師們與偷聽生往往會出現如下的對話，頗能反映出「北大教授對來聽講的學生不分校內校外，一視同仁」：「據說某教授講課中間提出了一個問題考問學生，恰巧問到了一位自由聽講的學生，這個學生答不上來，還說：「我是校外來聽講的，不是正式學生。」這位教授嚴肅地說：「我不管你是校內校外，只要來聽課，就應當學習好。」〔註80〕

除過課堂聽講，北大圖書館是偷聽生們最愛光顧和留戀的地方，同樣也是北大師生對於偷聽生們最爲寬容的另一個空間。雖然偷聽生並沒有學校發給的借書證，但這也絲毫不妨礙他們對於圖書館的使用。1934 年考入北大的任繼愈就曾在回憶中風趣地將偷聽生戲稱爲「旁閱生」和「偷閱生」：

> 當時北大校門任人出入，教室任人聽課，圖書館閱覽室也任人閱讀。不管是不是北大的成員，都可以走進來，坐下就看書，無人干涉。……其實當年舊北大的圖書館還有旁閱生和偷閱生（臨時鑄造的新詞，自知不妥，並無貶義）。這一條渠道也曾給一部分社會自學青年提供了讀書的方便。這些自由出入圖書館的讀者，除了不能從書庫借書外，實際享有查閱中西文開架書刊文獻的一切方便，與北大正式生沒有兩樣。〔註81〕

胡適曾將偷聽生們居住的北大沙灘一帶戲稱爲北平的拉丁區〔註82〕。其實，當時除了用拉丁區來形容偷聽生們聚集的這一特殊區域外，也有北大人將它比擬爲「巴黎的蒙瑪區」，將眾多偷聽生們所過的生活稱之爲「布西米亞生活」。1925 年考入北大的王凡西在當時就十分欣賞這種位於「蒙瑪區」內的「布西米亞生活」：

> （北京）大學所在地的漢花園和馬神廟，大概與巴黎的蒙瑪區差不多吧。這裏不單住著北大的學生，而且住著各式各樣的青年文化人。他們多數是貧苦的，孜孜向學的，思想與生活卻有點放蕩不

〔註79〕梁漱溟著：《憶舊談往錄》，中國文史出版社，1987 年，第 83～84 頁。
〔註80〕陶鈍著：《一個知識分子的自述》，山東人民出版社，1987 年，第 130 頁。
〔註81〕任繼愈著：《竹影集：任繼愈自選集》，新世界出版社，2002 年，第 30 頁。
〔註82〕《編輯後記》，《獨立評論》，第 131 號，1934-12-16。

羈的。油頭粉面的西裝少年此地極少見，常見的是手裏捧著厚大的
洋裝書，或握著新出版的期刊的人，他們多半蓬鬆頭髮，身上胡亂
套一件藍布大褂，足下穿著老布鞋或破布鞋。小公寓和小飯館裏，
多的是這些操著南腔北調的、形形式式的小名士，小學者，藝術家，
或者「亂黨」。多少受過創造社浪漫主義影響的我，與安倍嚮往於這
種布西米亞生活的，一旦置身實有而近乎想像的環境中，自然非常
高興了。〔註83〕

那麼，這個所謂的拉丁區和蒙瑪區內究竟又是何種景象呢？當年的北大
人對此也進行過一番饒有興趣地考察：

這些小公寓通常是一個不太大的四合院，院中種上點雞冠花或
者牽牛花之類，甚至有時有口金魚缸，但多半是並不十分幽美的。
東西南北一間間的隔得自成單位，裏面一付鋪板，一張窄窄的小書
桌，兩把凳子，洗臉架，運氣好的也許還有個小書架。地上鋪著大
小不一的磚，牆上深一塊淡一塊，裱糊著發了黃或者竟是發黝黑的
白紙，襯著那單薄、殘廢、褪色的木器，在十六支燈光下倒也十分
調和。公寓的鐘通常比學校的快半點，這樣，老闆娘夜間好早點關
電門。〔註84〕

可見當時偷聽生們的居住環境相對較差。不過對於他們而言，這種環境
與能夠在北大聽一堂課和泡一天北大圖書館相比根本不算什麼。1930～1931
年曾經親歷過一年北大偷聽生活的鄧廣銘曾對自己當年的偷聽生活記述頗
詳：

我是在1930年的秋冬之際到北平來的。那時各大學的招考新生
的日期早已過去，然而我在山東第一師範讀書時的同班好友李廣田
卻正在讀北京大學預科的二年級。我就完全依靠著他，在沙灘的中
老胡同租了一間民房居住，一日三餐都和他在一起。他去上英文、
歷史和古文名著選讀等課時，我也都隨同他一起去上課，凡沒有課
程的時間，我也跟他一同到紅樓二層的圖書館閱覽室裏去借閱一些
英文書籍。……我沒有借書證，李廣田向其它同學借了一份供我使

〔註83〕王凡西著：《雙山回憶錄》，現代史料編刊社，1980年，第18～19頁。
〔註84〕《北大與北大人——「拉丁區」與「偷聽生」》，《東方雜誌》，第40卷15號，
1944-08-15。

用。總之是，當我還沒有取得北大學籍的時候，我已經開始對北大圖書館充分加以利用了。〔註85〕

　　與鄧廣銘所度過的偷聽生活相同，北大的偷聽生們大都過著住在沙灘，學在北大這樣兩點一線的簡單生活，尤其在作息方面與北大學生沒有太大區別。當北大放假時，偷聽生們也會跟著「放假」。不過放假之於他們不像在校生那樣是學期界限所致，而是稍顯無奈。不過幾十天的假期時間對於他們而言，不過是從北大圖書館轉移到北平其它圖書館，繼續過著書蟲生活罷了。一名叫做「壽生」的偷聽生曾如實記錄下自己利用假期度過的圖書館生活：「四年前的事了，那時北平圖書館還分設在北海和中南海，在那寒假的幾十天裏，我每天風雪無阻的早上九點到中南海的北平圖書館，下午五點才回來。」〔註86〕

　　提及這名叫做「壽生」的北大偷聽生，就不得不提及其與北大教授胡適之間的一段交往佳話。若就當時北大教師與偷聽生之間的聯繫和交往而言，胡適倒是屬於為數不多的，與偷聽生保持了相當時間的文字交往的北大教授。而使得這位名教授與那位默默無聞的偷聽生得以結識和熟絡的平臺，正是當年由胡適等人所創辦的著名刊物《獨立評論》。而這位神秘的北大偷聽生的基本輪廓，以及他的基本生活狀況也是隨著胡適定期在《獨立評論》上對其加以紹介才逐漸映入世人眼中。

　　1934年4月15日出版的《獨立評論》第九十六號刊載了一篇名為《新舊交替時代的遊移性》的文章，作者署名「壽生」。在這一期由胡適親自撰寫的《編輯後記》中，他像以往一樣，用簡短明瞭的語言向讀者推介和評論這位作者：

　　　　談《新舊交替時代的遊移性》的壽生先生，在獨立第八六號有過一篇《試談專制問題》，又在第九十號有過一篇《做好做歹，連拖帶打》。他來信說他是一個不滿二十歲的青年。〔註87〕

　　這短短的數十字是胡適首次公開向讀者介紹這位叫做「壽生」的年輕作者。從「他來信說他是一個不滿二十歲的青年」可以看出，此時他們已經通

〔註85〕劉隱霞，鄧小南編：《鄧廣銘學術文化隨筆》，中國青年出版社，1998年，第263頁。
〔註86〕《所望於各大圖書館者》，《獨立評論》，第179號，1935-12-01。
〔註87〕《編輯後記》，《獨立評論》，第96號，1934年4月15日。

過書信進行過溝通和交流。1934 年 6 月 3 日出版的《獨立評論》第一百零三號，「壽生」又發表了一篇名為《我們要有信心》的文章。胡適則繼續在這個每期收尾的常設欄目《編輯後記》中如此描述壽生：

> 「壽生」先生的文章本是送來賀獨立的兩週年的，因為我想寫一篇討論的文字，所以壓到今天才登出來。我在第九十六號介紹過他，曾說他是一位不滿二十歲的青年，後來他對我說，那是我誤記了，他今年二十三歲。〔註88〕

從「後來他對我說」不難看出，這位實際年齡為二十三歲的「壽生」已經和胡適有過面談。此後壽生繼續用他那枝頗為胡適賞識的筆馳騁於《獨立評論》，即使他的身份依然不為人所知。1934 年 9 月 2 日，在這一天出版的《獨立評論》第一百一十六號中，刊登了壽生一篇題為《新秀才》的小說。自此之後，讀者才得以真正瞭解「壽生」是一名來自貴州的青年：

> 「壽生」先生的小說《新秀才》寫的是貴州的情形，據他說，「這篇文章全是實話，只怕說的不夠，斷不會說過火。」……〔註89〕

而「壽生」作為北大偷聽生的身份被公佈，源於他在《獨立評論》第一百三十一號上的那篇名為《論走直道兒》的文章中的一段話：

> 胡適之先生有幾點鐘的課就是在黑的時候，不知的又將認為是「不重要的課」了，那曉得這正是胡先生講學的號召力大，這時候方能多使些人得旁聽的機呢。在北大，凡是講學能力大的教授，都是常有別系的人去聽的，校外的人也有。這正是北大的偉大處，北大學生的偉大處，……〔註90〕

而胡適也緊隨其後，在該期的《編輯後記》中一反常態地對壽生的這篇文章進行了少見的詳細評論，最終揭開了這位「北大偷聽生」和位於北大沙灘附近那個著名的「拉丁區」的神秘面紗：

> 有人說，北平的沙灘一帶，從北河沿直到地安門，可說是北平的「拉丁區」。在這裏，有許多從各地來的學生，或是預備考大學，或是在北大的各系「偷聽」，或是自己做點專題研究。北大的「偷聽」，是一個最有趣的制度：「旁聽」是要考的，要繳費的；「偷聽」是不

---

〔註88〕《編輯後記》，《獨立評論》，第 103 號，1934 年 6 月 3 日。
〔註89〕《編輯後記》，《獨立評論》，第 116 號，1934 年 9 月 2 日。
〔註90〕《論走直道兒》，《獨立評論》，第 131 號，1934 年 12 月 16 日。

考的，不註冊的，不須繳費的。只要講堂容得下，教員從不追究這些爲學問知識而來的「野」學生。往往課堂上的人數比點名冊上的人數多到一倍或兩倍以上。偷聽的人不限於沙灘一帶寄住的學生，其中也有北平各校的學生，但多數是那個「拉丁區」的一個居民。「壽生」先生也是這個拉丁區的一個居民，他這篇《走直道兒》裏就用了不少關於北大的瑣事做材料。他在拉丁區裏聽來的輿論，得來的觀察，也許是我們大家都樂意聽聽的罷。〔註91〕

如果將胡適的這篇文字單獨發表，估計所有人都會認爲這是一篇介紹北大偷聽生生活的絕佳美文，語句精鍊，形容得體，典型的胡氏筆法將偷聽生和他們聚集的部落介紹得恰如其分，令人讀來韻味十足，使得每一位閱讀過它的人都會有去這個「拉丁區」看一看，走一走的衝動。更爲重要的是，從胡適不遺餘力地描述中，不難感覺到他對於以壽生爲代表的偷聽生們的揄揚和讚賞。

隨後，壽生又分別在《獨立評論》的第一百五十三號、一百七十九號以及一百八十七號上發表了主題不同的論文。尤其是在第一百八十七號上發表的那篇名爲《對學生運動之觀感》的文章後，胡適最後一次在《編輯後記》中對「壽生」的個人情況進行了更爲深入地披露：「壽生」先生是北大的一個偷聽生，他兩次投考北大，都不曾被取，但他從來不怨北大的不公道，……」〔註92〕至此，我們可以大致瞭解這位被胡適青睞有加的偷聽生的基本信息：他是一位來自貴州的二十三歲青年，兩次投考北大都未被錄取，現居住於北大沙灘那個被稱爲拉丁區的特殊部落中，當時屬於北大眾多偷聽生中默默無聞的一員。

遺憾的是，隨著《獨立評論》的停刊，胡適與壽生的這種公開的文字交流也逐漸淡出了世人的視野。等到「壽生」再次以北大偷聽生的身份映入公眾的視野之時，已經是八年之後的 1944 年。是年 8 月 15 日，在《東方雜誌》第 40 卷 15 號上刊載了一篇名爲《北大與北大人——「拉丁區」與「偷聽生」》的文章，文中舊事重提地再次提及了當年胡適與壽生交往的這段佳話：「而常在《獨立評論》上發表極精彩的文章，爲胡適之先生所激賞的申壽生，也是『拉丁區』的一位年青佳客。」〔註93〕至此後世才得以知曉這位北大偷聽生

〔註91〕《編輯後記》，《獨立評論》，第 131 號，1934 年 12 月 16 日。
〔註92〕《編輯後記》，《獨立評論》，第 187 號，1936 年 2 月 9 日。
〔註93〕《北大與北大人——「拉丁區」與「偷聽生」》，《東方雜誌》，第 40 卷 15 號，

姓申名壽生〔註94〕。可以稍稍設想，假如隨著《獨立評論》的繼續發行，壽生與胡適之間一唱一和般的文字交流是否會繼續延續下去？在這種有趣的文字延續中，我們有可能可以得知關於壽生更多的個人信息和更多的關於北大偷聽生的生活情狀。不過可惜的是，這只不過是一種美好的假設而已。

其實，胡適並非僅僅對壽生關注有加。從北大學生的日後回憶中就能看出他對於偷聽生這一特殊的校園群體的關注和愛護。

> 有一次胡適之先生在課堂上問：「你們哪位是偷聽生？沒關係，能來偷聽更是好學之士。我只希望你們給我一個名字，是我班上的學生。」〔註95〕

胡適在課堂上與偷聽生們的這次集體對話，見於1931年考入北大，日後成為著名歷史學家何茲全的回憶。據何氏回憶，當時胡適的這段話令他「心裏很感動」。當時是否有勇敢的偷聽生站起來給胡適自報家門，現在已經無從得知。但是估計當時所有在場的偷聽生從北大名教授胡適的口中聽到「是我班上的學生」這句話的時候，那種溫暖的感覺可能無法用語言來加以描摹。

而在很多北大學生自己看來，除過學籍之外，居住在沙灘的「北大人」——偷聽生其實與他們別無二致：「許多在班上常見的面孔，在北大的浴室和球場裏也常見到。熟到使我們在別處遇著時，義不容辭地自動願為他們證明學籍，偏偏他們婉謝了：『我只在北大旁聽了兩年。』」〔註96〕正因為如此，北大畢業生朱海濤才會在日後將拉丁區和偷聽生納入自己寫就的系列文章《北大與北大人》中，由此可見北大學生的包容與偷聽生們的謙遜。

---

1944年8月15日。

〔註94〕據研究者考證，「壽生（1909～1996），原名申尚賢，務川人。解放前曾兩度居住貴陽：一是去北平前的1926年至1929年，在貴陽一中求學。一是1947至1949年，應聘到貴陽清華中學任教。1929至1937年，他在北平學習、研究，在時論寫作、小說創作以及民間文學研究方面頗有成就。」參見曾祥銑：《黔人申壽生與胡適》，《貴陽文史》，2002年第1期。另據學者研究，壽生先行考入北平匯文中學，但由於其偏愛文史學科，忽略數理學習，因此兩次報考北大都落榜。後來他住進了北大沙灘附近的東老胡同6號，成為眾多偷聽生中的一名。參見黃團元著：《胡適的謙和雅量》，湖北人民出版社，2007年，第122頁。

〔註95〕何茲全著：《愛國一書生：八十五自述》，華東師範大學出版社，1997年，第52～53頁。

〔註96〕《北大與北大人——「拉丁區」與「偷聽生」》，《東方雜誌》，第40卷15號，1944-08-15。

# 第四節　預科生生活：「爲將來升入大學之預備」

　　預科制度是中國近代高等教育史中具有特色的制度，無論是它的存在時段，還是其本身所具有的性質以及在當時所起的作用和影響，抑或它培養出的一大批傑出學生。其在民國大學教育發展史中具有不可低估的特殊作用。作爲當時最早招收預科生的北京大學，其在這方面表現的尤爲突出。

## 一、預科制度的演進

　　早於民國成立以前，預科制度就已經存在於中國近代高等教育的學制規劃中。預科制度的調整與變化也從一開始就與學制改革密切相關。1902 年，清政府制定並頒佈了第一個全國性學制系統——《欽定學堂章程》，即「壬寅學制」。在這個學制中，首次將學制三年的高等學堂，視爲「將來升入大學之預備」：

> 清光緒二十四年五月，初設大學，並通飭各省府廳州縣所有書院，一律改爲中小學堂。時學制略分大學、中學、小學三級，詳章不存，末由徵悉。至二十八年續辦大學，訂定學制，緩設本科，先設高等學堂，爲將來升入大學之預備。預備科外，別立速成科。預備科分政藝兩科。速成科分仕學師範兩館。〔註97〕

　　以「將來升入大學之預備」作爲預科的辦學宗旨，從源頭上決定了日後將近三十年的預科發展的基本方向。由於壬寅學制的種種不足，這一學制實際上並沒有被眞正加以施行。1904 年 1 月 13 日，清政府重新頒佈了由張百熙、榮慶和張之洞主持擬定的《奏定學堂章程》，史稱「癸卯學制」。正是由於由於各省高等學堂從一開始，就無法及時向大學堂內的分科大學輸送合格人才，於是預科作爲一種制度安排才被提上議事日程。但在高等學堂的建制定位與育人功能上，「癸卯學制」則與「壬寅學制」完全相同，學制依舊爲三年：「二十九年張之洞釐定章程，大學堂內設分科大學，令高等學堂畢業者升入，……時因各省高等學堂方議創辦，未有合格學生，姑變通先立大學預備科，其科目程度，一如高等學堂。」〔註98〕

〔註97〕《國立北京大學紀念刊・第一冊》（民國六年廿週年紀念冊——上），臺灣傳記文學出版社，1971 年，第 75 頁。
〔註98〕《國立北京大學紀念刊・第一冊》（民國六年廿週年紀念冊——上），臺灣傳記文學出版社，1971 年，第 75 頁。

　　民國成立以後，教育部在 1912 年 10 月 24 日頒佈的《大學令》中對預科招生、畢業以及定位進行了明確規定：「大學設預科，其學生入學資格須在中學校畢業，或經試驗有同等學力者；大學預科生修業期滿、試驗及格，授以畢業證書，升入本科；大學預科須附設於大學，不得獨立。」〔註 99〕1912～1913 年公佈的「壬子癸丑學制」是民國政府頒佈的第一個學制。在該學制中，大學被劃分爲預科、本科和大學院三個層次。其中預科學制 3 年，本科學制 3～4 年，大學院年限不定〔註 100〕。1917 年 9 月 27 日，教育部再次頒佈經過修正後的《大學令》。其中對預科進行如下規定：「大學設預科，其學生入學資格須在中學校畢業或經中學畢業同等學力試驗，得有及格證書者，但入學時應受選拔試驗；大學本科之修業年限四年，預科二年；大學預科生修業期滿，試驗及格，授以畢業證書；大學預科須附設於大學不得獨立。」〔註 101〕此次最大的變化，就是將預科年限由原來的三年縮減至二年。

　　值得說明的是，此次預科制度之所以得以調整與時任北京大學校長的蔡元培的建議密切相關。此次調整可以追溯至 1917 年 1 月 27 日召開的國立高等學校校務討論會。此次討論的議題是大學改制。蔡元培正是在此次會議中提出了自己關於大學改制的相關意見，其中就包括預科由三年改爲二年。而促使蔡元培決心改革預科制度年限的動因，主要來自於他認爲三年預科制度所具有的的兩大弊端：

> 　　舉一部爲例，既兼爲文、法、商三科預備，於是文科所必須預備，而爲法、商科所不必設者，或法、商科所必須預備，於是文科所不必設者，不得不一切課之。多費學生之時間及心力於非要之課，而重要之課，反爲所妨。此一弊也。預科既不直隸各科，含有半獨立性質；一切課程，並不與本科銜接，而與本科競勝；取本科第一年應設之課，而於預科之第三年授之，使學生入本科後，以第一年之課程爲無聊，遂挫折其對於學問上之興趣。且以六年之久，而所受之課，實不過五年有奇，寧不可惜。此二弊也。〔註 102〕

〔註 99〕宋恩榮，章咸選編：《中華民國教育法規選編》，江蘇教育出版社，2005 年，第 384～385 頁。
〔註 100〕孫培青主編：《中國教育史》，華東師範大學出版社，2000 年，第 361 頁。
〔註 101〕《國立北京大學紀念刊・第一冊》（民國六年廿週年紀念冊——上），傳記文學出版社，1971 年，第 111～113 頁。
〔註 102〕蔡元培著：《蔡孑民先生言行錄》，山東人民出版社，1998 年，第 323 頁。

　　基於以上看法，蔡元培在會議中提出了上述改革議案。但他最初關於大學年限的提案並非最終所公佈的那樣，而是「大學均分三級，（一）預科一年，（二）本科三年，（三）研究科二年，凡六年。」〔註103〕經過與會者的討論，最終決定將大學分為二級。於是預科二年，本科四年遂成為日後延續和通行十餘年的固定學制。這種預科二年，本科四年的人才培養模式一直維持到1930年。「1930年，廢止大學預科。1931年又廢止了專科學校的預科。」〔註104〕至此，在中國近代高等教育學制中存在了近三十年的預科制度真正消亡。當時各個大學也在紛紛廢止預科之後，相繼將其改辦為附屬中學。例如，廈門大學就於1930年3月18日召開行政會議：「議決遵照教育部命令，自下學期起，將預科改為高級中學，先辦高中普通科，並請薛永黍、（主席）孫貴定、杜佐周、紀育灃諸先生為籌備高中委員會委員。」〔註105〕

　　預科制度從一開始就被定位為給大學本科輸送適合接受高等教育的合格人才。中國近代大學通過實施預科制度，的確為當時的大學本科輸送了為數不菲的合格畢業生。而這些畢業生在進入本科階段的深造之後，又繼續顯示出強勁的發展勢頭，為日後成為中國社會各個領域的骨幹奠定了堅實基礎。

## 二、從「暮氣沉沉」到「打破沉寂」：北京大學預科生活之遞嬗

　　北大曾在二十週年校慶時，對民國元年至民國六年間歷年的預科畢業生人數進行統計，分別為128、67、62、8、189和188人〔註106〕。截止到1917年，北大全校預科在校生總數達到891人，而當時北大全校學生總人數則為1980人〔註107〕，可見預科生在民國初期的北大所佔有的分量。本書將按照1913～1917年和1917～1930年兩個時段來分別論述北大的預科生生活。之所以要如此劃分，一方面，就預科制度本身的變遷而言，1917年之前北大預科仍為三年制，之後一變而為二年制。另一方面，就北大本身而言，1917年為

〔註103〕蔡元培著：《蔡子民先生言行錄》，山東人民出版社，1998年，第324～325頁。

〔註104〕孫培青主編：《中國教育史》，華東師範大學出版社，2000年，第426頁。

〔註105〕《下學期預科改為高中》，《廈大周刊》，第227期，1930-03-25。

〔註106〕《國立北京大學紀念刊·第一冊》（民國六年廿週年紀念冊——上），臺灣傳記文學出版社，1971年，第90頁。

〔註107〕《國立北京大學紀念刊·第一冊》（民國六年廿週年紀念冊——上），臺灣傳記文學出版社，1971年，第232頁。

北大預科生活發生質變的關鍵轉折點。因爲這一年蔡元培長校北大。正是因爲他所進行的一系列改革，才直接促使北大預科生活發生了冰火兩重天的劇變，即由原來枯燥單調的經院生活一變而爲青春洋溢的文化生活。

　　1915 年 6 月 20 日，《學生》雜誌刊登了一篇題爲《北京大學通咨分科及預科招考日期文》的招生簡章。其中對於北大招考預科生的資格審查、預科二部的設立、學費繳納以及基本食宿等預科基本制度進行了詳細說明，從中可以一窺早期北大預科學生生活的基本概況。

　　　本校分科暨預科，現定於本年七月五日在北京本校添招學生，至上海招考日期爲七月十五日。

　　　本預科專考收中學畢業生及與中學畢業程度相當各生。

　　　本預科三年畢業給予證書。

　　　本預科現設二部，預備入法科大學、文科大學者爲第一部；預備入理科大學、工科大學者爲第二部。

　　　以每學年之始爲入學期。

　　　入學時，取具志願書及保證人到校親塡之保證書。

　　　學費每一學年二十五元，分期於開學前繳納，數目如左：

　　　暑假後開學，爲第一學期九元；年假後開學，爲第二學期八元；春假後開學，爲第三學期八元。

　　　寄宿舍專備學生寄宿，每月舍費一元，隨同學費按期徵收。但舍內額滿時，應自覓住所。

　　　廚房膳費，每月五元四角，由學生一期交付。

　　　學生須著制服，入學時繳費十元，由校制定發給。

　　　學生須每年繳體育會費一元，於第一學期交學費時繳清。

　　　學生非有不得已事故，經校長允准，不得退學。其因犯規退學者，呈報教育部，查照部定學校管理規程第八條辦理。〔註108〕

　　1913 年，沈德鴻考入北京大學預科一部。他也很幸運地成爲了「北京大學由京師大學改名爲北京大學後第一次招收預科生，而且第一次到上海來招

---

〔註108〕《北京大學通咨分科及預科招考日期文》，《學生》，第 2 卷第 6 號，1915-06-20。

生」並被錄取的一員。他之所以選擇預科一部的原因在於：「報第一類的，只考國文與英文。我自知數學不行，就選擇了第一類。」〔註109〕這位沈德鴻就是日後爲中國現代文學史反覆書寫的文學巨匠茅盾。茅盾曾將自己在北大三年的預科生活形容爲：「平凡而又繁忙的學習生活，使人覺得日子過的眞快。」〔註110〕看完下面這張1915年北大預科第一部三年的課程表，也許會對茅盾所說的繁忙有更深一層的理解。

## 預科第一部課程表

| 科目 | 倫理 | 國文 | 本國歷史 | 本國地理 | 英文 | 德文 | 法文 | 西洋史 | 論理 | 心理 | 法學通論 | 經濟通論 | 體操 | 合計 |
|------|------|------|---------|---------|------|------|------|--------|------|------|---------|---------|------|------|
| 第一年每周時數 | 三 | 二 | 三 | 九 | （八） | （八） | 三 | | | | | | 三 | 三一 |
| 第二年每周時數 | 三 | 二 | 二 | 七 | （六） | （六） | 三 | 二 | 二 | 二 | | | 三 | 三二 |
| 第三年每周時數 | 一 | 三 | | | 六 | （五） | （五） | 二 | 二 | 二 | 三 | 三 | 三 | 三二 |

（　）爲任意選擇科目，□爲預備入文科大學者必修科目。

預備入文科大學之哲學門者，於第二年加數學每周二小時，於第三年加物理每周二小時。

預備入法科大學者，第三年加拉丁每周二小時。

資料來源：本表根據1915年6月20日《學生》雜誌第2卷第6號《北京大學通咨分科及預科招考日期文》中的相關數據整理製成。

　　從上表可以看出，北京大學預科第一部的學生總共需要在三年內修習十三門課程，其中大部分課程都是必修。尤其對於預科畢業後要繼續升入本科深造的學生來說，還要在這些課程之外再加修數學、物理或拉丁文等課程。估計正是由於如此緊張的讀書生活，才使得茅盾產生繁忙的感覺！當然，能夠度過這樣的生活，順利升入本科的預科學生也大有人在。與茅盾同時入校，同樣就讀預科一部的傅斯年〔註111〕就於1916年順利升入北大文科國學門〔註112〕。而同年入校的顧頡剛〔註113〕則於1916年升入北大文科哲學門

---

〔註109〕茅盾著：《我走過的道路》（上），人民文學出版社，1981年，第90頁。

〔註110〕茅盾著：《我走過的道路》（上），人民文學出版社，1981年，第97頁。

〔註111〕傅斯年（1896～1950），著名歷史學家、教育家。1913年考入北京大學預科一部。1928年創辦中央研究院歷史語言研究所，任專職研究院兼所長。1948年當選中央研究院院士。1949年擔任臺灣大學校長。

〔註112〕馬亮寬、李泉著：《傅斯年傳》，紅旗出版社，2009年，第16頁。

〔註114〕。

1913 年入校的茅盾和傅斯年都只有 17 歲，顧頡剛也不過 21 歲。1915 年入校的陶希聖則顯得更為年幼，年僅 16 歲。按照他們的年齡而言，讀書生活如此緊張，他們的課餘生活理應豐富多彩，能夠充分調劑他們疲憊的身心。但是，他們記憶中的預科生活卻恰恰相反，無一不是死氣沉沉。如果用顧頡剛的話來說就是：「總括一句話：暮氣沉沉。」〔註115〕下面就讓我們聽聽顧頡剛如何評價自己的北大預科生活：

> 我是 1913 年考進北大預科的。那時北大雖有文、理、法、商、工、礦、農等七科，而全校學生不過三四百人，一切沿著前清京師大學堂的實質和形式。清朝的大學生畢業，地位相當於一個正途出身最高級的翰林。這個思想北大就繼承了下來，……那時學生有錢的，一年可以揮霍到兩三千元，用一千元以上的就太多了，因此他們很多是天天逛窯子、打牌、聽戲，校中雖有舍監也從來不加干涉。八大胡同的經常主顧是兩院一堂，兩院就是為中華民國裝點門面的參議院和眾議院，一堂就是繼承京師大學堂傳統的北京大學。學生們聚集在一起，談論最多的畢業後的出路，是如何鑽入政界，以及如何彼此聯絡支持，因此校長就有十兄弟會的組織，他們商定畢業後只要十人中有一個人做官，這機關裏的要職就由其它九個人分擔，那人做秘書，那人做會計，那人做科長，總之利權不外溢。學校裏固有藏書樓（後來稱作圖書館），藏書也不算少，但總是靜悄悄地沒有幾個人去看，形同虛設。文娛活動非常少，學生年齡大了，有的已經三十多歲，失去了青年的活力；年輕的則在諸位老大哥面前不免有些自卑感，不敢自出主意來活動。政治活動更沒有，……學生和教員，教員和校長都不發生什麼關係。學生對校長不能直接談話，有事接觸時須寫呈文遞上去，校長批了揭示在虎頭牌上，活像一個衙門。公共生活既沒有，私生活又是這般腐化，……〔註116〕

〔註113〕顧頡剛（1893～1980），著名歷史學家、古史辨學派創始人，現代歷史地理學和民俗學的奠基者。1913 年考入北京大學預科一部。先後任教廈門大學、中山大學、燕京大學和北京大學。代表作有《古史辨》。
〔註114〕顧頡剛著：《顧頡剛自述》，河南人民出版社，2005 年，第 53 頁。
〔註115〕顧頡剛著：《顧頡剛自述》，河南人民出版社，2005 年，第 55 頁。
〔註116〕顧頡剛著：《顧頡剛自述》，河南人民出版社，2005 年，第 53～54 頁。

　　而這種沉悶的校園生活和陳腐的思想，一直到了 1916 年張國燾〔註117〕
考入北大理預科時還殘存在不少學生身上：

> 我被編入理工預科一年級第三班上課。我住在北河沿第三宿
> 舍。宿舍裏每間房子都住了好幾位同學，大半是新舊同學挾雜著住
> 在一塊。我首先接觸的，是同學中新舊觀念和生活習慣相互牴觸的
> 現象。我房間裏的八位同學中，有兩位是即將畢業的老學生。他們
> 辦小報、做詩文、捧女戲子，往往深夜喝醉了酒才回來瞎鬧一陣；……
> 〔註118〕

　　當時預科生們偶而也會自發地組織一些小團體。1914 年，傅斯年就和同
學沈沉發起成立了旨在研究修辭屬文，提高文學素養的「文學會」，並創辦
了《勸學》雜誌。後來又在文學會的基礎上擴大為旨在鍛鍊同學修辭水平和
演講才能的雄辯會。傅斯年親自擔任雄辯會下屬的國文部副部長和編輯長
〔註119〕。

　　不過當時大多數預科生更願意沉浸在個人愛好的小天地中。顧頡剛之於
京戲的關係就是其中一例。他曾這樣形容自己當時對於聽戲的癡迷程度：「我
變成一個戲迷了！別人看戲必有所主，我固然也有幾個極愛看的伶人，但戒
不掉的好博的毛病，無論哪種腔調，哪一個班子，都要去聽上幾次。全北京
的伶人大約都給我見到了。」〔註120〕這種癡迷最後竟然發展成為以逃課作為
代價：

> 每天上課，到第二堂退堂時，知道東安門外廣告板上各戲園的
> 戲報已經貼出，便在休息的十分鐘內從譯學館（預科所在）跑去一
> 瞧，選定了下午應看的戲。學校中的功課下午本來較少，就是有課
> 我也不去請假。〔註121〕

　　千萬不要以為顧頡剛只是屬於那種簡單地捧角叫好的看客。他也在這種
特殊的課餘生活中找到了令自己意想不到的學問依據：「在這戲迷的生活中兩
年有餘，我個人的荒唐和學校課業的成績的惡劣自不消說；萬想不到我竟會

〔註117〕張國燾（1897～1979），1916 年考入北京大學理預科。中國共產黨創始人之
　　　一，中國共產黨早期領導人之一。
〔註118〕張國燾著：《我的回憶》，東方出版社，1980 年，第 38～39 頁。
〔註119〕馬亮寬、李泉著：《傅斯年傳》，紅旗出版社，2009 年，第 15～16 頁。
〔註120〕顧頡剛著：《顧頡剛自述》，河南人民出版社，2005 年，第 45 頁。
〔註121〕顧頡剛著：《顧頡剛自述》，河南人民出版社，2005 年，第 45～46 頁。

在這荒唐的生活中得到一注學問上的收穫。」〔註122〕顧頡剛所指的意外收穫，正是指日後令他暴得大名的古史研究。而使得他對於古史進行鑽研和探究的靈感，其中就包括北大預科的聽戲經歷。

顧頡剛提及的東安門外也曾經是預科生陶希聖留戀往返之地，不過給他印象深刻的並非聽戲，而是下棋：

> 東安市場是北京大學學生閒暇消磨的勝地。我在預科二年級，住北河沿的一家出租的房子裏，同住者有同鄉瞿復瑋（文琳）先生。他喜歡圍棋。我下象棋，很容易與對方吃我的老將之友人打架，但下圍棋就是輸到三十目或四十目也打不起來。〔註123〕

總之，除過一些個人愛好之外，這一階段北大預科生的集體文娛生活少之又少，特別是讀書生活以外的課餘生活更是乏善可陳，總體上可謂單調和枯燥。

1917 年是北大預科學生的校園生活發生質變的臨界點。發生根本變化的原因，一方面在於 1917 年 9 月 27 日頒佈的修正《大學令》將預科年限由三年變爲兩年。更爲關鍵的是，這一年北大迎來了一位將使北大獲得新生的校長——蔡元培。以往波瀾不驚，暮氣沉沉的預科生活將一變而爲朝氣蓬勃。

蔡元培長校後所進行的一系列改革讓預科生顧頡剛感到好奇與新鮮：

> 過了一個時候，蔡校長設立出版部，聘李辛白爲主任，出版《北京大學日刊》。這刊物除了發表校長消息之外，兼收教員和學生的論文或筆記，於是有了討論駁辯的文字出來，出現了學術研究的空氣，打破了以前的沉寂。〔註124〕

在蔡元培的不懈努力下，北大逐漸脫離了以往世人眼中「兩院一堂」的陳腐印象，逐漸成爲廣大青年們敬仰的對象。「我並不怎麼進步，卻也懷著仰望的心情走進北大的校門。」〔註125〕估計當時大多數社會青年都是懷著上述馮至〔註126〕的心態開始了自己在北大的預科生活。這種變化首先表現爲基於預科課程設置的調整所導致的學生讀書生活的變化。1922 年考入北大預科甲

---

〔註122〕顧頡剛著：《顧頡剛自述》，河南人民出版社，2005 年，第 46 頁。

〔註123〕陶希聖著：《潮流與點滴》，中國大百科全書出版社，2009 年，第 36 頁。

〔註124〕顧頡剛著：《顧頡剛自述》，河南人民出版社，2005 年，第 55 頁。

〔註125〕馮至著：《馮至代表作》，華夏出版社，1999 年，第 360 頁。

〔註126〕馮至（1905～1993），著名翻譯家。1921 年考入北京大學。現代著名文學團體「沉鐘社」的創始者之一。曾任中國社會科學院外國文學研究所所長。

部修習理科，隨後又轉入乙部修習文科的傅振倫〔註127〕對當時改革後預科課程印象深刻：

> 預科課程分國文、外國語、科學三股，由教授沈士遠、關廣麟、羅惠僑三人組織的預科委員會擬定。甲部課程有數學、物理、化學、博物、國文、外國史、論理及科學方法；乙部課程有數學、歷史、地理、國文、論理及科學方法、公民學、生物學大意、社會學大意、外國文。……（其中）第一外國文爲必修，甲部每周 7 小時，乙部 9 時；第二外文爲選修，每周 3 時。〔註128〕

預科課程結構調整的根本著眼點在於培養學生的基本學術能力。1918 年考入北大理預科的楊鍾健也認爲：「雖然預科也有文理之分，而預科的課程實際是一種基本訓練。文預科要習許多理科方面的功課，如科學概論、數學泛論等；理預科也要學文科的課程，如哲學、社會學之類。」〔註129〕而隱藏於這種課程設置背後的，其實恰是校長蔡元培對於大學通才教育的深刻理解。伴隨著這種全新的教育哲學在北大預科制度中的推廣，也使得諸多的預科生們在未來接受本科教育，乃至走出校門步入社會時都感到獲益匪淺。馮至的評價最能代表預科生們的此種感受：

> 蔡元培認爲大學裏應該培養通才，學文史哲與社會科學的要有自然科學知識，學自然科學的要有文史知識，這樣不至於圉於一隅。當時北大的預科分文理兩部，課程就是根據這個精神安排的。後來我入本科德文系，同時也選修國文系的課程，得以中西比較，互相參照。蔡元培提倡美育，在學校裏建立畫法研究會、書法研究會、音樂會，我有時聽音樂演奏，參觀書畫展覽，開拓了眼界，懂得了一點藝術，接受一點審美教育，對於學習文學史有所禆益的。〔註130〕

除此之外，讓眾多預科生們著迷的還有強大的師資陣容。當時就讀於文理預科的北大學生們都在日後對當年的教過自己的教師懷念不已。在阮維周

---

〔註127〕傅振倫（1906～1999），著名歷史學家、方志學家、博物學家、檔案學家。1929年畢業於北京大學史學系。曾任中國歷史博物館研究員。代表作有《中國方志學通論》、《博物館學概論》。

〔註128〕傅振倫著：《蒲梢滄桑・九十憶往》，華東師範大學出版社，1997 年，第 41～43 頁。

〔註129〕楊鍾健著：《楊鍾健回憶錄》，地質出版社，1983 年，第 22 頁。

〔註130〕馮至著：《馮至代表作》，華夏出版社，1999 年，第 361 頁。

〔註131〕的印象中，那時「理科的課程有國文、英文、數學和自然科學（物理、化學），不再另分科系，有如現在的高中。北大預科的師資比現在一般的高中好，很多老師是留學美國的，另外像自然科學的老師直接由大學講師擔任，水準頗高。」〔註132〕而在楊鍾健看來，當時「預科的教授陣營甚整齊，許多課都是本科教授兼任。」〔註133〕傅振倫更是詳細刻畫過那些使他「至今懷念不已」的教師們：

> 英語文法教員關賡麟和藹慈祥，生活樸素，教書育人。……《名學綱要》教員屠孝是踵父屠寄遺志完成《蒙兀兒史》，不修邊幅；一年只理髮一次。……法文教員趙少侯精通法文，譯有莫泊桑小說集，講述得法，一年後，學生即能閱讀書包，勝於譚熙鴻。蘇聯盲詩人愛羅先珂善於口述世界語會話。這幾位教員都受到學生的歡迎。至若人文地理教員鄭天挺口齒伶俐，聲音響亮，在 200 多人的教室中講話能灌注全室。後來專治清史，更受任爲南開大學校長。《中國近百年史》教員李泰棻也是方志學專家，更是有名的學者。他們的學行對我都有重要的影響，至今懷念不已。〔註134〕

此時的校園生活也不再像 1917 年以前那樣的枯燥乏味。楊鍾健回憶：「那時北大的社會團體如雨後春筍，我加入的也很多，甚至如靜坐會、數學會也加入過。其它如書法研究會等，我更是熱心參加，不過可惜沒有多大成績。」〔註135〕值得說明的是，當時北大校園中還有一個顯著的變化，就是在校園中終於出現了女生的身影。這一點也給當時的男生們增添了不少可供調侃的話頭。傅振倫就對當年曾與自己同在預科乙部的「金陵十二釵」印象深刻：「我在北大預科乙部時，同學女生 11 人，有譚幕愚、劉尊一、張挹蘭、陸美玲、彭道貞、謝作茝、錢卓生、韓權華等，課堂一排 6 人，她們都坐在前兩排，還有男生朱契，同學戲稱爲『金陵十二釵』。」〔註136〕

---

〔註131〕阮維周（1912〜1998），地質學家。1935 年畢業於北京大學。曾任教於北洋大學、北京大學。臺灣「中央」研究院院士。

〔註132〕楊翠華訪問，楊朋哲、萬麗娟紀錄：《阮維周先生訪問紀錄》，臺灣「中央」研究院近代史研究所，1992 年，第 2 頁。

〔註133〕楊鍾健著：《楊鍾健回憶錄》，地質出版社，1983 年，第 22 頁。

〔註134〕傅振倫著：《蒲梢滄桑‧九十憶往》，華東師範大學出版社，1997 年，第 43 頁。

〔註135〕楊鍾健著：《楊鍾健回憶錄》，地質出版社，1983 年，第 24 頁。

〔註136〕傅振倫著：《蒲梢滄桑‧九十憶往》，華東師範大學出版社，1997 年，第 48

北大預科生生活的變革是中國近代高等教育制度調整和實踐的必然結果。民國高等教育制度的調整和變遷直接影響其生活方式的存在和消亡。隨著預科制度的廢止，預科生作為一個群體自然也就消逝在了民國時期的大學校園中。此外，校長的辦學理念和教育哲學對於大學校園文化的更新與培育起到決定性影響。正是由於蔡元培長校後對於北大預科生課程設置的改變、學術研究風氣的提倡以及課餘文化生活的倡導，才從根本上改變了北大預科生之前頹廢衰敗，毫無生氣的生活面貌，也才為我們日後津津樂道的北大校園文化傳統奠定了基礎。

# 第五節　自治會生活：「自治是生活底方法」

民國時期大學生自治是民國時期大學生圍繞各級學生自治組織所形成的，具有整體和普遍性質的代表性生活方式。它包含學生自治會，院（科）自治會以及級會三種類型。

## 一、學生自治會生活

談及民國時期大學的學生生活，首先最值得提及的便是當時風靡各個大學的學生自治會和學生會。在開始論述民國時期大學生們圍繞此二者所推展開來的生活畫卷之前，有必要先對學生自治會和學生會這兩種學生組織各自所有的內涵及其演變脈絡作一梳理，以便後文進一步深入分析。

### （一）從學生會到學生自治會

學生自治組織「作為一種學校內部學生管理的機構，則大量出現在『五四』以後。」〔註137〕其中的代表者便是學生會和學生自治會〔註138〕。就二者

頁。

〔註137〕張雪蓉著：《美國影響與中國大學變革（1915～1927）——以國立東南大學為研究中心》，華齡出版社，2006年，第83頁。

〔註138〕當前關於民國時期大學學生自治的研究多集中於介紹當時某一知名高校學生自治組織的發展情形和特點內涵，或者探討學生自治組織與當時頻發的學潮之間所呈現出的內在關聯和微妙互動。但是，往往卻忽視了民國時期大學學生自治是作為當時大學學生的一種基本生活方式被鑲嵌於民國時期大學校園內，並對外部社會進行著潛移默化的示範、引領與改造。除過以往廣為人知的校級學生自治組織——學生自治會和學生會之外，當時還存在同樣特色鮮明的院（科）級同學會和級會。三者共同構成了民國時期大學學生自治生活的完整圖景。它在本質上是作為一個具有垂直和貫通性質的完整系統內嵌於

產生的時間而言，學生會早於學生自治會；就二者產生時的定位和職能而言，學生會最初緣於校外學生活動的需要而產生。作爲代表一校學生對外進行聯絡的組織，其主要職能在於代表全體學生參與各種校外和校際活動。學生自治會則是代表一校學生對內的組織，主要職能在於對全校學生行使訓育功能，其著眼點主要在於校內學生事務。從當年北京高等師範學校學生會和學生自治會的成立過程中，可以很直觀地瞭解之間的差異：

（1）學生自治會。此會成立於民國八年十一月十四日，此會未成立之前，學校訓育之全權操諸學校方面，及此會產生，學校方面，把學監製廢除，從前關於訓育的事項，現在大半由此會處置。……

（2）學生會。此會在五四運動的那一天成立的，當時成立的原因是爲聯合北京各學校，力爭外交。但後來做的事體，實不只這一端。如爲教育經費問題，教潮問題，也盡了極大的力量……〔註139〕

與北高師相類的還有燕京大學女校學生自治會：「女校之有學生會固然來源甚遠，但只是一種對外的團體，備各種運動之參與而已。其後對內另立自治會專管校內同學一切自治事宜。」〔註140〕

大學生群體在1919年爆發的五四運動中發揮了特殊的先鋒作用。也正是在這種特有的使命和責任感的驅動下，成立能夠有效代表學生群體利益和集體呼聲的學生組織呼之欲出。據當時正就讀於清華並親自參加過五四運動的王造時〔註141〕回憶：「五四前，清華學生只有級會、班會，沒有全校性組織，五四後，學生會誕生了。」〔註142〕那麼當時發起學生會的目的以及其所實際

當時的學生生活中。而且，學生圍繞自治組織所形成的生活方式和類型是構成民國時期大學學生生活的重要組成方面，持續地塑造和影響著當時的大學校園文化形態。因此，目前尚缺乏關於學生自治系統究竟是如何具體開展各自的自治事務，進而在內在地構建大學學生生活方式和大學自身的辦學形態的同時，也積極地示範和引領現代公民社會的漸進成長與理性發展的專門性研究。此外，學生會和學生自治會這兩個概念本身的細微異同以及其在日後發展中各自所呈現出的微妙變化也往往被研究者所忽視。因此，本書在兼顧已有研究的基礎上，著重對目前研究中存在的薄弱之處進行重點考察。

〔註139〕《北京高師的學生生活》，《學生》，第9卷第7號，1922-07-05。

〔註140〕《女校學生自治會史略》，《燕大年刊》，1929年。

〔註141〕王造時（1903～1971），著名愛國民主人士。1917年考入清華。1925年清華畢業赴美留學。1929年獲政治學博士學位。1930年，任光華大學文學院院長兼政治系主任。

〔註142〕葉永烈編：《王造時：我的當場答覆》，中國青年出版社，1999年，第68頁。

發揮的功用又如何呢？蔡元培於五四運動後所撰寫的《告北京大學學生暨全國學生聯合會書》一文中對此有明確闡述：「諸君自五月四日以來，為喚醒全國國民愛國心起見，不惜犧牲神聖之學術以從事於救國運動；全國國民，既動於諸君之熱誠而不敢自外，急起直追，各盡其一分子之責任；即當局亦了然於愛國之心可以救國，而容納國民之要求：在諸君喚醒國民之任務，至矣，盡矣，無以復加矣！」〔註143〕在蔡元培眼中，學生會所能起到的最大作用，就在於喚醒國民，而其所能起到的作用也僅此而已。正是有鑒於此，蔡元培才專門強調「至矣，盡矣，無以復加矣！」。

但是，在蔡元培看來，學生會在五四運動中所起到的先鋒帶頭作用，同時也為其日後進一步發展埋下了局限，即作為當時全國少數能夠接受精英高等教育的大學生，其首要任務似乎更應該是研究高深專門學術：「諸君以環境之適宜，而有受教育之機會，所以對吾國新文化之基礎，而參加於世界學術之林者，皆有賴於諸君。諸君之責任，何等重大！今乃參加大多數國民政治運動之故而絕對犧牲乎？抑諸君或以喚醒同胞之任務，尚未可認為完成，不能不再為若干日之經營，此亦非無理由。然以僕所觀察，一時之喚醒，技止此矣，無可復加。」〔註144〕蔡元培認為，在喚醒國人方面，學生會所能做的工作已經「技止此矣，無可復加。」因此，大學生更應該將主要精力集中在努力提升自身能力和素質，同時再輔助做一些力所能及的喚醒國民工作：「自大學之平民講演、夜班教授，以至於小學之童子軍，及其它學生界種種對於社會之服務，固常為一般國民之知識，若志趣，若品性，各有所適用矣。苟能應機擴充，持久不怠，影響所及，未可限量；而其要點，尤在注意自己之知識，若志趣，若品性，使有左右逢原之學力，而養模範人物之資格，則推尋本始，仍不能不以研究學問為第一責任也。」〔註145〕其實蔡元培所言的「苟能應機擴充，持久不怠，影響所及，未可限量」的事業，正是日後各個大學學生自治會所主要著眼進行的各種事業。

當時並非每一所高校都明確地將學生會和學生自治會作為兩個獨立的組織加以區分。對於諸多高校而言，都只成立了兩種組織之一種，然後將內外

---

〔註143〕蔡元培著：《蔡孑民先生言行錄》，山東人民出版社，1998 年，第 190 頁。

〔註144〕蔡元培著：《蔡孑民先生言行錄》，山東人民出版社，1998 年，第 190～191 頁。

〔註145〕蔡元培著：《蔡孑民先生言行錄》，山東人民出版社，1998 年，第 191 頁。

職能集於一身。1922 年交通大學上海學校學生會即是如此：

> 學生會是代表群育的，凡關於學校中膳務，舍務事宜，學校外
> 各學校間社會運動事宜。學校消息傳於校內學生及校外各報事宜，
> 附近失學貧民及幼年失學的校役等教育事宜，及學生運動中關於國
> 家問題，國際問題的，皆由學生會辦理。〔註146〕

有的高校學生會則只偏重對內或對外的職能之一種。1924 年南開大學學生會就「以增進學生之公益，輔助學校之發展爲宗旨。」該會於 1924 年 2 月 29 日召開第一次總務部會議討論並提交給校方的十九件議案，悉數屬於校內事務〔註147〕。

1930 年 3 月 11 日，教育部向全國中等以上學校頒發訓令：「所有公私立各級學校原有學生會，應自本學期起，遵照中央新頒發學生自治會組織大綱，一律改組。」〔註148〕訓令所指的《大綱》是指 1930 年 1 月 23 日由第三屆中央執行委員會第六十七次常務會議通過的《學生自治會組織大綱》。大綱對學生自治會進行如下定位：「學生自治會之組織以本三民主義之精神，作成學生在學校以內之自治生活，並促進其智育、德育、體育、群育之發展爲目的。」其中第二十一條專門規定：「學生自治會章程須遵照本大綱制定，呈請當地高級黨部核准後呈報主管官署備案。」〔註149〕1930 年 10 月 9 日，第三屆中央執行委員會第一一二次常務會議又通過了《學生自治會組織大綱施行細則》。作爲對《大綱》的補充說明，細則第十二條規定：「學生自治會之各種決議案，有違背學生自治會組織大綱第十五條之規定，或越出學生自治會職務範圍者，學校得撤銷之。」〔註150〕而第十五條的原文正是：「學生自治會不得干涉學校行政。」隨著上述兩個規定出臺，之前學生會和學生自治會名稱不統一的現象隨之消弭於無形。隨之而來的問題卻是，新規定下的「學生自治會」雖然被賦予了三民主義這樣的最高指導原則，但同時也被附加了許多此前並

〔註146〕《交通大學上海學校學生生活》，《學生》，第 9 卷第 7 號，1922-07-05。
〔註147〕王文俊等選編：《南開大學校史資料選》（1919～1949），南開大學出版社，1989年，第 431～434 頁。
〔註148〕王學珍，郭建榮主編：《北京大學史料・第二卷（1912～1937）下冊》，北京大學出版社，2000 年，第 2405 頁。
〔註149〕王學珍，郭建榮主編：《北京大學史料・第二卷（1912～1937）下冊》，北京大學出版社，2000 年，第 2405～2406 頁。
〔註150〕王學珍，郭建榮主編：《北京大學史料・第二卷（1912～1937）下冊》，北京大學出版社，2000 年，第 2407～2408 頁。

不存在的無形約束，進而也喪失了此前極爲寶貴的自由精神和意志。

## （二）學生自治會的產生和運行

學生自治會成立以前，由學監代行訓育職能。正是由於學監製度在實施過程中所凸顯的種種弊端，加速了學生自治會的興起。1919 年北京高師學生自治會成立。北大校長蔡元培應邀出席大會並發表演講。他對於北高學生自治會的成立給予了高度評價。在他看來，當時施行的學監製度主要具有以下不合理之處：

> 但前人總不放心，必要用人替來管理，由是學校也生了治者——如學監、舍監都是——與被治者的階級。在治者既像負擔了被治者一生人格上的責任，必要一種模範人物，才能勝任。但是這種人才從那裏來呢？凡有學校的學監，地位既不及教員的隆重，並且他們的職務又極乾燥無味，不如教員還可以增進自己的學問。但是宿舍起臥的時刻，或考試時的監場、檢查等等瑣事，在有學問有才能在社會上能得一個地位的，必不肯來擔任。擔任的往往因知識才能較差的。請這等人來幹，或是死守規則過於嚴了，因此和學生發出惡感；或是太不守職過於寬了，洋洋通融；或僅對一部分寬了，又要開罪於他一部的學生。十餘年來學校裏鬧風潮，起因往往都很小的。

正是在治者與被治的區分中，理應自己管理自己的學生群體在無形中淡漠和忽視了自身應有的權利：

> 學校事情本很簡單，學生都可以管，既都讓給管理員，學生便不知不覺的把一切學業、自修、衛生、清潔種種責任，都交與管理員去做，自己一概可以不管的樣子。譬如住在旅館裏的人，公文要件交在櫃房，自己就不注意了。學生既是如此，所以種種不規則的事，層見迭出，鬧出許多的笑話。有人認爲是管理不好的緣故，愈加注意管理，教育部也屢屢下通令。無如依然吾效，這實在是有人代爲管理的緣故。〔註151〕

而在蔡元培看來，理想的學生自治其實並不複雜：

> 我想學校應守的規則簡單的很，不過衛生、學業、品行等等。

---

〔註151〕蔡元培著：《蔡孑民先生言行錄》，山東人民出版社，1998 年，第 253～254頁。

關係衛生的，如宿舍的清潔、整齊、臥起有一定時刻等事。關係學
業的，如按時自修，不曠廢功課等。關於品行的，如在學校裏不作
貶損人格的壞事，在外邊能保全自己的名譽，或保全學校團體的名
譽。這都簡單，人人容易想得到做得到的。我們既自認是人，尊重
自己的人格，且尊重他人的人格，本無須他人代庖。〔註152〕

正如蔡元培所言，學生自治其實就是在學校內外，每個學生都能夠切實
地對與自己相關的各種事務負起應有的責任。如果說蔡元培是在與學監製度
的比較與反思中來說明學生自治之意義。朱自清則是從生活的原理與藝術的
高度來審視學生自治之必要。而在他看來，自治就是「生活底方法」：

原來「生活是一種藝術」；我們該用藝術家底手段來過我們的生
活。人從動物進化，他的生活裏包含著靈肉二元：……要得圓滿，
應該設法教靈的生活格外發展起來：努力是必要了。這向著圓滿生
活的努力便是藝術底工夫，便是所謂「治」。但是各個人乃至各人群
都各有他們自己的生活，他們自己的生活只有他們自己最懂得；「治」
也只能由他們自己去治──別人代治，就是抱著一片好心，也苦得
搔不著癢處，不是太過，便是不及；要再安著別的心眼兒，那被治
的豈不教他們坑了！這樣，讓各個人，各社會自己向圓滿的生活努
力，便是自治。──所以自治是生活底方法。〔註153〕

在朱自清看來，理想的生活應該是一種藝術，組織和度過生活的方式也
應該具有藝術性。而「治」就是努力提升自身生活，使其不斷達到圓滿的一
種藝術手法和途徑。而「自」的意義就在於無論是達到「治」所需的方式方
法，還是「治」所要達到的目的，都只有「自」也就是生活者本人最為知曉，
因此「治」只有在「自」的前提下才能真正施行。

當時各個高校學生自治會的產生辦法和組織結構不盡相同，但大都能按
照一套正式完整的程序來進行職員選舉和組織實施。較早成立學生自治會的
北京高師就主要由委員會和議事會構成，並且會定期召開聯席會議：

會中組織，變更過幾次，現在分委員會及議事會兩種。委員會
分總務委員會，出版委員會，學務委員會，衛生委員會，食事委員

---

〔註152〕蔡元培著：《蔡孑民先生言行錄》，山東人民出版社，1998年，第253頁。
〔註153〕朱喬森編：《朱自清全集》（第四卷），江蘇教育出版社，1990年，第2頁。

會，糾察委員會等，各委員會由各班選出委員組織。議事會由各班
選出之委員各復選一人組織，凡各委員會不能解決的事項，即由各
委員會自行提出議事會，或經過議事會轉交學校決定之。聯席會議
分兩種，一種是議事聯席會議，以議事會議事員與學生自治指導委
員會委員組織之。一種是各委員聯席會議，以各委員會委員與學生
自治指導委員會委員組織之。〔註154〕

　　從北高師的自治會組織結構可以看出，當時已經形成了一套比較完整的
自治機構，即各委員會在總務委員會的領導下分管各自所屬的學生事務，屬
於具體執行機構；而議事會則負責將由委員會無法完成或完成有困難的議案
討論加以解決，或是代爲轉交校方，屬於議事機構。同時，學生自治也並非
完全撇開校方獨立活動。這一點從當時由校方組織的學生自治指導委員會參
與兩種聯席會議就可以明確看出。

　　學生自治會的組建首先需要一部能夠說明宗旨與原則的自治會章程。在
當時學生心目中，規範完善的章程簡直可與憲法相媲美。滬江大學學生自治
會將其稱之爲「憲章」〔註155〕，燕京大學女校學生自治會將其稱之爲「憲法」
〔註156〕，燕大學生自治會則將其冠之以「自治法」〔註157〕。確立根本大法之
後，學生自治會便著手開展選舉工作。根據《南開大學學生會會章》規定，
總務部採取委員制，由部員中互選委員長，一人爲主席，其它職員得由委員
長臨時委任之。本部職權在代表全體會員之意志，總攬一切會務。而南開大
學學生皆爲本會會員。每學期在開學後第三星期內舉行常會，由總務部部員
召集之，如遇有緊要事項，由會員三十人以上之提議或經總務部之議決，均
得召開臨時大會。而對於選舉，則採用記名投票法在每學期常會前由各年級
各科選出總務部部員〔註158〕。北京高師學生自治會則由委員會和議事會構
成：「委員會分總務委員會，出版委員會，學務委員會，衛生委員會，食事委
員會，糾察委員會等，各委員會由各班選出委員組織。議事會由各班選出之
委員各復選一人組織，凡各委員會不能解決的事項，即由各委員會自行提出

〔註154〕《北京高師的學生生活》，《學生》，第9卷第7號，1922-07-05。
〔註155〕《春季開學後之自治會消息》，《滬大天籟》，第16卷第9期，1927-03-16。
〔註156〕《女校學生自治會史略》，《燕大年刊》，1929年。
〔註157〕《學生自治會史略》，《燕大年刊》，1929年。
〔註158〕王文俊等選編：《南開大學校史資料選》（1919～1949），南開大學出版社，1989
　　　　年，第428～429頁。

議事會，或經過議事會轉交學校決定之。」〔註159〕儘管北高師和南開學生自治會在機構設置上不盡相同，但是在高度尊奉章程、嚴格依靠投票來進行民主選舉進而產生代表全體學生利益的最高權力機關和執行機構等方面卻毫無二致，無一不體現出強烈的民主精神和法治觀念。

## 二、院（科）同學會生活

民國成立至全面抗戰爆發前，大學基層學術組織經過了幾次大的調整。1912年10月24日，教育部頒佈《大學令》規定：「大學分為文科、理科、法科、商科、醫科、農科、工科。大學以文理二科為主；須合於下列各款之一，方得名為大學：一、文理二科並設者；二、文科兼法商二科者；三、理科兼醫農工三科或二科一科者。」〔註160〕1929年7月26日，教育部頒佈《大學組織法》規定：「大學分文、理、法、教育、農、工、商、醫各學院。凡具備三學院以上者，始得稱為大學。大學各學院或獨立學院各科，得分若干學系。」〔註161〕無論上述大學的基本構成形態如何變化，它們都有一個共同點，即在每個層級都會成立相應的學生自治組織。院自治會和科同學會即是校級學生自治會向下的自然垂直延伸。

> 時間　四月十一日下午七時至九時
>
> 會址　本會辦公室
>
> 出席人數　十四人
>
> 總務部　德育部　智育部　體育部　編輯部　膳食部　衛生部　遊藝部
>
> 臨時主席　鍾秀崎
>
> 記錄　張宗騫　解茂棣
>
> 議案
>
> 一、審查本會組織大綱案
>
> 由主席指定張宗騫報告審查會之經過，並宣讀審查後之本會組織大綱。

---

〔註159〕《北京高師的學生生活》，《學生》，第9卷第7號，1922-07-05。

〔註160〕宋恩榮，章咸選編：《中華民國教育法規選編》（修訂本），江蘇教育出版社，2005年，第384頁。

〔註161〕宋恩榮，章咸選編：《中華民國教育法規選編》（修訂本），江蘇教育出版社，2005年，第395頁。

議決

二、餞別畢業同學儀式起草案

議決

三、組織消費合作案

四、年刊社徵求相片案

五、遊藝部請求撥款案〔註162〕

　　上述文字描述的是 1929 年 4 月 11 日東北大學文法科學生自治會聯席會議的相關場景。無論是開會程序，還是討論議案都與校級學生自治會別無二致。尤其值得注意的是，作為學院一級的學生自治組織，它居然也制定有自治會章程作為自己的根本大法。1929 年 5 月 21 日，《東北大學文法學院學生自治會總章》公佈，整個章程共分為十章，其中對於該自治會的宗旨、會員以及最高權力機關等進行如下規定：「第二條　本會以培養人格，發展群性，完成自治能力，增進互助精神為宗旨。……第四條　凡本校文法會員在校同學均為本會會員。第五條　本會以全體大會為最高權力機關，閉會後組織執行委員會代行其職權。」〔註163〕

　　當時無論從規模上，還是從實際職能方面，院自治會都可能會被認為是重形式而輕實質。但是根據當時它們所實施的種種舉措來看，其實恰恰相反。《東北大學周刊》上曾刊載了一篇名為《監察委實行厥職　各幹部多所恐慌》的報導，讀來真正讓人感到文法學院自治會的監察委員們頗有一種拿著雞毛當令箭的較真精神：

　　　　邇來，文法學院自治會之監察委員，感於尸位虛銜，難逃聾子耳輪徒為擺飾之譏，因而驟然實行厥職，對於各幹事部積極檢查，當頭被審查者消費設衛生部帳簿。次日被審查者膳食體育兩部帳簿。最終被審者執行委員之帳簿是也。想該監察委員決不能止於帳簿是查，必能於各部其它一切進行事宜更能積極檢查，更想非只一時高興，必能永遠繼續不停吧！〔註164〕

與文法學院自治會努力行使自身職能相同的還有該校理工學院自治會。

---

〔註162〕《文法科學生自治會聯席會議記錄》，《東北大學周刊》，第 71 期，1929-05-05。

〔註163〕《東北大學文法學院學生自治會總章》，《東北大學周刊》，第 73 期，1929-05-21。

〔註164〕《監察部實行厥職　各幹部多所恐慌》，《東北大學周刊》，第 98 期。

不過他們著手進行改革的不是幹部作風，而是同學們比較關心的伙食問題：「理工學院同學伙食部，自開學以來力求整頓，所有飲食亦亟事改良。近來廚役，因辦夥同學，監視廚房日緊一日，以致不得從中取利（如竊取米麵蔬菜等），故群相要求加薪。倘再不許大有罷工不作之勢。聞經膳長議決，急速要求庶務部雇人以便從事更換云。」〔註165〕

1923 年廈門大學由學部改為科，1930 年 2 月又由科改為學院。1923～1930 年是廈門大學各科同學會發展最為興盛的階段。當時全校文、理、教育、法和商五科均建立起了自己的同學會。廈門大學科同學會所體現出的自治精神與東北大學院自治會別無二致。從理科同學會的發起和成立過程，就不難理解成立科同學會的必要性與意義所在：

> 理科同學會由黃啟顯君等發起，於前月三十一日開籌備大會通過章程後，即竭力進行，……該會即於星期六下午三時假生物院二樓開成立大會。……到會者有林校長、理科主任劉博士、理科教授鍾心煊、秉農山、田淵添、李英標、王學澧，並理科同學五十餘人。首由主席劉雲浦報告開會宗旨。略謂（一）學問方面。廈大在二年以前，即有理科同學會之組織，不幸因故中輟，然為時雖短，而同人已覺獲益良多，且今理科人數增多，科目加繁，愈覺有組織同學會之必要。（二）精神方面。吾人在校生活太覺枯燥，除上課實驗外，與教員極少接觸。故本會之組織，以聯絡師生感情，增加生活興趣為宗旨。（三）學校方面。本校校主校長等對於理科特加注重。故本科雖歷時未久而規模粗具。教授皆國內有數之科學家。吾人既得此良好之機會，當如何奮發努力以求有成，為將來中國科學界盡力，故益感非有理科同學會之組織，不能發揚光大本校理科之精神。……同人所擬工作事業分為二種（一）請本校教授或校外名人演講，以啟發同人研究科學之興趣。（二）編輯季刊，以培養同人自動研究之精神。……〔註166〕

可見，當時發起成立理科同學會的目的主要有三：一是為了理科同學更好地求知，二是有助於調劑師生們的精神生活，三是能夠更有效地「發揚光

〔註165〕《理工學院學生伙食部廚役將大批更動》，《東北大學周刊》，第 74 期，1929-05-30 年。
〔註166〕《理科同學會成立紀盛》，《廈大周刊》，第 129 期，1925-11-28 年。

「大」理科的精神，而預備進行的工作主要為學術演講和發行季刊二種。上述三點之中，尤其以最後一點最耐人尋味，簡直可以視為是同學會存在的根本依據。這種重視和發揚所在科的精神也同樣是其它科同學會成立的初衷。1926年發起的法科同學會也同樣將「發揚法科精神，並謀增進會員學術上一切之利益」作為本會的宗旨〔註167〕

　　成立各科同學會後的首要工作便是制定本科同學會的章程。畢竟一個可以依循的章程，可以有效地指導和規範本科同學會的發展和運行。

　　一、定名：本會定名為廈門大學文科同學會

　　二、宗旨：本會以聯絡感情，研究學術為宗旨。

　　三、會員：凡本校文科同學皆得為會員

　　四、組織：

　　1. 大會——由全體會員組織之，為本會最高議事機關。

　　2. 職員會——由職員九人組織之，為本會議事及執行機關。如有重大事故不能決議時得提交大會解決之。

　　五、職員及其職權

　　1.編輯四人 2.幹事一人 3.會計一人 4.交際一人 5.演講一人 6.文書一人

　　六、選舉：由全體會員用記名（只記名）投票法在大會選舉之

　　七、任期：職員以一學期為任期，但選舉得連任。

　　八、會費：每學期會員每人應納會費小洋六角，如遇特別用度，得由職員會議決捐募臨時費。

　　九、集會：

　　1. 大會——每學期一次，於開學後二星期內舉行。如遇特別事故得由職員會議決或由會員三分之一以上之提議，得由職員會當值主席召集之。

　　2. 職員會——每二星期舉行一次，第一次由幹事召集且為主席，以後各職員以抽籤法輪流之，如有特別事故得由當值主席召集

開臨時會。

十、附則：本章程如有未盡善處，得於開大會時修改之。〔註168〕

「麻雀雖小，五臟俱全」。從以上文科同學會的章程不難看出，雖然只是校內一科的同學會，但其組織之完善，職權和分工的嚴密絕不遜色於校學生自治組織：擁有明確地宗旨、具備議事機關和執行機關、分工明確、合理的選舉渠道以及定期召開本會會議等等。所有這些都預示著科同學會絕非是頭腦一熱的產物，相反卻是擁有長遠的發展規劃。

各科同學會都能根據自身學科發展的特點，通過各種途徑來開展會務，大力輔助同學們的學業進展。以廈大教育科同學會為例，1926年為了發揚「該會辦理精神」，「以備會員研究各種學術」，該會特地發行了名為《海曙》的周刊，附刊於廈門的《思明日報》進行發行〔註169〕。除辦理刊物和進行社會教育外，各科同學會還十分重視發揮學術演講對於同學們的影響，並定期舉辦交誼會和遊藝大會來加強師生之間的溝通交流，調劑他們的身心和精神：「教育科同學會本學期選舉職員後，諸職員對於會務進行頗為努力，除開交誼歡迎新來教授及遊藝大會外，尚開辦平民夜校並請校內外才學淵博者擔任學術演講……」〔註170〕

如果以為科同學會的職能僅止於此的話，那恰恰是對其成立宗旨和根本職能的誤解和忽視。從下面這段文字中，就可以清楚地得以瞭解：

> 五月二十八日下午七時，理科同學會在該會辦公室開第五次執委常會，出席人數七人，當值主席袁文奎。報告事項：（一）主席報告上次本會函請本科主任聘請教授，迄今尚無覆函；（二）主席報告頃將同學報告化學系教授邱崇彥先生、宋文政先生下期恐不能繼續在校。議決案：（一）由本會備函並派代表挽留邱宋二教授；（二）函溫本科主任，何以對於本會請求聘請教授一函迄今不復，並請其積極挽留邱宋二教授；（三）請袁文奎、……為一、二兩項議決案之代表；（四）議決本會挽留邱宋二教授函及與本科主任函為鄭重起見，均請全體同學簽名；（五）本科主任如對於此次之函再不答覆，則開全體大會請全體同學解決；（六）李叔涵辭演講部委員職，議決

〔註168〕《文科同學會積極進行》，《廈大周刊》，第166期，1926-12-04。
〔註169〕《教育科同學會之進行》，《廈大周刊》，第164期，1926-11-20。
〔註170〕《教育科同學會消息》，《廈大周刊》，第192期，1929-01-02。

挽留。〔註171〕

　　這是 1929 年 5 月 28 日廈大理科同學會所召開的第五次執委會會議紀錄。此次會議之目的主要在於敦請理科主任聘請教授以及挽留下學期該科化學系將要離校的兩位先生。會議最終議決派代表前往挽留即將離校的教授，並且敦促理科主任盡快函覆同學，否則將提交全體大會解決〔註172〕。相同的措辭行文、同樣的討論議案、規範而嚴密的會議程序等等，不難發現，上述科同學會的會議場景與前文已述的校學生自治會極為相像。唯一不同的是，理科同學會的這份議決報告，要提交給的是理科主任，而不是校務會議。可見，無論是校學生自治會還是院科同學會，都在以相同的形式來輔助與參與校務院政。儘管不知道最終理科主任給予同學會的答覆如何，但是這種在師生平等的基礎上，旨在通過合理方式來與所在校方進行反覆交流和溝通的精神確實值得深思。

## 三、級會生活

　　「一九二九，燕大少有。」〔註173〕這句讀來頗為順口的校園諺語，反映的是為許多燕大人所欽羨的一九二九級。而代表一九二九級的正是一九二九級級會。在民國時期大學校園中，除了學生自治會和院自治會或科同學會以外，還活躍著一種以級為單位，以本級學生為會員的最為基層的學生自治組織，即級會。

　　1930 年交通大學民二十級成立級會，1931 年交大民二三級成立級會。從這兩個級會的組建，可以一窺當時諸多大學級會產生的動因：

　　　　民二十級，於四五年前曾有級會之組織，成績斐然，後不幸因故停頓，現該級同學，以畢業期迫在眉睫，而聯絡感情尤屬刻不容緩，於是舊事重提，再組級會，聞該項提議已得該級同學同意，迅已著手進行云。〔註174〕

　　　　該級在預科時代，即有體育會之組織，以普及全級運動，增進級際上運動地位為目的。自組織以來，成績卓著。大草場上，健身房中，時見該級健兒往來奔逐。級際運動錦標，屢獲不鮮，即籃球

---

〔註171〕《理科同學會第五次執委會記錄》，《廈大周刊》，第 208 期，1929-06-15。
〔註172〕《理科同學會第五次執委會記錄》，《廈大周刊》，第 208 期，1929-06-15。
〔註173〕《一九二九級班史》，《燕大年刊》，1929 年。
〔註174〕《同學集會消息》，《交大月刊》，第 2 卷第 2 期，1930-06-15。

一項，已連執牛耳。去年暑假，由預科升入本科，人數驟增，新同學較舊同學多至二倍以上。又分班上課，同級同學往往相見不相識，遇有一級中對內對外事務，更苦無人負責。半年以來，頓覺空氣散漫，知一級會，不容一日或緩。因於此學期開始，經多數同學表決，擴大體育會爲級會，分總務、學藝、體育、娛樂四部，執行級內一切事務，聯絡同學感情，研究學識，提倡體育科於三月四日，開成立大會。〔註175〕

可見，級會最初得以成立，主要是爲了利用此種組織形式來聯絡一級同學之感情，凝聚一級同學之精神。當時許多大學紛紛成立的級會大都遵循此種宗旨和目的。1926年面臨畢業的廈大本科生「以畢業期近，現特組織一九二七級友會，聯絡感情，業已正式成立。內分編輯、文書、會計、幹事等五部，……」〔註176〕1930年4月28日，安徽大學法學院政治系成立一九三二級級會，目的也是爲了「謀該系之一切發展，及敦好友誼研究學術起見。」〔註177〕

在級會成立之後，一級同學往往會通過召開大會的形式來決定接下來應該進行的工作。無論是召開會議的過程，還是通過會議所議決的諸多議案，都能夠加深我們對於級會的瞭解。

本屆大一人數，約有一百五十餘人，特於九月二十三晚於科學館開第一次班會，臨時推舉李晉祥君爲主席，方倍榮君爲書記。今將其議決案列左。

（一）通過本級之組織法採用委員制。

（二）通過每組（甲乙丙丁四組）舉出代表二人，四組共舉八人，爲憲法起草委員。

（三）通過舉出主席一人，書記一人，負責召集起草委員會，主席李晉祥君當選，書記方倍榮君當選。……〔註178〕

上述文字是1926年9月23日滬江大學本科一年級召開的第一次會議。

---

〔註175〕《民二三年級消息一束》，《交大月刊》，第3卷第1期，1931-05-24。

〔註176〕《一九二七級友會》，《廈大周刊》，第163期，1926-11-13。

〔註177〕《政治系組織級會 定名爲安徽大學法院政治系一九三二級會》，《安徽大學校刊》，第34期，1930-05-03。

〔註178〕《各級新聞》，《滬大天籟》，第16卷第1期，1926-10-04。

不難發現：首先，會議形式極爲規範，主要表現爲確定出席人數達到法定人數，提出議案、討論和表決議案等；其次，級會的組織形式施行委員制。尤其值得注意的是，在會議中還專門提及了一個意味深長的名詞：「憲法起草委員」。時隔一月之後，關於本次級會的後續報導又出現了如下文字：「級憲全部通過：本級級憲自經起草委員會脫稿以後，即交全體大會逐條加以討論，隨即通過。從此根本大法，已告典定，一切事業，即可易於發展矣。……」〔註179〕雖然在上文中曾經提及校級學生自治會曾使用「憲法」來形容自治法和學生會章程，但是滬江大學的一個年級的級會也直接用諸如「憲法」、「級憲」和「根本大法」此類的詞彙來形容本級的章程，這其中所體現和折射出的法治觀念未免有太多值得讓後人深思之處。而隱藏於上述詞彙背後的，其實正是當時同學對於理性的民主精神和法治觀念的普遍信仰和理解尊重。

當時對於級會開展的各種級內外事務也有專門名詞形容它——「級務」〔註180〕。以1926年滬江大學大二級會第五次委員會所討論通過的議案來看，級務大多是指本級範圍內的各種大小事務：「（一）舉出辯論會歡呼隊長二人。（二）議定本級委員會須有章圖一枚，以昭愼重。（三）通過本屆本級照相，須分組攝影，已於十一月九日十二時半攝就。」〔註181〕有趣的是，當時頗爲流行用「級」字打頭來形容與級會相關的主要事務。除過上述的「級憲」和「級務」之外，級會中的成員被稱之爲「級友」，代表一級的歌曲被稱爲「級歌」，代表一級的旗幟被稱爲「級旗」。更有甚者，許多級會還專門規定了本級的「級色」、「級訓」和「級花」。

> 維風雨飄搖，維風雨飄搖。
>
> 雞鳴四野聲嘐嘐。
>
> 同堂朝復朝，同堂朝復朝。
>
> 天涯海角來訂交。
>
> 同德同心，其利斷金。
>
> 慷慨各努力，
>
> 吾儕任重路迢迢，

---

〔註179〕《各級新聞》，《滬大天籟》，第16卷第2期，1926-10-21。
〔註180〕《各級通信》，《滬大天籟》，第16卷第4期，1926-11-17。
〔註181〕《各級通信》，《滬大天籟》，第16卷第4期，1926-11-17。

爲校光，爲國光，

諸兄弟姐妹，志氣干雲霄。

少年志氣干雲霄。〔註182〕

這首名爲《清華大學第八畢業級級歌》的級歌，是1936年春朱自清專門爲清華大學第八畢業級所作。從歌詞中不難感覺到作爲教師的朱自清對於畢業生所寄予的厚望。當時許多級會都擁有自己的級歌。1931年交大民二三級的級歌爲C調2/4節拍，以中英文歌詞配簡譜：

芝術蕙蘭，藝圃趁春栽。

同心結契，學術眾妙該。

吾級人無棄材，創述智網恢。

建設事業分，仔肩先自滋培。〔註183〕

從歌詞中的「吾級」二字來看，這首級歌可能是出自於本級學生之手。因此它不同於清華級歌中那種流露出教師寄予學生的厚重期望，反而倒是更多地彰顯出對自我價值和能力充分肯定的意味。1934年廈大一九三四級的級歌則是以五線曲譜寫就：

美哉！我級會！

異苔實同岑，切磋四五載，論學最相親。

氣類五睽隔，天涯若比鄰。

勉哉，我級同人！〔註184〕

這首級歌的歌詞也同樣是簡短明快，寓意深遠，而且用詞古意盎然，僅僅是誦讀歌詞，都會使人有琅琅上口之感。

除過級歌之外，級會還專門製作有屬於本級的級旗。1927年滬江大學大四級會就將製作級旗作爲重要的級務：「本級級務，自開學以來，努力進行，其可紀述者如下（一）通過級旗，旗式樣甚簡單，有「滬江」二字，中嵌以校旗，惟配色則鮮麗可愛。……」〔註185〕廈門大學1934級的級旗呈三角形。旗

---

〔註182〕朱喬森編：《朱自清全集》（第五卷），江蘇教育出版社，1990年，第132頁。

〔註183〕《民二三年級消息一束》，《交大月刊》，第3卷第1期，1931-05-24。

〔註184〕《廈門大學一九三四級同學錄》，1934年。福建省檔案館，館藏號碼：民資8.2.410。

〔註185〕《各級消息之大四》，《滬大天籟》，第16卷第9期，1927-03-16。

子左側豎寫「廈大」二字，右側書寫阿拉伯數字「1934」，結構簡單明快〔註186〕。

各個級會還充分利用各種事物來表明本級的「級趣」，主要體現爲級色、級花和級訓。交通大學民二三級就將純紫定爲本級級色〔註187〕，燕京大學一九二九級的級色則爲紫白色，「努力」爲該級級訓〔註188〕。1926年南開大學丙寅級則將紫黃作爲級色，將黃菊作爲級花，將「大智若愚，眞勇若怯」作爲本級的級訓〔註189〕。

級會作爲民國時期大學校園內一種最爲基層和普遍，但同時又極具自身特色的學生組織形式。無論是學生本身從級會中得到的有益訓練，還是代表一級對外開展活動，它無疑都發揮了重要的作用。燕京大學一九三零級曾寫就了一段文字來回顧本級所走過的歷程。這段話同樣也可以視爲那個時代所有級會及其級友們心聲的反映：

> 一年二年，三年，埋首的自埋首，鍛鍊的自鍛鍊，機謀的自機謀，灌溉的自灌溉，本著班訓「創造與奮鬥」的宗旨，實際上精神上，在校裏落一個磊落英明濟濟多士的名。生命的蹊徑還遠。學問的階梯無窮。三年來這一個小結合，也會在歡樂和苦痛中領略了人生的眞際，感覺著肩負的深沉和偉大，我們雖然軟弱，也在虔誠地探討人群幸福的消息和線索。〔註190〕

作爲重要的學生訓育制度和校園文化建設的載體，學生自治是中西方文化融合的產物。它不僅是大學育人的有效途徑，有助於養成學生健全之人格和良好之品性，而且也是大學社會責任之體現，承擔著培育理想公民的重要任務。作爲現代大學制度的重要構成，學生自治在塑造大學形態的同時，也以自身特有的方式來改造社會。

---

〔註186〕《廈門大學一九三四級同學錄》，1934年。福建省檔案館，館藏號碼：民資8.2.410。

〔註187〕《民二三年級消息一束》，《交大月刊》，第3卷第1期，1931-05-24。

〔註188〕《一九二九級班史》，《燕大年刊》，1929年。需要指出的是，此處所謂的班其實就是本書討論的級。這一點可以從《一九二九級班史》這一稱謂中明顯看出。這種班與級混用的現象在當時其它大學的級會中也屢見不鮮。滬江大學大一將所召開的級會也稱之爲班會：「本屆大一人數，約有一百五十餘人，特於九月二十三晚於科學館開第一次班會，……」。可參見《各級新聞》，《滬大天籟》，第16卷第1期，1926-10-4。

〔註189〕《丙寅班畢業籌備會消息》，《南大周刊》，第33期，1926-05-17。

〔註190〕《一九三〇級照片》，燕大年刊，1929年。

## 第六節　社團生活：「課外作業，爲學生自動的精神所表現」

　　學生社團是民國時期大學重要的基層學生組織與學生生活方式〔註191〕。民國時期大學生社團包括智育導向的學術研究社團、德育導向的社會服務社團和美育導向的文藝娛樂社團三種類型。

### 一、學術研究社團：「研究學問要自動的研究」

　　學術研究社團是指民國時期大學校園內以學生爲主體，教師爲主導，以從事學術研究爲主要宗旨，通過成立各種類型的學會和研究會，以研究、討論、社會實踐、學術演講和辦理髮行會刊作爲主要活動方式的學生組織。爲了能夠較爲清晰的勾勒民國時期大學生學術研究社團的基本輪廓，本書在梳理大量原始文獻的基礎上，選取若干抗戰前民國知名公私立大學進行統計，以期能夠直觀地呈現民國時期大學生基於學術研究社團從事學術研究的生活方式。

**民國時期大學生學術研究社團及發行刊物一覽表**

| 學校 | 社團 | 發行刊物 | 資料來源 |
|---|---|---|---|
| 南京高等師範學校東南大學 | 文學研究會、史地研究會、哲學研究會、英文研究會、數理化研究會、教育研究會、工學研究會、農業研究會、體育研究會、演說研究會、圖書研究會、國樂研究會、西樂研究會、軍樂研究會、戲曲研究會、攝影研究會 | 《數理化雜誌》、《教育會刊》、《史地學報》、《文哲學報》、《工學叢刊》、《農業叢刊》、《農業教育》、《體育叢刊》、《戲曲研究會》（待出）、《英文研究會》（待出） | 《東南大學南京高師學生生活》，《學生》，第九卷第七號，1922-07-05。 |

〔註191〕當前關於民國時期大學生社團的研究多集中於介紹當時某一所大學的一個或整體學生社團，旨在爲當下提供經驗借鑒。現有研究在一定程度上有助於釐清和再現民國時期大學生社團的基本面貌，但是卻忽略了基於大學發展與人才培養的視角來反思在本質上作爲學生生活方式而存在的民國時期大學生社團的表現形態與功能影響。因此，本書主要著眼於學生社團與校園文化、人才培養與大學發展之間的積極良性互動，旨在論述民國時期大學生社團生活的基本圖景、運行機理以及蘊含的文化精神，闡釋其育人影響與文化內涵。

| 北京高等師範學校 | 國文學會、英文學會、史地學會、博物學會、數理學會、理化學會、美術研究會、工學會、平民教育社、實際教育社 | 《國文叢刊》、《英文叢刊》《史地叢刊》、《數理雜誌》、《理化雜誌》、《工學雜誌》、《平民教育雜誌》、《平民教育周刊》、《實際教育》 | 《北京高師的學生生活》、《學生》，第九卷第七號，1922-07-05。 |
| --- | --- | --- | --- |
| 南開大學 | 教育研究會、文學會、政治學會、哲學會、科學會、經濟學會、商學會、星會、尋光、英文學會 | | 《南開大學學生課外組織表》，《南開學校二十週年紀念號》，1924-10-17〔註192〕 |
| 燕京大學 | 教育學會、國文學會、歷史學會、法文學會、哲學會、戲劇學會、社會學會、政治學會、經濟學會、數學會、製革學會、景學會、生物學會 | | 《燕大年刊》，1929年。 |
| 北京大學 | 數學會、物理學會、地質學會、生物學會、哲學會、心理學會、教育學會、英文學會、法文學會、史學會、政治學會、經濟學會 | | 《學術團體》，《北大二十年級同學錄》，1931年。 |
| 湖南大學 | 教育學會、世界語學會、政治經濟學會、土木工程學會、電氣學會、 | 《教育叢刊》、《世界語副刊》、《政治經濟學會會刊》、《電氣學會會刊》 | 《本校各種學術團體組織概況》，《湖南大學期刊》，第7期，1932-09。 |
| 大夏大學 | 經濟學會、法律學會、社會教育研究會、會計學會、大夏攝影學會、英文研究會、國聯調查團報告書研究會、無錫學會、瀟湘社、宜興學會 | 《青年學生》、《瀟湘社社刊》、《大夏經濟叢刊》、《夏村周刊》、《英文研究會報》、《中夏》、 | 《各團體消息》，《大夏期刊》，第3期，1933-02。 |
| 廈門大學 | 中國文學會、英文學會、歷史社會學會、化學學會、算學學會、生物學會、法律學會、降級研究會、政治經濟學會、教育學會、心理學會、中國藝術社、國際關係研究會、國術研究會、女生同學會、前驅國語社、攝影學會、無線電研究會 | | 《本校最近概況》，《廈門大學十五週年紀念專號》，1936-04-06。 |

―――――――――

〔註192〕王文俊等選編：《南開大學校史資料選》（1919～1949），南開大學出版社，1989年，第426頁。

| 光華大學 | 中國語文學會、英文學會、教育學會、社會學會、政治學會、科學會、商學會、經濟學會 | 《小雅》、《中國語文學研究》、、《政治學報》、《科學期刊》、《教育學報》、《經濟學報》、《社會月刊》、《哲學研究》 | 《光華大學十年來之課外作業》，《光華大學十週年紀念冊》，1935-06。 |
| --- | --- | --- | --- |

　　從上表可以看出，民國時期大學校園內存在著爲數眾多，覆蓋各個學科門類的學生學術研究社團。爲了能夠深入瞭解學術研究社團的形成動因、發展模式以及活動開展，本書專門選取在開展學生社團活動頗具特色的南開大學與南京高師東南大學作爲分析對象，旨在加深理解學生社團對於人才培養與校園文化建設的獨特作用和積極影響。

　　1924 年 10 月 17 日，南開大學出版了《南開學校二十週年紀念號》。其中僅「學生課外組織」一類就列舉了 11 個以學術探討和研究爲宗旨的學術社團。它們分別由南開大學文理商三科的同學各自或共同舉辦。文科組織了教育研究會、文學會、政治學會和哲學會；理科同學組織了科學會；商科同學組織了經濟學會和商學會。另外，由三科共同舉辦的分別是星會、尋光會、英文學會和國語演說會。這些學術社團採取的研究方式主要爲個人報告、共同討論、社會調查、請人演講、工場參觀和研究發表五種形式。〔註 193〕無論從學科覆蓋面上，還是全校同學參與的程度，包括它們採取的研究途徑和方式，南開大學的學生學術社團的發展確屬上佳。作爲第一個在南開成立的學術社團，科學研究會的發起很具代表性。1921 年 10 月 8 日，科學研究會成立大會召開。從當時的會議紀錄中就可以看出它的諸多特點：

　　　　本月八號科學研究會假一〇八室開成立大會，定下午一點即開
　　　會，到會者三十餘人，並有淩冰主任、姜立夫、薛桂輪、邱崇彥、
　　　鍾心煊、李子明諸先生蒞會，首由臨時主席王永祥君致開會詞，略
　　　述本會發起原因，及籌備經過事項，並將來之希望；末云「本會蒙
　　　諸先生允任本會顧問，指導研究方法，實深感謝。」……末討論草
　　　章及組織法，仍推梁君建、杜君協民修正，討論約二小時之久，而
　　　諸位先生對於組織上頗予匡助。次請淩主任演說，……其演說略云，
　　　本大學自開學以來，學生均忙於功課，是以課外組織破少，今日諸

〔註 193〕王文俊等選編：《南開大學校史資料選》（1919～1949），南開大學出版社，1989年，第 425～426 頁。

君自動的組織之科學研究會，實勝慶幸。研究學問要自動的研

究。……〔註194〕

南開大學學生學術研究社團的興起與發展體現出師生合作基礎上的學生
高度自治這一鮮明特點。首先，發起成立科學研究會的根本著眼點在於培育
和提升學生的自主研究能力，倡導「研究學問要自動的研究」；其次，就組織
的發起成立而言，從發起到籌備，學生均是主體；復次，就校方的態度而言，
出席此次大會的理科教員對於科學研究會的成立非常支持。他們不僅主動充
當研究會的顧問，而且還在會中就研究會章程和組織法等問題與同學們討論
許久；最後，理科同學們不僅重視此次會議的程序和形式規範，使之合乎議
事規則，而且還將未來維繫社團組織運作的根本大法——章程和組織法的制
定，視為成立社團組織的頭等大事，體現出明確的民主和法治觀念。

1924 年，南開大學商科學生發起成立商學會。從 1925 年頒佈的《南開大
學商學會會章》中可以看出其組織之完善。商學會主要下設交際、調查、講
演、參觀、研究、實習、出版、庶務和會計九股。股長由大會公選產生。由
正副會長和各股長組織總務會，總務會負責討論會務和提交相關議案，交由
會長執行。同時，學會還聘請本校商科教授為責任顧問，聘請校內的教授及
校外名人為顧問，這種制度也確保了師生之間在日後的順利合作〔註195〕。雖
然只是南開校內的一個學生團體，但絲毫不妨礙它們對自己進行高遠的定
位。1924 年 12 月 12 日南開礦學會成立。它對自身職能進行以下定位：「發行
礦學刊物、共同研究礦學問題、調查各處礦業情形、舉行礦學講演」〔註196〕。
足見學生們對自身社團的期許之高。

基於師生合作的學生自治也十分明顯地體現在南京高師和東南大學各類
學生社團的發起辦理與實際運行中。正是由於辦學者始終奉行基於師生合作
來培植學生的自治能力，南高和東大不僅是國內較早倡導發起學生自治會的
高校，而且還是五四時期各項學生工作開展較好的高校〔註197〕。為了推動學
術研究，東大各科紛紛以教師指導、學生創辦的方式，組建了許多學術社團，

---

〔註194〕《科學研究會成立大會紀盛》，《南開周刊》，第 16 期，1921-10-17。
〔註195〕《南開大學商學會宣言》，《南大周刊》，第 23 期，1925-11-29。
〔註196〕王文俊等選編：《南開大學校史資料選》（1919～1949），南開大學出版社，1989
　　　　年，第 453 頁。
〔註197〕張雪蓉著：《美國影響與中國大學變革（1915～1927）——以國立東南大學為
　　　　研究中心》，華齡出版社，2006 年，第 91 頁。

而且均由師生共同參與〔註198〕。雖然許多刊物都是以學生名義舉辦，但是絲毫不影響刊物的學術質量。學生在教師的悉心指導下反而發表了許多頗具學術含量的高水平研究論文。

從上述學術研究社團的興起和發展來看，其始終貫穿著以學術研究爲主要內容、著眼於培育學生的自主研究能力、倡導學生自治基礎上的師生共同合作、注重議事規則的規範性，以及蘊含著鮮明的民主和法治色彩等特點。正是由於著眼於此，作爲課外活動的學術研究社團生活，看似游離於正規的課堂教學之外，卻同樣能夠發揮激發學生學術研究興趣，培養學生自主研究能力的獨特效用。同時，由於社團發展始終注重科學規範的議事規則，也使得學生們在積極參與社團事務辦理的過程中，得到了平日裏書本上難以體會的關於民主和法治等價值理念的深切感受，爲其日後走出校園進入社會，奠定了現代公民所應具備的基本素質。

## 二、社會服務社團：「大學乃模範社會之區域也」

當時活躍於民國時期大學校園，以社會服務作爲主要宗旨的學生社團形式多樣。根據服務對象的不同，可以分爲校內和校外服務社團兩類。一類是旨在服務本校師生的消費合作社，另一類則是以服務校外平民大眾爲主的平民學校。

### （一）消費合作社：寓互助合作於消費

> 本校學生所組織國貨消費所，爲便利同學制裝起見，近特向省內商號訂購奉綢多匹，凡欲作奉綢衣衫者，該所均可代製，聞製品精良，取價低廉，頗受同學贊許云。〔註199〕

上文出現於 1928 年 6 月 25 日《東北大學周刊》第五十號。在這篇題爲《國貨消費所代製衣服》的新聞中，報導的是東北大學校內的國貨消費所由於「製品精良，取價低廉」而受到同學們的廣泛歡迎。當年類似於這樣的新聞報導在民國時期大學校園中可謂屢見不鮮。對於當時的師生們而言，這種名爲消費所的組織在當時的大學校園內更是習以爲常。對於當今的大學師生而言，消費社這一稱謂或許會稍顯陌生。其實，當年消費社最初漂洋過海映入國人的視野時，國人也同樣是帶著好奇和新鮮的目光來打量這一舶來品。

---

〔註198〕《東南大學南京高師學生生活》，《學生》，1922 年，第 7 期。
〔註199〕《國貨消費所代製衣服》，《東北大學周刊》，第 50 號，1928-06-25。

消費合作社是指由學生自治會主辦，以服務於校內師生爲宗旨，以供應各類生活用品爲主要方式，具體由學生自主辦理經營的學生組織。當時各個大學校園不乏此類學生社團。除過消費社外，它經常也被稱爲合作社或消費合作社。當時由學生自治會舉辦的消費合作社分爲兩類，一類由校學生自治會下設的專屬機構承擔辦理，一類由各個院系的同學會或自治會經營辦理。

1917 年 12 月 27 日，在北大教授胡千之的倡導下，李宏增等六十餘名北大學生聯名發起成立消費公社，並聘請胡千之作爲顧問和指導。1918 年 3 月 3 日舉行成立大會，3 月 20 日消費公社正式營業。從它公佈的《試辦北京大學消費公社章程》中，可以很清晰地瞭解辦社宗旨、經營理念和具體方式：

第三條　本社專備職教員及學生日常消費物品，在校設所出售，以社員得價廉物美之物品爲目的。……

第四條　本社資本總額暫定爲一萬圓，分作二千股，每股通用銀幣五元，招足四百股時，即開始售品，其餘股數分期續招，……

第五條　職教員及學生購買本社股票一股以上者，皆得爲社員。……

第二十一條　普通社員皆得輪次爲實習辦事員，實習規則另定之。

第二十二條　凡認一股之社員得於二元以下價格之物品限一月以記賬法支取物品，二股以上者，每股皆作二元計算之，但用記賬法者須將股票存於社中，逾記帳期間，經催告後仍不付清者，本社即將所存股票任意處置之。

第二十三條　本社於半年售品期滿結帳之後，以其淨利分爲十分，三分爲公積金，二分爲辦事人員酬勞金，五分爲社員按股先後共分之紅利。〔註200〕

從該章程中可以看出，公社的目的並非單純爲了贏利，主要是爲了「以社員得價廉物美之物品爲目的。」同時，它採取的是股份制，以社員自由認購爲準。那麼，哪些人才能成爲社員呢？只要是北大的職教員和學生購買公社股票一股以上者，均可爲該社社員。因此，基於這些條件，理論上只要在

〔註200〕《國立北京大學紀念刊・第一冊（民國六年廿週年紀念冊——上）》，臺灣傳記文學出版社，1971 年，第 205～211 頁。

此消費公社進行消費的北大師生基本上都會成爲社員。在成爲社員之後，師生們可以享受一定的優惠。同時章程對於認定一股和二股以上的社員購物分別進行了規定。對於逾期未付應付貨款的社員，還制定了專門的追繳措施。而對於那些支持和維護消費公社的社員而言，公社將以半年爲期來進行集體分紅。同時，社內的普通社員也有義務輪流到公社充當實習辦事員。

不禁要問，類似於北大消費公社這樣的學生組織究竟有何特殊價值，以至於其日後能夠成爲遍佈民國時期大學校園的一道獨特的風景線呢？根本原因就在於其所蘊含的寓互助合作於消費過程的獨特理念：

> 消費合作之意義，係將日常所需之消費品不經商人之轉運，直接以社員之資本大宗購買，以廉價出售，而達到美滿之生活，並將其所得之盈餘除一部分提作本社公積金外，其它全部按照消費之多寡，分給消費者以適合消費合作之原理。〔註201〕

北大消費公社「以社員得價廉物美之物品爲目的」。但其得以存在的資本基礎取決於發行的股權，而股權實際轉化爲能夠從外界進貨的資本，還需要大量的人來購入股權。由於消費公社面向北大師生，因此凡是不同程度地購買股權的師生在無形中都成爲了公社的當然社員。而他們在成爲社員的同時，也就無形中爲消費社能夠從外界大批量的進貨提供了充足的商業資本，從而能夠以較爲低廉的價格向社員出售。同時，當公社通過定期結算產生利潤時，又可以按照當初社員購買股權的多少來分配紅利。北大消費公社每半年結算一次，將淨利潤分爲十份，其中的一半用來進行社員分紅。這就好比公社通過社員集資才得以存在和發展，而社員通過向公社消費從而又保證了公社的正常運行，而公社在盈利後又能夠按照社會的股權多少來回饋社員。可以看出，在這個投資—消費—產生利潤的無形過程中，消費社和社員雙方都有可能達到雙贏，而這個過程本身就是充滿著互助和合作精神的。這種重視在消費中進行合作互動的經營理念，從以下文字中就能夠得到充分說明：

> 國貨消費所自上學期成立以來，同學均感其便，茲際新學期開始，同學之購用文具，如自來水筆，算尺，畫圖儀器，照像器等等者頗多，屢次商託該所代售。惟該所以上諸品，多係舶來，若由該所出售，與原定之宗旨不合，乃定一從權辦法，由該所出售執據。凡持此種執據至商務館購上列物品者，均按市價九扣，至於執據費，

---

〔註201〕《消費社之新氣象》，《交大月刊》，第 2 卷第 1 期，1930-04-24。

則僅按值之百分抽二云。〔註202〕

上文描述的是東北大學國貨消費所鑒於同學們所要求代購的種種物品中，以舶來品居多。如果出售則與本所的「國貨」宗旨相牴觸。如果對於同學們的需要不予理睬，則有悖於消費合作的理念。因此，國貨消費所就採取了一種折中的辦法，即由該所出示執據，凡是本校同學憑此執據可前往商務館，按市價的九折來購買。同時，購買者則需要向消費所提供購買物品市價的百分之二。通過這個小小的例子，就能夠很好地說明國貨消費所與同學之間在消費中進行相互支持的經營理念。

當時爲了更好地體現消費合作的精神，消費社本身在很多方面都進行了革新。當時交通大學消費社就在這方面進行了許多嘗試。其主要是通過賬目改革，採用兩登式簿記和發行代價券的方式來加強同學與消費社的合作：

> 上屆消費社係用舊式帳簿對於社中之資本，營業之盈虧，皆無確實之記載，現消費委員會有鑒於此，自三月一日起即行更換新式帳簿，並於每月終結時公佈資產負債及損益等表，俾使全體同學得以明瞭消費社之眞相，藉以促進社會之進步，而達到消費合作之目的。

> 四、發行代價券。該社深恐簽發收據，如遇生意擁擠，不及一一辦到，故擬發行代價券以資補救，每本計洋一元零五分，實售大洋一元，內有五釐一分二分五分一角卷各若干張，消費者可預購一本，以代現今兌用，至學期終了時，可憑券根享受消費社之盈餘分潤，此種辦法，可謂周矣！〔註203〕

提倡合作和互助經營理念的組織形式背後，其實蘊含著當時風行於中國近代社會的互助論思想和合作主義思潮。正是上述社會思潮的衝擊，才催生了消費合作社這種學生社團組織在民國時期大學的普及，進而也將互助、平等和合作觀念漸次傳播於大學校園〔註204〕。此外，消費合作社的舉辦也體現出師生合作的精神。北大消費公社就是在本校教師的倡導下進行試辦的。1930年大夏大學消費合作社的成立也屬於典型的師生合作的產物：「自教職員及同

---

〔註202〕《國貨消費所出售文具執據》，《東北大學周刊》，第 50 號，1928-06-25。
〔註203〕《消費社之新氣象》，《交大月刊》，第 2 卷第 1 期，1930-04-24。
〔註204〕張靜如、劉志強主編：《北洋軍閥統治時期中國社會之變遷》，中國人民大學出版社，1992 年，第 374～375 頁。

學雙方將理事監察推出後，即積極籌備進行，曾開籌備會議數次，各務部屬妥當，已於四月二十一日正式開幕矣。」〔註205〕

### （二）平民學校：「為完成學校對外的責任」

在諸多旨在服務校外社會的學生社團中，以學生為依託，旨在向民眾普及基本知識和進行文化教育的平民學校極具代表性。這種形式與前文已述的校工學校性質相同，略顯不同的是各自所面對的對象有所不同，一個以學校校工為主，另一個主要面向校外的平民大眾。

提及平民學校，不能不首先提及北京高等師範學校。北高師於1919年3月創辦了中國近代第一所平民學校。關於這所平民學校的詳細情形，當時已經有所報導：

> 北高平民學校之成立，實在五四運動之前，係在民國八年三月間創辦，四月成立的。乃北高在校同學最宏大，最完善，最有聲譽的一個組織。也就是中國最先成立的平民學校。本校現有班次，為國民五班，高小二班，成人班一班，共計八班。共有學生二百八十一。修業年限，國民班定為三年，高小班定為二年，成人班無定期。本校所設學科，為國文，國語，英語，算術，歷史，地理，修身，圖畫，手工，唱歌，實物觀察，談話遊戲，唱歌，算術，國民常識，尺牘，理科，簿記。〔註206〕

北高所辦的平民學校共分八班，在校生281人，而且修業年限根據所定班次有所不同。另外，從開設的課程種類上來看，總共有十八門，不僅覆蓋面廣，而且都是與民眾生活切實相關的實用課程。因此，無論從正規性上，還是生源層次上而言，北高平民學校從一開始就很具有代表性。

按照入學對象劃分，當時由大學生舉辦的平民學校可以分為三類：一類以學校周邊的平民的子女為教育對象，一類專門招收成年人，另外一類則沒有固定對象，只要平民有心向學皆可入校。本書選取第一類平民學校，以1926年春由湖南大學學生自治會舉辦的民眾學校為例進行詳細探討。

與其它民眾學校不同的是，湖南大學民眾學校定期以副刊的形式附載於《湖南大學期刊》定期發佈學校的相關信息。1932年9月出版的《湖南大學學生自治會附設民眾學校副刊》對學校成立五年來的辦學歷程進行了回顧：

〔註205〕《合作社現已開幕》，《大夏月刊》，第3卷第2號，1930-05-15。
〔註206〕《北京高師的學生生活》，《學生》，第9卷第7號，1922-07-05。

　　本會創始於民國十五年春，原名湖南大學學生會附設農工補習
學校，…逮十七年春，始由本大學臨時學生會第八次執委會議決恢
復，並更名湖南大學學生會附設平民學校，即假本大學一院爲校址，
聘楊君仲樞爲校長，來學者僅三二十人。十八年春改聘李承鼎君長
校並聘童玉麟楊仲樞二君分任教務及訓育主任職，是年秋，改校長
制爲委員制，設行政委員會，定各委員任期爲一期，……十九年春
遵教廳令更校名爲湖南大學學生會附設民眾學校。……二十年
春，……並組織調查隊，分赴附近各戶調查失學及就學兒童人數且
勸令各戶家長遣送子弟入學，故學生人數突增至百八十餘人之多，
本校圖書館亦創始於是時。是年秋遷入孔廟新校舍，……今年春……
學校十二班，共二百三十人，教員五十餘人爲歷年冠。溯本校成立
迄今不過五載，先後來學者達千餘人，計成人班畢業二班，兒童班
畢業三班，本期初高兩級各畢業一班，……〔註207〕

　　值得注意的是，湖南大學民眾學校的特殊之處就在於，雖然它只是由學
生主辦的社會教育形式，但它的組織架構卻與正規學校並無二致。它擁有自
己的校訓：公誠勤樸。另外，從組織形式上來看，它分設有校長、教務和訓
育主任，並設有行政委員會來實行委員制；從學校規模上看，它設有專門的
圖書館，而且歷年來的畢業生人數竟超過千人。最爲難能可貴的是，爲了更
好地實施民眾教育，學校專門組織調查人員前往湖大周邊地區摸底調查，儘
量做到不遺漏每一個應當入學的「學生」。下面以 1932～1933 年湖南大學自
治會民眾學校一學期的教務爲例，對其作深入和翔實的考察分析。

　　學生在入學的時候通常會採取相應的甄選考試來劃定班級：「開始報到時
略加測驗，發見各級學生之程度，參差不齊；逐決定舉行甄別考試一次，分
全校學生爲十班。計一年一期，一年二期，二年一期，二年二期，三年一期，
三年二期，四年一期，四年二期，五年一期，六年一期，各一班。」入學後，
學校主要採用單級複式教學，並佐以道爾頓制：「本校本期採單級複式制，惟
五年二期及六年二期兩班，以人數過少，且教室不敷分配，逐實行道爾頓制
以補教之。」發給學生的課本也很正規：「本期各級各科教本，一律採用商務
印書館所出版之新時代教科書，並採啓發輔導法，爲教學方式。」至於師資

〔註207〕《湖南大學學生自治會附設民眾學校副刊》，《湖南大學期刊》，第 7 期，
　　　　 1932-09。

和授課時間，則依據湖南大學的學生作息來制定：「本校教員，純係大學部同學擔任，故每日須於午後二時五十五分起，開始授課。每日授課四節，每節三十分鐘，至五點十分鐘，始能放學。」〔註208〕可以看出，學生從入學到劃定班級，再到課堂講授，處處都能按照相對科學和成熟的教學方法來進行，其正規程度可見一斑。這一點也可以從當時各個年級的課程設置中體現出來。

### 1932～1933 年度湖南大學學生自治會民眾學校各級課程表

| 節數 | 國語 | 算術 | 常識 | 習字 | 溫習 | 主義 | 珠算 | 自然 | 歷史 | 地理 | 衛生 | 園藝 | 圖畫 | 手工 | 唱歌 | 體操 | 總計 |
|---|---|---|---|---|---|---|---|---|---|---|---|---|---|---|---|---|---|
| 一年一期 | 4 | 4 | 4 | 2 | 6 | 0 | 0 | 0 | 0 | 0 | 0 | 0 | 0 | 1 | 1 | 1 | 24 |
| 一年二期 | 4 | 4 | 4 | 2 | 6 | 0 | 0 | 0 | 0 | 0 | 0 | 0 | 0 | 1 | 1 | 1 | 24 |
| 二年一期 | 4 | 4 | 4 | 2 | 6 | 0 | 0 | 0 | 0 | 0 | 0 | 0 | 0 | 1 | 1 | 1 | 24 |
| 二年二期 | 4 | 4 | 4 | 2 | 6 | 0 | 0 | 0 | 0 | 0 | 0 | 0 | 0 | 1 | 1 | 1 | 24 |
| 三年一期 | 4 | 3 | 4 | 1 | 6 | 1 | 1 | 0 | 0 | 0 | 0 | 0 | 0 | 1 | 1 | 1 | 24 |
| 三年二期 | 4 | 3 | 4 | 1 | 6 | 1 | 1 | 0 | 0 | 0 | 0 | 0 | 0 | 1 | 1 | 1 | 24 |
| 四年一期 | 4 | 3 | 4 | 1 | 6 | 1 | 1 | 0 | 0 | 0 | 0 | 0 | 0 | 1 | 1 | 1 | 24 |
| 四年二期 | 4 | 3 | 4 | 1 | 6 | 1 | 1 | 0 | 0 | 0 | 0 | 0 | 0 | 1 | 1 | 1 | 24 |
| 五年一期 | 4 | 4 | 0 | 0 | 0 | 1 | 1 | 2 | 2 | 2 | 2 | 2 | 1 | 1 | 1 | 1 | 24 |
| 六年一期 | 4 | 4 | 0 | 0 | 0 | 1 | 1 | 2 | 2 | 2 | 2 | 2 | 1 | 1 | 1 | 1 | 24 |
| 全校 | 40 | 36 | 32 | 12 | 48 | 6 | 6 | 4 | 4 | 4 | 4 | 4 | 10 | 10 | 10 | 10 | 240 |

資料來源：《湖南大學學生自治會附設民眾學校副刊》，《湖南大學期刊》，第 8 期，1933-04。

---

〔註208〕《湖南大學學生自治會附設民眾學校副刊》，《湖南大學期刊》，第 8 期，1933-04。

從上表可以看出，當時全校六個年級共開設課程 16 門，大多屬於較爲實用，而且易於被入學民眾接受和理解的課程。各年級一學期的課時數平均 24 節。據當時統計，本期擁有在校學生 160 人，其中男生 105 人，女生 55 人。年齡主要分佈於 6～15 歲之間。除過教學之外，定期對入學民眾進行考試和測驗也是民眾學校的一項重要任務，當時主要採取以下方式：「除舉行月考外，由各教員臨時測驗，並錄平時分數。及全書教完時，再舉行期終考試，將各省屢次所得分數，逐科平均列以等第，通告各該生家長，並榜示之。其成績優良者，示以獎語及書籍文具等件。」〔註 209〕

正是由於當時的辦學者大都秉持著「大學的功能是要成爲一個時代的心智良知」〔註 210〕這樣試圖積極引領社會發展的觀點，民國時期的大學生社團均積極地以自身特有的方式來介入和參與到各種類型的社會服務工作中。無論是消費合作社，還是平民學校，它們在本質上都是「爲完成學校對外的責任起見」〔註 211〕。作爲民國時期大學校園文化的重要表現形態，它們之所以存在的根本原因正是大學深刻思考自身與社會之關係的後果，即「大學不僅爲專門學校，乃組成一大同社會，模範社會之區域也。」〔註 212〕也正是通過親自參與此類學生社團，學生們才有可能眞正體會蔡元培所謂的「腦餓」的苦痛。而它在提升民眾文化教育水平的同時，也間接推動了公民社會的發展。學生們正是在參與辦理諸如消費合作社和平民學校等社團組織事務的過程中，潛移默化地加深了對於民主、平等、法治等現代社會所必備的核心價值觀念的體會和認識，使得每一個參與其中的學生都在無形中受到了嚴格的公民素質訓練，從而達到了對於自我進行人格和品德教育的目的。

## 三、文藝娛樂社團：「爲謀同學課暇娛樂而助心身之陶冶」

各院各科遊藝大會已於四月十日晚七時起在大禮堂舉行，到本校同學及來賓約二千餘人，遊藝節目計有競雄女校之春風之惠、愛的花、小兒與花，上海小學崔愛玲女士之京戲，上海幼師之蘇州夜

〔註 209〕《湖南大學學生自治會附設民眾學校副刊》，《湖南大學期刊》，第 8 期，1933-04。
〔註 210〕（德）卡爾‧雅斯貝爾斯著，邱立波譯：《大學之理念》，上海人民出版社，2007 年，第 174 頁。
〔註 211〕《上海東吳法科的自由講座》，《學生》，1923 年，第 1 期。
〔註 212〕《開學式之盛況》，《廈大周刊》，1925 年，第 120 期。

話，侯女士之長記得，侯女士顧女士之雙人舞，務本女校之你的花
兒，顧女士之人面桃花，民福女校之小小畫家，翁德琴女士之清唱，
逸社票房之京戲，蘇州旅滬公學之舞蹈，崇正旦華兩小學之歌舞。
本校民眾夜校之好花呀，到明天，李芸、張元和、保志寧、方英達
四女士之試舞，張元和及特請張允和女士之遊園（彩排），胡可文、
方英達女士之三女士之崑曲，羅才崗、張繼烈之滑稽，孫智府之京
調，國樂會之國樂，皆素有聲譽之遊藝人才，而尤以張氏姊妹博得
掌聲不少云。〔註213〕

　　上述文字描述的是 1930 年大夏大學舉辦的一次全校性質的遊藝大會。從
二千餘人的出席場面，再到目不暇接的遊藝節目單，這在當時的確是一次規
模龐大的遊藝大會。遊藝大會，對於當今的大學學子而言，已經是極為陌生，
而且不論是從稱呼還是形式，也很難想像他們會對其抱有怎樣的興趣和關注
程度。當然，現今也很難想像，當時這種大型的學生集體娛樂形式對於生活
在民國時期大學校園內的學生們究竟具有何種價值和意義。但是，假如拋開
民國大學校園中活躍過的形形色色的個人或小團體娛樂組織外，很難找出一
種能夠與遊藝大會這樣可以覆蓋絕大多數學生相媲美的文藝娛樂生活方式。

　　遊藝大會主要是指民國時期大學校園內專門面向全體師生，以演出各種
遊藝節目為主要形式，旨在調劑師生精神生活的一種重要的公共性娛樂形
式。當時還有諸如交誼會和同樂會等公共娛樂生活，雖然彼此稱呼不同，但
都與遊藝大會的主旨和性質大體相同。當時的學生們對於學校舉辦遊藝大會
非常重視。從 1926 年 11 月 6 日由滬江大學青年會舉辦的遊藝大會的相關報導
中就能夠明顯感覺到：「十一月六日六時，大學青年會開遊藝大會於大學禮
堂，請有外界團體來校表演。故鐘未五下半，已濟濟滿堂矣。」〔註214〕而在
這種急切盼望遊藝大會的事實背後，其實投射出當時大學校園內學生集體娛
樂生活的差強人意。正是由於學生們普遍感到集體娛樂生活的不足，因此才
會對遊藝大會這樣的盛大娛樂形式表現出極大的興趣和熱情。1924 年一位南
開大學學生的自述就明顯表達了對於這一現狀的不滿：

　　　　我們理科的同學雖然天天在一個科學館裏面念書，但是很少聯
　　絡的機會。上課時坐在那裏聽講，一下課便各在各的路，誰也不認

〔註213〕《各院各科遊藝大會誌盛》，《大夏月刊》，第 3 卷第 2 號，1930-05-15。
〔註214〕《大學青年會遊藝大會》，《滬大天籟》，第 16 卷第 4 期，1926-11-17。

識誰。而每天的生活又都是乾燥異常，不是給幾個玻璃瓶子洗澡，就是坐在天枰前邊困覺。在精神方面沒有一點機會加以調劑。所以有人提議我們理科同學應當多多開幾個聯歡會，使諸同學在苦讀之後，能夠有些歡笑的機會，並且藉此可使諸同學互相認識。〔註215〕

這一點也可以從當時各校紛紛成立以學生會爲依託的學生俱樂部或遊藝室，力爭來爲他們提供活動場所加以印證：

> 本校理學院自遷入農學院後，外表精神，極爲振刷，日前，該院學生自治會，爲謀同學課暇娛樂而助心身之陶冶，並爲敦進理院全體師生感情起見，乃發起組織理院俱樂部，比蒙張院長暨諸教授一致贊成，並熱心捐助，故該會當即推舉王若情、薛希程、孫治民、劉祖敬、章琨等五人組織籌備委員會，負責籌備，經營數日，現已就緒，計備有中西樂器，留聲機一架，以及圍棋象棋海陸軍棋等，聞於昨日舉行成立大會，並函請楊亮功、陶因、鄧季宣、王陸一諸先生參加，唯楊陶鄧諸先生均因事不克抽身，屆時，僅王陸一先生蒞會，但王先生興致蓬勃，與同學籌劃遊藝節目，極爲熱心，實爲大會增加興趣不少。聞該部以後聘請王先生擔任遊藝指導，且擬於每周星期六下午舉行遊藝一次，並欲設備擴充，函請文法預諸院同學一致參加云。〔註216〕

上文是1930年安徽省立大學理學院關於成立理學院俱樂部的相關報導。該俱樂部由學生自治會發起組織，目的有二，一是爲了豐富學生們的課餘生活和陶冶身心，一是爲了聯絡師生感情。另外，俱樂部預備利用每星期六舉行一次遊藝會。

1924年南開大學學生會遊藝股成立，其宗旨是「以謀南開大學全體學生課外樂趣」〔註217〕。隨後還專門開辦了遊藝室。遊藝室共分爲第一和第二。第一遊藝室專設各種室內遊戲器具，由遊戲系負責管理，活動時間爲每日早八點至十二點，下午一點至五點。第二遊藝室內設桌椅、樂器，由舊劇、音樂、新劇和雜技四系負責管理，活動時間限每天下午四點半以後〔註218〕。廈

---

〔註215〕《理科全體大會詳誌》，《南大周刊》，第8期，1924年。

〔註216〕《理院俱樂部九日舉行成立大會》，《安徽大學校刊》，第35期，1930-05-10。

〔註217〕《南開大學學生會遊藝股簡章》，《南大周刊》，第8期。

〔註218〕王文俊等選編：《南開大學校史資料選》（1919～1949），南開大學出版社，1989年，第473～474頁。

門大學也於1925年成立了學生俱樂部。其「設在集美樓上一百一十號室。如象棋、檯球（即乒乓）、留聲機器等，應有盡有。除留聲機規定於星期一至星期五每日下午四時至七時，星期六下午十二時半至七時及星期日上午九時至下午七時開唱外，其餘各種於開放時間不加限制云。」〔註219〕

但是，即使有了俱樂部或遊藝室，也並不意味著每一位在其中活動的學子都能完全放鬆。一位署名張三的南開畢業生就在離校後與南開同學的通信中，真實表達了自己當年在第一遊藝室中娛樂時的複雜心情：「打乒乓球，原嬉樂事，而在疇昔之夜，淒涼廣室之中，慘淡燈光之下，「人格」「條件」「誤會」諸詞語糾纏腦府之時行之，其酸淒之反，乃至以痛為歡，然此種變性質歡快，當時曾得染指分惠者又有幾人？」〔註220〕

這位南開畢業生張三估計並非個案，當時許多同學都能感覺到在校讀書生活所帶來的壓力和緊張感。正因為如此，當時的校方才會在大力發展學生俱樂部和遊藝室的同時，積極謀求更能覆蓋一校學生群體的集體娛樂生活方式，而滿足這種要求的最佳途徑便是遊藝大會。在當時諸多的大學遊藝大會中，廈門大學於1928年12月1和2日舉辦的全校性質的同樂大會很具代表性。

此次同樂大會分兩天舉行。「開會第一日上午九時起，為戶外遊戲比賽，次則足球比賽，比賽者為囊螢隊與映雪隊，……結果映雪隊獲勝；由同樂大會獎優勝旗一面，以示鼓勵；賽球畢十一時在操場舉行茶會。下午一時半舉行同樂大會，……閉會後全場在操場攝影紀念。晚上七時舉行第一晚遊藝會，表演粵劇，……」第二天，「上午九時，本校教職員與集美教職員網球比賽，結果本校教職員獲優勝。晚上七時，舉行第二晚遊藝會。先開跳舞會，然後開演京劇。……」從大會的日程安排來看，可謂內容豐富，形式多樣。幸運的是，那次同樂大會還為後世留下了一件至今仍能感受同樂大會愉悅氣氛的有趣事物，那就是專門為此次同樂大會而寫就的《同樂歌》：

> （1）今天開的同樂會，宗旨正大目的對，
>
> 　　為了同學不快活，娛樂太少功課多。
>
> 　　（複句），廈大課程都很好，就是生活太枯燥，
>
> 　　從此後，當注意，不要讀書顧自己，
>
> 　　大家高聲同唱同樂歌，唱起歌來一齊笑呵呵！

---

〔註219〕《學生俱樂部成立》，《廈大週刊》，第130期，1925-12-05。
〔註220〕《通信》，《南大週刊》，第24期，1925-12-07。

你笑呵呵呵，呵呵呵！我笑呵呵呵，呵呵呵！呵呵呵！
呵呵呵呵！同樂真快活。

（2）學生提議要同樂，校長馬上說不錯，
教職員解囊相助，學生會盡其所有。（複句）

（3）來賓擠擠一滿堂，招待不周請原諒，
可惜點心不大多，不能多請吃幾個。（複句）

（4）籌備時間很急促，幸有你們來幫助，
不然今日玩不來，尤其是我們難下臺。（複句）

（5）你們諸位不要笑，笑得太多很不好，
還有好的在後頭，我們這個是起首。（複句）〔註221〕

　　現今看來，同樂歌這一稱謂本身就十分特殊。時至今日，讀完此歌，依舊會讓人忍俊不禁，浮想聯翩，很難想像這樣的同樂大會還會配一首《同樂歌》，很難想像全校同唱《同樂歌》是何種情景。雖然上述問題至今已很難回答，但是在這生動活潑的詞句，本身就很好地說明了同樂會的宗旨及其存在價值。

# 第七節　體育生活：「促進全校體育精神，養成團體善良習慣」

　　體育生活是指民國時期的大學生群體圍繞校內和校際體育運動所呈現出的整體生活方式，主要分為校內和校際兩類。校內體育生活包括通過體育達標和必修科目強迫學生進行體育鍛鍊，學校、教師和學生自治組織協同配合普及體育運動，以及開展層次分明，形式多樣的校園體育比賽倡導和推廣體育運動；校際體育生活則主要包括大學校際間頻繁的友誼比賽以及名目眾多，專門針對大學所舉行的各種大型運動會和錦標賽。

## 一、校內體育生活

　　自1904年1月13日清政府頒佈《奏定學堂章程》始，中國近代教育體系中才首次出現了以體操科為形式的體育教育，內容主要限於單一的兵式體操。

---

1922 年壬戌學制頒佈，體操科正式被改稱爲「體育」，一直延續至今〔註222〕。其實從民國成立，教育部就非常重視各級各類學校的體育教育工作。1915 年，教育部就曾專門針對全國各級各類學校的體育工作進行規定：

> 教育部民國元年訓令第十二號，曾通令各學校應於體操正科外，兼作有益運動。近聞京外各學校所報週年概況，及歷屆該部視學報告，各校管教員對於體育一門能知注意，極力提倡者固屬不少。而隨便敷衍，視爲具文，所在皆有。……（近來）特再通咨京外各學校，自國民學校以上，迄於大學，並各專門學校，學生年齡程度，雖各有不同，而莫不有相當之練習，應即特籌課外運動之法，由各校長體察情形，明定運動章程，多備運動器械，務使全校學生分組練習，每人必習一種以上之運動，將來全國或有一省舉行運動會時，本部於中學以上各校，即以其選拔得獎之多寡，爲其成績優劣之標準。以上辦法，應請轉飭各學校切實籌辦，限於二月以內，將其運動章程，器械名色，習練人數，繕詳貴公署，彙咨本部，以便查核。……
> 〔註223〕

可見，從民國元年開始教育部就規定，學校在體操正科之外，必須積極開展課外體育運動。而此次作出的規定又再次強調，各級各類學校的校長要切實重視開展學校體育活動。無論是在體育章程還是運動器械上都要儘量予以完善。除了要求各級各類學校要將本校已有的體育概況，以登記報表的形式及時上報之外。還特別指出，要將學校的綜合成績評定與其參與本省或全國運動會所作的貢獻進行掛鉤，由此可見當時教育主管部門對於學生體育工作的重視。

## （一）課內：通過體育達標和必修科目強迫學生進行體育鍛鍊

民國時期大學極爲重視學生體育工作，普遍採取的方式則是通過各種途徑在全校學生中來普及和推廣體育運動。「所謂普及運動者，對全體同學而言，使全體同學皆得同樣之機會，作各種運動之練習，而得同樣之身體發育。」普及運動的第一步就是將體育納入到學生的必修課程中，以學分或績點的方式來強迫全校學生參與體育運動。當時各個大學都根據自身的經驗和實踐，

---

〔註222〕孫培青主編：《中國教育史》，華東師範大學出版社，2000 年，第 345、397 頁。

〔註223〕《教育部注意體育》，《學生》，第 2 卷第 12 號，1915-12-20。

爲學生制定了形式多樣的體育達標標準。

在體育課尙未被視爲學生的必修課程之前，許多學校大多利用早操加體育達標的方式來督促學生參與鍛鍊。1925 年，廈門大學出臺的規定即是如此：

（二）早操規則

1. 凡預科學生，均須早操。

2. 除假日外，每晨舉行。

3. 凡代表本校之運動員，得免早操。

4. 凡缺課次數，滿全期之五分之一者，作體育不及格論，並不給畢業文憑。惟本期缺課之次數，得於後期補足之。至畢業期屆，總算缺課次數滿五分之一者，不給文憑。

（三）標準運動規則

1. 凡預科學生，畢業時必須通過本部設定之標準運動。

2. 運動種類，……每人可於各類選擇一種，試其成績，每類至少須有一種及格，分類如左：

第一類　跑之運動。（1）百米（2）二百米（3）五百米（4）一千五百米

第二類　跳之運動。（1）立定跳遠（2）急行跳遠（3）跳遠（4）持竿跳高

第三類　臂之運動。（1）八磅鐵球（2）十二磅鐵球（3）引體向上（4）擲籃球比遠

3.標準之高低，隨各人之年齡體重體高而異。

4.每期總試一次，平時個人亦可向體育部要求試驗。

5.詳細辦法另詳。〔註224〕

廈門大學採用的方式，主要是將學生早操的出勤率和學生通過學校制定的運動標準的達標率，與學生的畢業文憑直接掛鈎，進而以此來向學生灌輸參加體育運動的重要性。1927 年廈門大學修訂了以上方式，代之以體育必修課的形式：

---

〔註224〕《體育部消息彙誌》，《廈大周刊》，第 121 期，1925-10-03。

> 本校校章規定，預科學生，均須必修體育課，每學期兩績點，
> 兩學年共八績點，如不及格，不得畢業。此項課程前以每日早操代
> 之，本學期爲增進學生興趣起見，列入課程表中，分甲乙丙三組教
> 授，每周每組上課三次，每次時間一句鐘。〔註225〕

出於對學生健康負責的考慮，當時還有學校專門爲學生制定了相關的體
育測驗，以考察學生適合從事哪一類型的體育運動。1924 年南開大學曾專門
爲此出臺了相關規定：「體育課爲同學作激烈運動，特別愼重起見，採取弗斯
特之體能測驗。Dr Foster Test 以試該運動，於運動人有無危險，故先於學校代
表運動員中行之。如同學中有欲自知其於激烈運動有無危險者，亦可來體育
課受驗。其法至簡單，無醫學經驗者亦能照法實行。」〔註226〕

當時許多學校不僅制定了完善的體育必修課制度，更關鍵的是，學校大
都能夠嚴格地執行它。校方對於體育的格外重視甚至達到了可謂苛刻的程
度，給當時許多的大學畢業生都留下了深刻的印象。當時就讀於中央大學的
潘重規就對此深有感觸：

> 我覺得每周僅在體育館上課一小時，投擲幾次籃球，跑上幾圈
> 跑步，便輕輕鬆鬆獲得一個學分的成績，似乎和身心健康談不上什
> 麼關係。到了下學期，又沒有選修體育，辜負了吳先生的好意。綜
> 計自民國十三年至十九年整整六年，我只獲得兩個體育學分，沒有
> 資格拿畢業文憑。〔註227〕

當時同樣以嚴格執行校內體育達標規定而知名的還有清華。曾就讀於清
華的浦薛鳳〔註228〕就詳細描述過清華特殊而殘酷的體育達標考試：

> 清華學校每級學生值畢業之年第二學期，必須經過動作活潑考
> 試（Agility Test），即必須百碼賽跑（十四秒鐘內），跳高（兩尺
> 六寸），跳遠（似爲六尺），擲鐵球（一丈四尺），爬繩（在體育館內
> 舉行，雙手須達一丈二尺高度），以及游泳（在體育館內游泳池中舉

---

〔註225〕《體育部消息》，《廈大周刊》，第 172 期，1927-11-12。
〔註226〕《體育課消息》，《南大周刊》，第 9 期，1924-12-05。
〔註227〕張暉編：《量守廬學記續編：黃侃的生平和學術》，三聯書店，2006 年，第 64
頁。
〔註228〕浦薛鳳（1900～1997），現代著名政治思想史家。1921 年畢業於清華。留美
攻讀政治哲學。回國後先後任教於浙江大學、西南聯合大學。代表作有《西
洋近代政治思潮》。

行，以能自泳池淺面游泳來回為度）。高予一級（庚申級）之徐篤恭君曾因活潑考試未能及格，校中予以留級一年，而不讓隨班出洋！蓋學校任何規定，如不嚴格執行，勢必成為具文。但其結果，徐篤恭君不願留級，不肯返校，竟然犧牲赴美留學機會。〔註229〕

## （二）課外：學校、教師和學生自治組織協同配合普及體育運動

無論從時間上，還是從養成學生長期參與體育鍛鍊的習慣而言，體育必修課制度所能發揮的作用畢竟有限。真正重要的還在於養成學生積極主動參與體育鍛鍊的習慣，而這勢必就需要在固有課程體系之外，為學生創設更多的參加體育運動的機會和條件。

> 本校本周自開學以來，各委員會工作，皆有成績；惟體育委員會務寂然無聞，除幾個好球如命的朋友，課後在操場上打打足球或籃球外，其餘各種應有的體育設施，皆未見其進行，在此疆場多事之秋，國民的學識上的準備，固然是很重要，而武力上的準備，無所必需，武力的基礎，是建在強健的國民身上，強健的國民之養成，全靠得體育上的鍛鍊，中國人稱東亞病夫，都是素未不講究的體育的結果；本校為本省最高的學府，應當積極提倡體育，這是我希望體育委員會同人應當負責的。〔註230〕

上面這段話是一位署名「夢周」的安徽省立大學學生，在一篇題為《向體育委員說幾句話》的文章中發出的心聲。主要目的是希望安大校內負責學生體育事務的體育委員會能夠重視學生的體育活動。從他無奈的口氣中不難感覺其對安大校內普及體育工作現狀的不滿。這種校內普及體育不力的現象也見之於交大人對於當時交通大學的批評：「我校體育，有很悠久之歷史。回憶曩昔，我校各種運動，北征東掃，戰無不勝，攻無不克。南洋之威名，揚溢於海內外，清夜思之，尤覺有無窮之回味焉。今也本校之體育，日益衰落，撫今思昔，真不勝令人感慨繫之矣！……」而使作者得出這一結論的主要原因，就在於校方的不重視普及和推廣所致。因此，他認為校方應該立即從以下方面加以改良：專門向校方建議要聘請專門的體育人才、注重在校內普及體育運動、恢復早操以及減少上課鐘點〔註231〕。

---

〔註229〕浦薛鳳著：《浦薛鳳回憶錄》（上），黃山書社，2009 年，第 59 頁。
〔註230〕《向體育委員說幾句話》，《安徽大學校刊》，第 5 期，1929-10-19。
〔註231〕《對於本校體育之小供獻》，《交大月刊》，第 2 卷第 1 期，1930-04-24。

就校方而言，主要是以加大經費投入和完善體育基礎設施的形式來加以保障。光華大學就從資金方面來予以保證：「本校體育教育，素以普及為宗旨。本學期起，更切實執行，業由體育委員會主席容啓兆，體育主任彭文餘擬具詳細計劃，並經第十九次校務會議通過，經費預算，亦經決定，其中以百分之三十供體育上永久建築及設備云。」〔註232〕交通大學則根據季節的變化適時地為學生們提供運動場地和設備支持：「時屆暮春，天氣漸暖，網球遂為應時而生之運動。刻本校各網球場地，已修理竣工。體育館所備之球拍等，亦已開始出借，連日同學之前往借用，茲為踴躍云。」〔註233〕

當時能夠真正落實校方普及體育意圖和理念的，還是要依靠校內專門負責學生體育事務的機構和組織。當時各個校內負責學生體育工作的主要機構是學生會下設的體育部或學校體育委員會。它的職能首先是負責組織校內形式多樣的課外運動，制定全校學生課外活動時間表，安排相應的負責人員。1926年廈大學生會體育部就制定了如下課外運動時間表：

> 足球：星期一、五，下午四時至六時；籃球：星期二、四，下午五時至六時；隊球：星期二、四，下午四時至五時；棒球：星期三，下午四時至六時；網球：不定時間。……〔註234〕

其次，充分發揮校內外的體育專門人才對同學課外運動的指導職能。1928年東北大學教授耿伯威先生就專門為東大同學引進了棒球運動：

> 體育教授耿伯威先生，於同學一層，異常注意，設法提倡，設法整理，雖阻暑祁寒，亦未嘗少息。茲由滬上歸來，於網球籃球隊隊外，又添設棒球，半為練習同學之體格，半為練習棒球之範式。聞所應用各種器具，現已購買完備，只待分組練習，以示進行之方劃云。〔註235〕

當時有的學校中愛好體育運動的師生也會自發成立相應的體育組織來倡導和發起各種體育運動。1928年廈門大學的若干教職員和學生就曾發起組織體育會，其宗旨就在於「促進全校體育精神，養成團體善良習慣」〔註236〕。

〔註232〕《體育教育之普及運動》，《光華大學同學會會刊》，第25期，1937-03-20。
〔註233〕《網球節季矣》，《交大月刊》，第2卷第2期，1930-06-15。
〔註234〕《體育部訂定課外運動時間及職員》，《廈大周刊》，第144期，1926-04月-0日。
〔註235〕《南校添設棒球訊》，《東北大學周刊》，第51號，1928-09-16。
〔註236〕《本校組織體育會宣言》，《廈大周刊》，第181期，1928-03-10。

而體育會在成立不久就積極向校方進言，要求盡快修建可供全校師生運動的
體育館，足見此類組織對於學校體育工作的重視〔註237〕。

### （三）開展層次分明，形式多樣的校園體育比賽倡導和推廣體育運動

正是在全校師生的協同努力配合下，民國時期大學校園內風起雲湧般地
出現了一大批形式各異，名目種類繁多的校內比賽。

當時校內比賽規模最大，參與人數最多，最引入注目的莫過於全校運動
會。許多學校都於春秋季定期各召開一次學校運動會。東北大學從 1925 年開
始，於每年春季召開田徑賽運動大會，秋季舉辦球類比賽：「本校為提倡體育
鍛鍊身手起見，南北校年有團體賽會之舉；春季為田徑賽運動大會，秋季為
球類比賽，迄今已將三年矣，對於獲得勝利之一方，備有團體錦標，以連得
三次規定佔有權；各項名列前三之運動員，給與獎牌一枚，藉資鼓勵，法至
善也。」〔註238〕以 1926 年南開大學春季運動大會為例，當時比賽項目多達十
九項，分別為百米賽跑、二百米、四百米、八百米、一千五百米、五千米、
一百米高欄、二百米低欄、八百米接力、一千米接力、擲十二磅鐵球、鐵餅、
擲標槍、急行躍高、急行躍遠、撐杆跳高、三級躍遠、五項、十項〔註239〕。

當時風行大學校園的還有以級為單位的級際運動會。1937 年 4 月同濟大
學所組織的級際運動會共包括排球、越野賽跑和雙人遊艇公開賽三項。此次
級際運動會的一大亮點，就在於首次將遊艇比賽納入到了運動會的賽程之
中，令人耳目一新〔註240〕。像同濟這樣一次性將三種不同的比賽項目納入到
級際運動會中的現象，當時尚屬少數，更多的表現為各種全校性質的單項聯
賽。

1926 年 12 月廈大體育部曾舉行了全校性質的籃足球比賽：「每星期四、
六舉行，全校分為兩組，文教商法四科師生為一組，理工醫預四科師生為一
組，星期四下午五時比賽籃球，星期六下午二時比賽足球，用三賽二勝制……」
〔註241〕不知廈大當年對獲勝隊員進行何種獎勵，有的學校確實能夠採用極富

---

〔註237〕《本校體育會請設體育館消息》，《廈大周刊》，第 183 期，1928-04-07。
〔註238〕《定期發獎》，《東北大學周刊》，第 50 號，1928 年 6 月 25 日。
〔註239〕《運動會預誌》，《南大周刊》，第 29 期，1926 年 4 月 19 日。
〔註240〕《大學部暨德文補習科級際運動比賽開始報名》，《同濟旬刊》，第 128 期，
　　　　1937-04-11。
〔註241〕《體育部之進行》，《廈大周刊》，第 168 期，1926-12-18。

文化意味的方式來獎勵優勝者。1929 年安徽省立大學舉行首屆網球單打錦標賽，獲勝者除了可以獲得銀盃之外，還會得到一件特殊獎品，即由安大預科教員徐笠雲根據網球運動的特點專門所作，並用篆體親自書寫的一首古歌。這種新穎別致的獎勵方式也為當時的比賽增添了濃厚的人文色彩：

> 游於藝者好身手，技進乎道十八九，擊毬打球古所有，球以網名喧眾口，兵刑書數學有餘，呼儔挈侶筋骨舒，十步百步此射彀，一馬二馬方投壺，一人手一拍，兩人遠相接，三人四人紛縱衡，騰空飛控各有節，鷹搏龍拿砍且抽，臨門輾轉不肯收，孫公箭器波瀕洞，宜遼弄丸風颯颯，幾盤幾決戰終勝，掌聲震耳如激應，出奇入妙神鬼通，馭氣沈機巧力並，遠東巨擘推邱林，倘然敵對熟逡巡，皖滬間一葦帶水，千里應傳笳鼓聲。〔註242〕

級際比賽並非當時校園內存在的最小單位比賽，校園中偶而也會出現一種僅限於一級範圍的級賽。1936 年同濟大學三五級曾舉辦了僅面向本級學生的級內運動會。這也是同濟校史上的首次級內運動會：

> 本校一級開運動會，為三五級同學所首創，昨十五日復舉行第三屆全體田徑運動大會，聞該級會為訓練同學辦事能力起見，一切職務皆自行擔任，會員每人規定至少參加一項，最多四項，此次同學更為踴躍，競爭激烈，成績異常優良，獎品方面亦甚豐富而合實用，直至暮色蒼茫中，始閉會盡歡而散云。〔註243〕

## 二、校際體育生活

1930 年，曾有論者批評交通大學不注重體育。在其提出的諸多改進建議中，就包含有希望校方能夠鼓勵校際運動代表〔註244〕。作者所提到的校際運動代表正是指，代表自己所在大學進行校際體育競賽的學校運動員。而提及校際比賽，自然不能忘記在前文已經論述過的校內體育運動。可以說，大學校際體育運動是校內體育運動的自然延生和必然反應。它不僅是對校內普及體育運動的檢驗和評價，而且也是當時各個大學之間相互聯絡情誼和進行交

---

〔註242〕《本屆單打網球優勝者之榮譽　徐笠雲先生贈以古歌》，《安徽大學校刊》，第 20 期，1929 年 12 月 26 日。

〔註243〕《本校三五級同學舉行運動會》，《同濟旬刊》，第 113 期，1936 年 11 月 11 日。

〔註244〕《對於本校體育之小供獻》，《交大月刊》，第 2 卷第 1 期，1930-04-24。

流的特殊方式。

> 我到輔仁附中後，成了足球球迷。球賽到哪校，我跟著去看到
> 哪校。……重要的球賽，常在前門裏東側公安局的操場裏舉行，我
> 也跑去看。……有一次去看球，到得晚了，圍牆大門已閉不讓進去。
> 裏面踢得熱鬧，喊聲大振，進不去，看不見，心裏急，和熱鍋上的
> 螞蟻一樣，左跑跑，右跑跑，後來球被踢出牆外，他們從門上要球，
> 我們外面的人就是不給。沒法子，只好開門讓我們進去。眞是高興。
> 從此我成了足球迷。〔註245〕

上述有趣的看球經歷出自當時一位年輕的大學生球迷。雖然這段文字看
上去並無太多的稀奇之處，但是寫下這段話的球迷卻在日後頗爲特殊。他就
是當時仍就讀於輔仁高中，日後考入北大，後來成爲著名歷史學家的何茲全。
這種培養起的關於足球的情感一直陪伴著何茲全，直到他成爲八十五歲的耄
耋老人時依舊如此：「直到現在，電視裏有重要球賽我還看。熒光屏前，一坐
就是 90 分鐘。心跟著球跑，跟著緊張，跟著高興。」〔註246〕從何茲全的親身
經歷，不難想像當時諸如此類的大型比賽對於青年學子們的吸引力之大。

民國時期大學校際間舉行的大型體育賽事，主要集中在北平和上海兩
地。當時華北地區舉辦的最高級別運動會當數由華北體育協進會組織的華北
運動會。「華北運動會是在華北各地、特別是京津一帶舉辦運動會的基礎上產
生的。參加單位有北京、天津、唐山、保定及河南、山西等省市。1913 年由
北京體育競進會籌辦了第一屆華北運動會。在首屆華北運動會期間，由參加
運動會的各單位協商成立了華北聯合運動會，並規定以後每年在華北各地輪
流舉辦一次運動會。」〔註247〕當時就讀於北平師範大學國文系，併兼任國聞
社記者的徐鑄成〔註248〕對華北體育協進會有著深刻印象：「北京有一個華北體
育協進會，爲華北各省市體育運動的最高協議和領導機構。由張伯苓先生爲
會長，馬約翰、董守義、袁敦禮諸先生爲委員。而總幹事郝更生先生實際主

---

〔註245〕何茲全著：《愛國一書生：八十五自述》，華東師範大學出版社，1997 年，第
　　　　45 頁。
〔註246〕何茲全著：《愛國一書生：八十五自述》，華東師範大學出版社，1997 年，第
　　　　45 頁。
〔註247〕張靜如、劉志強主編：《北洋軍閥統治時期中國社會之變遷》，中國人民大學
　　　　出版社，1992 年，第 186 頁。
〔註248〕徐鑄成（1907～1991），著名報人。文匯報和大公報的創始人。

持日常工作，他是師大體育系的教授。」〔註249〕

　　1925 年 4 月 24 和 25 日在濟南舉行華北運動會。參與此次大會的南開大學曾對此有過詳細記載，從中可以一窺當時眾多大學的體育成績與表現：

　　　　民國十四年，華北運動大會於四月二十四二十五二日在濟南府

　　　　公共體育場舉行。……吾校運動員下榻於齊魯大學。……且將此次

　　　　運動會結果誌下：

　　　　普通組

　　　　第一齊魯大學　九十九分又六分之四

　　　　第二南開大學　八十分又六分之二

　　　　第三師範大學　三十二分

　　　　第四北京大學　十五分……〔註250〕

　　南開大學依然保持了傳統體育強校的強勁勢頭，而雲集了眾多學術大師的北大在體育方面，則沒有後世所想像的那麼完美，僅在分數方面就與南開相差了六十五分之多，僅得十五分，由此可以想像兩校在體育方面的巨大差距。

　　除過華北運動會給各個大學提供相互角逐和廝殺的機會外，當時還專門有一些大學錦標賽為這些大學提供相互較量和比試的機會。何茲全就曾提及過當時盛行於北平的五大校足球聯賽。當時還是中學生的他就將北大足球隊的表現喻為「最陋」：「當時有五大校足球聯賽。五大校是指北大、清華、師大、燕京、輔仁。足球踢得好的是燕京、清華、輔仁，師大次之，北大最陋。」〔註251〕同何氏的看法相似，北大畢業生陶鈍也曾提及北大體育最為薄弱〔註252〕。北大體育的衰弱也體現於當時其它體育賽事中。當時除過華北運動會、北平五大校足球聯賽和北京專門以上學校冬季足球比賽之外，還專門於 1922 年 4 月 29 日在彙文大學舉辦過北京學界聯合運動會。按照學校總分進行排名，清華以七十六分排名第一，北京高師以十八分位居第二，彙文大學十五分，燕京十一分，北大則僅為一分。現將北平各個大學在此次十四個單項中的成績列表如下，從中可以清楚地看出當時各校體育的真實水準。

〔註249〕徐鑄成著：《徐鑄成回憶錄》，三聯書店，2010 年，第 28 頁。

〔註250〕《華北運動會誌略》，《南大周刊》，第 18 期，1925-05-15。

〔註251〕何茲全著：《愛國一書生：八十五自述》，華東師範大學出版社，1997 年，第 45 頁。

〔註252〕陶鈍著：《一個知識分子的自述》，山東人民出版社，1987 年，第 133 頁。

## 北京各學校聯合運動會成績

| 項目 | 百碼 | 二百二十碼 | 四百四十碼 | 半英里 | 一英里 | 低欄 | 跳高 | 跳遠 | 三級跳遠 | 撐杆跳高 | 鐵球 |
|---|---|---|---|---|---|---|---|---|---|---|---|
| 第一 | 清華 | 清華 | 交大 | 高師 | 清華 | 彙文 | 清華 | 彙文 | 清華 | 清華 | 清華 |
| 第二 | 清華 | 清華 | 高師 | 清華 | 高師 | 高師 | 燕京 | 清華 | 清華 | 清華 | 彙文 |
| 第三 | 交大 | 彙文 | 交大 | 清華 | 清華 | 交大 | 清華 | 高師 | 北大 | 北大 | 清華 |
| 成績 | 十一秒 | 二十五秒 | 五十五秒五分之三 | 二分十七秒五分之三 | 五分三十五秒 | 十八秒五分之一 | 五尺六寸 | 二十尺四寸四分之三 | 三十八尺十寸 | 十尺十一寸 | 四十尺九寸 |
| 項目 | 鐵餅 | 標槍 | 半英里接力 | | | | | | | | |
| 第一 | 清華 | 燕京 | 清華 | | | | | | | | |
| 第二 | 燕京 | 燕京 | 彙文 | | | | | | | | |
| 第三 | 清華 | 高師 | | | | | | | | | |
| 成績 | 一百零二尺十一寸四分之三 | 一百二十尺二寸 | 四分四秒四分之一 | | | | | | | | |

資料來源：《北京各學校聯合運動會成績》，《學生》，第9卷第8號，1922-08-05。

　　不過北大體育也並非完全一蹶不振。1922年北京專門舉辦過專門以上學校冬季足球比賽。當時曾有評論專門以《北大足球的成績》爲題對其勇猛表現進行專題報導：

　　　　北京大學足球隊成立以來，曾與財商、高師、燕京、清華等校比賽，莫不敗北。去年自加入北京專門以上學校冬季足球比賽以來，與燕京零與二之比，與交通三與五之比，皆北大勝。十二月十日與北京執牛耳的清華足球隊在公共體育場大戰，兩方都勇猛異常，結果二與二之比，互無勝負。〔註253〕

　　與華北和北平的體育賽事頻繁激烈相對應的是，華東和上海也是戰事不斷。就在北京各學校聯合運動會舉辦不久，華東當年最爲重要的大型運動會——東方八大學聯合運動會也於是年5月20日在南京金陵大學開賽。此處所指的東方八大學主要是指地處華東地區的八所大學，分別爲聖約翰、滬江、南洋、復旦、東吳、之江、金陵和東南大學。這八所大學共圍繞十一個單項展開了激烈角逐，比賽結果如下表所示：

〔註253〕《北大足球的成績》，《學生》，第9卷第2期，1922-02-05。

### 東方八大學聯合運動會成績

| 項目 | 百碼 | 八百八十碼 | 擲鐵球 | 跳高 | 二百二十碼 | 百碼高欄 | 四百四十碼 | 二百二十碼低欄 | 擲鐵餅 | 跳高 | 一英里賽跑 |
|---|---|---|---|---|---|---|---|---|---|---|---|
| 第一 | 金陵 | 復旦 | 南洋 | 復旦 | 南洋 | 東吳 | 滬江 | 東吳 | 復旦 | 復旦 | 東吳 |
| 第二 | 金陵 | 東吳 | 復旦 | 南洋 | 滬江 | 約翰 | 復旦 | 約翰 | 南洋 | 南洋 | 約翰 |
| 第三 | 滬江 | 滬江 | 東吳 | 約翰 | 約翰 | 東吳 | 南洋 | 復旦 | 南洋 | 約翰 | 東吳 |
| 第四 | 約翰 | 約翰 | 約翰 | | 南洋 | 東吳 | 東南 | 滬江 | 復旦 | 復旦 | 復旦 |
| 成績 | 十一秒 | 二分十二秒 | 三十八尺五分之三 | | 二十五秒五分之四 | 十七秒五分之三 | 五十四秒 | | 九十八尺四分之三 | 五尺四寸 | 五分二十五秒五分之一 |

資料來源：《東方八大學聯合運動會成績》，《學生》，第 9 卷第 8 號，1922-08-05。

　　在十一個項目中，僅復旦大學一校就獲得了四個單項第一，東吳大學則獲得三項桂冠，南洋大學也有兩項第一，而金陵和滬江大學各有一項，由此不難區分八校體育綜合實力之強弱。

　　舉辦各類大型球賽也是東方八大學聯合運動會的重要內容。以 1922～1923 年東方八大學的足球聯賽爲例，此次足球賽的揭幕戰於 1922 年 11 月 17 日在東吳大學舉行，客隊爲復旦大學，結果爲二比二戰平〔註254〕。經過一個多月的鏖戰，決賽最終在南洋與復旦之間展開。1923 年 1 月 6 日，南洋與復旦的冠軍爭奪戰在南洋開戰，最終南洋以三比一戰勝了復旦，贏得此次東方八大學足球賽的冠軍〔註255〕。

　　繼東方八大學聯合運動會之後興起的另一個大型運動會是江南八大學聯合運動會。發起者爲江南八大學體育協進會，由光華、大夏、交通、暨南、復旦、持志、中央和滬江八所大學倡議發起〔註256〕。1933 年 2 月，大夏大學曾對其所屬的各個校隊的備戰情形進行簡要介紹。根據之前參加江大的比賽紀錄，排球可能是大夏大學的法寶：「本校排球隊現正是全盛時期，自從復旦曹廷贊等畢業之後，本校因有衛鼎彝、魏佐翰、關瑠安、陳寶球等之虎將，故稱霸於江南八大學之中，就全滬而言，恐亦無出吾校左者，……」除過排球之外，大夏其餘尚可稱道的還有足球和越野賽跑。在歷次江大運動會中大

〔註254〕《足球》，《學生》，第 10 卷第 1 號，1923-01-05。
〔註255〕《足球》，《學生》，第 10 卷第 2 號，1923-02-05。
〔註256〕《學府紀聞‧國立交通大學》，臺灣南京出版有限公司，1981 年，第 325 頁。

夏均位列第五，大夏網球隊也曾於 1929 年奪冠江大錦標。〔註257〕

1930 年 5 月 3 和 4 日將迎來又一次的江大運動會。交通大學對於此次江大諸多項目的奪冠可謂志在必得：

> 江南大學運動會定於五月三四兩日舉行，此屆除各單項運動以外，又加賽十項運動與五項運動兩種，第一名以十分計算，但參加十項或五項者，不得再參加單項運動，每級錄取之人數，以競賽之學校增多，故亦增至五名，本校田徑隊現已積極準備，近雖連日陰雨，然各田徑隊員仍出場練習，精神頗佳，此次本校參加十項者，有……，參加五項者，有……，均慣戰能將，加以日內之準備，奪得錦標，或意中事也！〔註258〕

足球是交大的法寶之一：「本校足球，歷史悠久，執江大牛耳多年，雖去前兩年失敗，而名譽顏面，亦未減少。至於足球健將，大多屬大四同學。……於每周二四兩日，從事練習，……」〔註259〕而在 1931 年的江大籃球賽開賽之前，持志大學的奪冠呼聲則最高：「校隊共賽江大錦標賽四次，勝暨南復旦，而負於光華大夏。……江大賽中，持志錦標呼聲最高，目前尚未敗北，與本校比賽在即，……」〔註260〕

江南大學體育協進會於 1936 年改組為上海市各大學體育協會。就在這一年的 10 月 23 日，改組後的上海市各大學體育協會舉辦了首屆網球錦標賽，奪得本次冠軍的同濟大學對此曾有記述：「自江大體協蛻化之上海市各大學體協會，第一次新獻網球錦標賽，參加者計有持志、光華、復旦、暨南、同濟等學校，自十月二十三日在市中心體育場舉行，開賽以來，進行極為順利，結果本校與復旦得決賽權，於二十五日下午二時仍在市體育場交鋒，…結果本校以四比一大勝復旦，榮膺首屆錦標。……」〔註261〕同時，上海市各大學體育協會還預備在是年 11 月底舉辦足球錦標賽。同濟大學對此自然也是志在必得：「本校為增加運動興趣，切磋技術起見，本學期已加入上海市各大學體育協會，並已參加網球錦標賽，已誌前刊。茲悉該會主辦之足球錦標賽，已經委員會決議，

---

〔註257〕《體育消息》，《大夏期刊》，第 3 期，1933-02。
〔註258〕《江大運動準備忙》，《交大月刊》，第 2 卷第 2 期，1930-06-15。
〔註259〕《嘗膽臥薪之我校足球隊》，《交大月刊》，第 2 卷第 1 期，1930-04-24。
〔註260〕《籃球隊一鳴驚人》，《交大月刊》，第 3 卷第 1 期，1931-05-24。
〔註261〕《上海各大學體協會網球賽本校榮膺首屆錦標》，《同濟旬刊》，第 112 期，1936-11-01。

即日報名，定於本月底開賽，本校足球隊亦擬參加以資觀摩云。」〔註262〕

其實，無論是校內體育運動，抑或校際體育賽事。如果就體育之於各個大學發展的根本意義而言，其價值還是在於發揚和體現各校所特有的學校精神，以及著眼於學生身心均衡發展的育人功能。對於體育所具有的此種獨特價值，當時的《南開周刊》曾透過運動員這一視角對此有過精闢闡釋：

> 同學知道運動的價值及注意運動的，可說盡人皆是。⋯但為之樞紐者，卻實在是各種運動的選手。怎麼說呢？現在南開運動員諸君，尤其是特別高手，個個皆注重個人的人格，各個皆和藹可親，對師長同學，毫無虛驕之氣。同學對運動員，既然有特別的好感，所以自己也覺得有趣味，而樂意去運動。從此同學們便康健許多，便無形中減去許多疾病。運動員諸君之舉動，確可以轉移一校同學之感想，代表一校之精神。由此看來，學校優待運動員，實際上，便是優待全體同學。南開今後之發展，吾敢斷言，有賴於運動員者，實一大部分。〔註263〕

「轉移一校同學之感想，代表一校之精神。」在當時的大學看來，學校運動員確實擁有如此的影響力。這種特殊的作用好比當今社會中體育明星乃至公眾人物之於社會的關係。也正是基於此種認識，當1925年南開大學籃球會因某些原因宣佈自動解散時，大多數南開同學將此舉斥為「運動精神的破產」〔註264〕。其實不僅僅南開學子會有此種想法，當時的交大學子也作如是觀：「校際運動代表，為代表一校之光榮，校中宜有相當之鼓勵。⋯⋯運動員為一校之光榮，犧牲一切之精神，故當局更宜善體諒之，非僅為優待運動員也。否則運動員之功課，將永無優良之日，而後來之運動員亦將不敢代表校際矣。」〔註265〕正是時人基於對體育價值與意義的基本看法，才為民國時期豐富多彩的大學校園體育生活的蓬勃發展提供了基礎。

---

〔註262〕《上海各大學體協會足球賽開始在即》，《同濟旬刊》，第 114 期，1936-11-21。

〔註263〕《運動員之風氣》，《南開周刊》，第 56 期，1922 年 12 月 16 日，王文俊等選編：《南開大學校史資料》（1919～1949），南開大學出版社，1989 年，第 539 頁。

〔註264〕《不得而知》，《南大周刊》，第 16 期，1925 年 5 月 1 日。

〔註265〕《對於本校體育之小供獻》，《交大月刊》，第 2 卷第 1 期，1930 年 4 月 24 日。

## 第八節　總理紀念周生活：「黨化教育」抑或「猶有命意」

1927 年國民政府定都南京，如果僅從這一事件之於民國時期大學校園的影響來看，一個顯著的變化就是大學校園中一系列紀念日的出現。以 1928～1929 年度的廈門大學校曆爲例，就在原有的種種節日和紀念日之外，又增加了以下重要的紀念性節日：11 月 12 日「總理生辰紀念日」、3 月 12 日「總理逝世週年紀念」、4 月 29 日「黃花崗烈士殉國紀念」、5 月 1 日「世界勞工紀念」、5 月 4 日「學生運動紀念」、5 月 7 日「國恥紀念」以及 5 月 30 日「上海慘案紀念」〔註 266〕。這些節日往往全校放假一天，學校也會舉辦相應的紀念儀式和活動。「黃花崗烈士殉國紀念日」，不僅全校放假，而且還要下半旗以致敬意〔註 267〕。而諸如 10 月 10 日國慶節這樣的盛大節日，學校還會舉辦盛大的慶祝活動。當時就讀於清華的浦薛鳳曾這樣描述自己對於紀念日的眞實感受：

> 每逢雙十節，校中晚膳菜肴，特別豐富，表示慶祝。晚八時正在操場上早已臨時搭就之戲臺，由八個年級準備良久扮演角色之短劇上演，全校師生則立於壇下欣賞。短劇既畢，施放煙火，此較常熟幼時所見，自然高明得多。〔註 268〕

在所有這些校園紀念日中，如果要以其本身所具有的特殊性、日後在民國時期大學校園施行的普遍性、能夠引起校方的高度重視程度以及其在大學校園中所產生的爭議和重要影響而論，則要首推圍繞孫中山所設立的一系列紀念日。

之所以言其特殊，主要是指相對於其它以運動事件或烈士集群作爲紀念對象的節日而言，每年 11 月 12 日的「總理生辰紀念」與 3 月 12 日的「總理逝世週年紀念」，是當時大學校園中唯一的一個以政治領袖人物作爲緬懷對象的紀念日〔註 269〕。而言其普遍，則是由於當時能夠使得全國所有大學在每一

〔註 266〕《校曆》，廈門大學布告（1928～1929），福建省檔案館，館藏號碼：民資 7.2.74。
〔註 267〕《革命先烈紀念放假一天》，《廈大周刊》，第 281 期，1932-04-16。
〔註 268〕浦薛鳳著：《浦薛鳳回憶錄》（上），黃山書社，2009 年，第 60 頁。
〔註 269〕在中國近代大學中，將個人作爲全校定期紀念和緬懷對象的還有中國公學。1905 年，中國留日學生爲反對日本政府頒佈的帶有侮辱和歧視性質的取締學生規則，全體歸國，並於 1906 年春在上海建立中國公學。由於最初辦學艱難，學校難以爲繼。時任中國公學幹事的姚宏業爲了激發國人的愛國之心，出於

年的同一天，以同樣隆重的形式來祭奠一位領袖人物的也只有總理紀念日。1925 年 3 月 12 日孫中山逝世。自該年起每年的 3 月 12 日都成爲全國各地紀念孫中山的固定祭日。更爲重要的是，這也是由國民黨製造的第一個孫中山紀念日。它在孫中山紀念日系列中影響最大，後來又被定爲植樹節一直保留至今〔註 270〕。1926 年 3 月 12 日，廈門全市舉行總理逝世週年紀念會。從當時的報導中不難瞭解此類紀念活動的流程和規模：

> 上星期五（三月十二日）爲孫中山先生逝世週年紀念，本校特停課一日以便參加，八時左右，本埠農工商學各團體數千人，（代表七十餘團體）齊集本校廣場，事先由籌備會搭蓋祭壇一座，中懸孫先生遺像，旁有輓聯一，其文爲「有天下而不與，功垂萬世，微斯人其誰歸心，喪期年」，前面亭柱上爲「革命尚未成功，同志仍須努力」，周圍圍以青天白日滿地紅黨旗及國旗，十時奏樂開會，唱國歌，向孫先生遺像行三鞠躬禮讀遺囑，繼由許卓然、湯城、黃蘊山、羅善培、李覺民、高仰山、劉蕙襄等相繼演說，大概均勉以實行孫先生之主義，爲國奮鬥。說畢，唱國民革命歌，高呼口號三聲，「中山先生精神不死，召集國民會議，廢除不平等條約」，列隊出發遊行，經鎮關南、港仔口、島美、海後灘，至新馬路而散。是日天氣炎熱，赴會人士，極形擁擠，站立烈日下，不少畏縮，知孫先生之感人深矣。〔註 271〕

其實無論是總理逝世紀念日，還是以後的生辰紀念日，不過也只是每年定期舉行一次。而在當時還有一類以孫中山作爲主祭對象的紀念活動，其舉辦的周期雖然也是雷打不動，但頻率卻是每周一次。僅從其舉辦的周期就可以感覺到它相較於別的中山紀念日所具有的特殊性質，這種特殊的紀念活動就是「總理紀念周」。

「總理紀念周」作爲一種法定制度被眞正確立並在全國範圍內公開推廣，

---

義憤，於當年 4 月 6 日投江自盡，以身殉校。爲此，中國公學將每年的 4 月 6 日定爲該校的「姚烈士殉校紀念日」，專門用來紀念爲辦理中國公學而獻身的姚宏業烈士。可參見姜義華主編：《胡適學術文集・教育》，中華書局，1998 年，第 280 頁。

〔註 270〕陳蘊茜著：《崇拜與記憶——孫中山符號的建構與傳播》，南京大學出版社，2009 年，第 245 頁。

〔註 271〕《孫中山先生逝世週年紀念誌略》，《廈大周刊》，第 142 期，1926-03-20。

源於 1926 年 1 月 16 日召開的國民黨二大。「國民黨二大通過決議，要求各級黨部及國民政府所屬各機關、各軍隊均應於每星期舉行紀念周一次。隨後，國民黨中央執行委員會又制定了《總理紀念周條例》八條，對紀念周的組織、程序和紀律要求作出具體規定。」其中對於「總理紀念周」的宗旨有如下界說：「本會爲永久紀念總理，且使同志皆受總理爲全民奮鬥而犧牲之精神，與智仁勇之人格所感召，以繼續努力，貫徹主義，……」〔註 272〕至此，「總理紀念周」作爲一種法定制度被強行嵌入到當時國民政府所屬的各個部門、團體和機關。作爲最高教育與學術文化機構的大學自然也無法置身事外〔註 273〕。

## 一、強行嵌入：總理紀念周在大學校園的出現

伴隨著總理紀念周制度的確立，《總理紀念周條例》隨之出臺。它從整體上規定了總理紀念周的基本活動流程。除去上文所引用的第一條宗旨之外，《條例》還在其它方面進行了明確規定：

第二條紀念周以每周之月曜日上午九時至十二時行之，其每次之時間，以不超過一小時爲度。關於上項之時刻，得因特別情形變更之；第三條舉行紀念周時，中國國民黨各級黨部以常務委員，國民政府所屬各機關、各軍隊以其所在地之最高長官爲主席。第四條紀念周之程序：（一）全體肅立（二）向總理遺像行三鞠躬禮（三）主席宣讀總理遺囑，全體同時循聲宣讀（四）向總理遺像俯首默念

---

〔註 272〕李恭忠：《「總理紀念周」與民國政治文化》，福建論壇（人文社會科學版），2006 年，第 1 期。

〔註 273〕目前有關總理紀念周的研究主要集中表現爲，從民國政治文化的背景出發，將其視爲一種特殊的「制度時間」和「儀式時間」。而構建此類儀式的最主要目則在於集中推廣作爲政治象徵符號的孫中山的領袖魅力和個人形象，進而達到對社會整體文化的滲透、架構和整合。代表性論著爲陳蘊茜著：《崇拜與記憶——孫中山符號的建構與傳播》，南京大學出版社，2009 年；陳蘊茜：《時間、儀式維度中的「總理紀念周」》，《開放時代》，2005 年，第 4 期。儘管在目前的研究中，研究者對於當時包括大學在內的各級各類學校實施總理紀念周的情況有所涉及。但是並沒有將「總理紀念周」視爲構成民國時期大學校園文化的重要組成部分的專門性研究，因此很難完整地顯示出作爲當時社會的最高教育和學術文化機構的大學，在遭遇到「總理紀念周」這一特殊的政治儀式活動時所反應出的獨特的既順應又拒斥的校園生活方式和文化現象。因此，本書在現有研究基礎上，通過進一步拓寬資料搜集範圍，希望能夠對民國時期大學圍繞總理紀念周所形成的生活方式、師生反應和得失進行基本釐清和客觀評價。

三分鐘（五）演說或政治報告（六）禮成。〔註274〕

此外，條例還分別對發放手摺、舉行總理週紀念活動執行不力者以及懲處無故缺席者等進行了明確規定。下面以 1927 年 10 月 31 日廈門大學舉行總理紀念週的儀式爲例，從中可以基本瞭解當時大學進行總理紀念週活動的基本情形：

> 本星期一（三十一日）上午十一時至十二時，本校教職員及全體同學齊集群賢樓大禮堂舉行總理紀念週。其程序如下：（一）全體起立唱校歌。（二）向黨國旗及總理遺像行三鞠躬禮。（三）主席恭讀總理遺囑（全體肅立）。（四）靜默三分鐘。（五）預科主任兼友誼委員長徐聲金博士報告該會進行狀況，預定於十二月二十五日（雲南起義紀念日）開一大規模之遊藝會，分全校爲文、理、法、商、教育、醫六科，每科同學各表現一種遊藝，然後加以批評，最優者給與獎品云。（六）文科教授陳定謨先生演講，……題目是《從自由平等出發之西洋近代史觀》。……（七）林校長演講，……（八）禮成，時已鳴鐘十二下矣。〔註275〕

上述總理紀念週活動的整個過程基本上與《條例》相吻合。之所以言其爲基本，關鍵在於它在某些環節上有所變更。首先，《條例》規定由主席宣讀總理遺囑，全體同時循聲宣讀。但在廈大的儀式會場上似乎並沒有全體跟讀，僅僅爲全體肅立而已；其次，廈大在儀式活動過程中還穿插了對本校未來校務的安排這一環節，並非按部就班地照搬條例規定的流程。當時各個大學執行總理紀念週的情形與廈門大學大致相同。但是如果將大學與當時社會上的其它機關團體加以比較，那麼，總理紀念週在大學與在其它機關團體中的最大不同之處，就體現在《條例》中第五條「演說或政治報告」環節。

整理當時各個大學在總理紀念週中的演講和報告內容，其性質可以分爲以下四類。

第一類可以稱爲學術演講類。演講內容均以學術報告爲主。1935 年 9 月 16 日，暨南大學舉行 1935～1936 年度首次總理紀念週活動。主要內容是由時任暨南大學秘書長的杜佐周〔註276〕進行題爲《理想的大學與理想的大學生》

---

〔註274〕李恭忠：《「總理紀念週」與民國政治文化》，《福建論壇》（人文社會科學版），2006 年，第 1 期。

〔註275〕《本星期一紀念週紀略》，《廈大週刊》，第 171 期，1927-11-05。

〔註276〕杜佐周（1895～1974），著名教育學家。歷任武漢大學文學院院長、廈門大學

的學術報告。整個報告圍繞理想的大學辦學模式和理想的大學生所應具有的素質與能力進行了深入探討，不僅毫無灌輸教條之嫌，而且通篇也找不出例如「總理」和「黨義」這些在當時易於被學生反感的詞彙〔註277〕。

第二類可以稱作校務報告類。主要以彙報學校校務爲主，大致是對當前校務安排的通報解釋以及對於未來校務安排的彙報。1929 年 10 月 14 日，安徽省立大學召開該學期第一次總理紀念周，由當時的主任秘書兼文學院院長楊亮功和法學院代理院長陶因報告新學期的校務情形〔註278〕。1936 年 9 月 21 日，同濟大學召開了 1936～1937 年度首次總理紀念周。此次紀念周的全部內容就在於通報新學期學校校務的進展情況：

> 九月二十一日上午十一時，本校舉行廿五年度第一次紀念周，紀念朱執信先生殉難，並歡迎新秘書長工學院新院長，及醫工兩院新教授。全校教職員及學生，共聚一堂，後來者均無隙地可坐，熱鬧情況，爲自來所罕見。行禮如儀後，首由翁校長致詞，報告同濟過去廿九年來發展狀況，尤以自本夏季始，量的方面的發展爲理學院之成立，合作市立醫院協定之簽訂，學生人數之增加，（四年前全校不過四百餘人，現大學部已有五百五十五人，連同附設各部則有一千一百九十二人）質的方面的發展爲注重教授人才，學術之研究等等，最後介紹新聘職教員：……繼由醫學院院長柏德先生，代理工學院院長歐必志先生致詞。最後周秘書長，工學院新院長貝勒先生及新教授李達先生致答詞。至十二時許始散會。〔註279〕

第三類可以視爲上述兩種類型的結合，也是當時許多大學總理紀念周採用最多的形式，即先利用一部分時間對校務進行安排和通報，另外再由指定的報告人進行學術專題演講。這種形式之所以被使用的頻率較高，無疑與其最爲經濟有效直接相關。畢竟全校師生都會參加紀念周，因此無形中便爲校方和師生接觸提供了一個有利場所，可以避免爲了通報校務另行召集全校師生。1935 年 9 月 23 日，暨南大學舉行該年度第二次總理紀念周。此次活動內容分爲兩大部分。首先由何炳松校長彙報校務進展，另外由文學院長鄭振鐸

---

教授、暨南大學兼秘書長、國立英士大學校長。

〔註277〕《理想的大學和理想的大學生》，《暨南校刊》，第 145 號，1935-10-07。

〔註278〕《開課後之第一次紀念周》，《安徽大學校刊》，第 5 期，1929-10-19。

〔註279〕《廿五年度第一次紀念周誌盛》，《同濟旬刊》，第 109 期，1936-10-1。

教授進行題爲《華僑教育與理想之暨南大學》的學術演講〔註 280〕。現將校務部分摘錄如下，以便加深瞭解：

> 諸位同事先生，諸位同學，今天有數事向諸位報告，報告以後，並請鄭振鐸先生演講：

> （一）九一八紀念日，本校未曾舉行形式紀念，現在應加以追念。

> （二）自上課至今，已十餘日，據各方報告，本校同學之學力，並不亞於其它著名大學之學生，全校教授均極滿意，殊爲可喜。本校前此因名譽日壞，寖至失去自信心，正如中國民族被外人誣衊，而失去自信力一樣。尚望全體同學努力向上，不可自暴自棄。

> （三）學校決定於最短期間先籌現款一萬元購置圖書儀器，以三千元爲理學院建築實習工場。不論經費如何困難，此種設備，總當盡先辦理。現在校務會議不日成立，成立之後，即可編製各種預算。以後如人事費不再增加，則設備方面，自可逐漸充實。

> （四）最近教育部令本校兼辦僑民教育師資訓練班，此班原爲中央僑務委員會主辦，現由部令移交本校兼辦。大體辦法，業已商定，下學期或可招生。……〔註 281〕

可以看出，何校長幾乎是利用此次紀念周活動對學校近期以來包括紀念活動、教學情況、經費預算情況以及教師培訓在內的所有重大事件，向全體師生進行了詳盡的通報與說明，其實將其稱之爲校務擴大會議也不爲過。

最後，還有一類形式較爲稀少和特殊，可以稱之爲時事報告類。主要是借總理紀念周活動，向在校師生傳達當時社會上的一些重大突發事件的最新進展情況。1936 年 12 月 14 日，同濟大學就臨時取消了原定由本校藥物學教授舉行的學術演講，代之以由翁之龍校長報告發生於兩天前的西安事變的最新進展情況〔註 282〕。

爲了能夠更加清楚地瞭解總理紀念周在當時大學校園內的實際執行情

---

〔註 280〕 《華僑教育與理想之暨南大學》，《暨南校刊》，第 145 號，1935-10-07。

〔註 281〕 《第二次總理紀念周（九月二十三日）校長報告》，《暨南校刊》，第 145 號，1935-10-07。

〔註 282〕 《十二月十四日翁校長在總理紀念周報告詞》，《同濟旬刊》，第 117 期，1936-12-21。

況。作者對 1932～1934 年度中央大學歷次總理紀念周的演講和報告內容進行
了整理統計。如下表所示：

## 1932～1934 年度中央大學總理紀念周報告內容統計表

| 時　間 | 主講人 | 主題或題目 |
|---|---|---|
| 1932 年 11 月 7 日 | 黃慕松 | 《軍縮會議之經過》 |
| 1932 年 11 月 14 日 | 陳公博 | 《中國實業及國防問題》 |
| 1932 年 11 月 21 日 | 張治中 | 《血戰抗日》 |
| 1932 年 11 月 28 日 | 唐有壬 | 《中國經濟病態之診斷》 |
| 1933 年 3 月 6 日 | 王澤民 | 《熱河地形與軍事關係》 |
| 1933 年 4 月 17 日 | 梅思平 | 《地方行政》 |
| 1933 年 4 月 24 日 | 馬丁博士 | 《大戰以來之歐洲歷史》 |
| 1933 年 5 月 1 日 | 俞大維 | 《兵工與國防》 |
| 1933 年 5 月 8 日 | 邵力子 | 《西北問題》 |
| 1933 年 10 月 2 日 | 陳立夫 | 《生的文明》 |
| 1933 年 11 月 6 日 | 竺可楨 | 《科學研究》 |
| 1933 年 12 月 11 日 | 石志泉 | 《中國法律之變遷》 |
| 1933 年 12 月 18 日 | 陳長蘅 | 《憲法草案初稿評議》 |
| 1934 年 4 月 30 日 | 唐文愷 | 《最近國際經濟問題》 |

資料來源：該表根據李恭忠：《「總理紀念周」與民國政治文化》，《福建論壇》（人文
社會科學版），2006 年第 1 期中的相關數據統計製成。

　　從中央大學這十四次總理紀念周的報告內容可以看出，當時位於首都的
中央大學的確顯示出不同於他校的氣派。演講者中不乏學術名家與高層官
員，而演講的題目則多是本人所在職務或研究擅長的內容。例如，時任陸軍
中將和兵工署署長的俞大維就以《兵工與國防》為題進行演講。有趣的是，
如果單從演講題目來看，很多人可能都不會相信這是在總理紀念周上發表的
演說。地處首都自然人脈資源豐厚，那麼位於其它地域，發展水平不盡相同
的大學在執行紀念周時的實際情形又是如何呢？作者選取了地處東南的廈門
大學以及地處華中的安徽省立大學作為統計對象，分別針對廈門大學 1927 年
10 月至 1928 年 5 月以及安徽省立大學 1929 至 1930 年度第一學期的總理紀念
周進行統計。如下表所示：

## 廈門大學 1927 年 10 月至 1928 年 5 月總理紀念周一覽表

| 時間 | 科系 | 主講人 | 主題或題目 |
|---|---|---|---|
| 1927 年 10 月 31 日 | 文科 | 陳定謨教授 | 《從自由平等出發之西洋近代史觀》 |
| 1927 年 11 月 7 日 | 法科 | 陳李樑講師 | 欲使三民主義實現，社會進步，必須先行普及教育 |
| 1927 年 11 月 14 日 | | 吳世晉先生 | 《中國之南北統一問題》 |
| 1927 年 11 月 21 日 | 文科 | 邱大年教授 | 《贊成民族主義之理由》 |
| 1927 年 11 月 28 日 | | 林文慶校長 | 略謂中國道德文化之高尚 |
| 1927 年 12 月 5 日 | 教育科 | 陸士寅碩士 | 《中山先生之人格及其思想》 |
| 1927 年 12 月 12 日 | 法科 | 張國輝教授 | 《民族主義之重要》 |
| 1927 年 12 月 19 日 | 商科 | 盧啓宗教授 | 《三民主義與失業問題》 |
| 1928 年 2 月 27 日 | | | 1927 年廈大各科足球籃球錦標比賽給獎典禮 |
| 1928 年 4 月 2 日 | 文科 | 楊筠如講師 | 總理乃集歷來革命人物之大成 |
| 1928 年 4 月 9 日 | 法科 | 林希謙教授 | 中國國民黨之組織法及第三次全國代表大會 |
| 1928 年 4 月 23 日 | | | 無講演 |
| 1928 年 4 月 30 日 | 文科 | 周岸登教授 | 民族主義及民權主義 |
| 1928 年 5 月 7 日 | 法科 | 黃開宗博士 | 《菲列賓之政治》 |

資料來源：廈大周刊，第 171 期，1927-11-5；廈大周刊，第 172 期，1927-11-12；廈大周刊，第 173 期，1927-11-19；廈大周刊，第 174 期，1927-11-26 日；廈大周刊，第 175 期，1927-12-3 日；廈大周刊，第 176 期，1927-12-10；廈大周刊，第 177 期，1927-12-17；廈大周刊，第 178 期，1927-12-24；廈大周刊，第 180 期，1928-3-3；廈大周刊，第 183 期，1928-4-7；廈大周刊，第 184 期，1928-4-14；廈大周刊，第 186 期，1928-4-28；廈大周刊，第 187 期，1928-5-5；廈大周刊，第 188 期，1928-5-12。需要說明的是，由於資料搜集的原因，上述資料並未包括對《廈大周刊》第 179、181、182 和 185 期的統計。

## 安徽省立大學 1929～1930 年度第一學期總理紀念周一覽表

| 時間 | 科系 | 主講人 | 主題或題目 |
|---|---|---|---|
| 1929 年 10 月 14 日 | 文學院 | 楊亮工院長 | 報告校務 |
| | 法學院 | 陶因代理院長 | |

| 1929 年 11 月 4 日 | 教務處長 | 陶因 | 大學之任務 |
|---|---|---|---|
| 1929 年 12 月 9 日 | 文學院 | 楊亮工院長 | 報告校務 |
| | | 彭基相教授 | 《青年的責任》 |
| 1929 年 12 月 23 日 | 文學院 | 楊亮工院長 | 報告校務 |
| | | 李範一 | 《我們要以人格救國》 |
| 1929 年 12 月 30 日 | 文學院 | 楊亮工院長 | 《考試之歷史與功用》 |

資料來源：安徽大學校刊，第 5 期，1929-10-19；安徽大學校刊，第 10 期，1929-11-6；安徽大學校刊，第 18 期，1929-12-12；安徽大學校刊，第 20 期，1929-12-26；安徽大學校刊，第 21 期，1930-1-2。

　　雖然在廈門大學和安徽省立大學總理紀念周的講臺上很難看到類似於中央大學的那些頭面人物。但它們的紀念周也絕非流於形式，同樣也是以此爲平臺來積極開展各類學術演講活動。從 1927 年 10 月至 1928 年 5 月，廈門大學除過 1928 年 4 月 23 日的總理紀念周活動，僅僅按照《條例》規定舉辦基本儀式即行結束，以及 1928 年 2 月 27 日舉行頒獎典禮之外。在全部的 14 次總理紀念周報告中，其餘 12 次報告全部是有明確主題的學術演講。而在此之中，如果再除去 1927 年 11 月 7 日、12 月 5 日、12 月 19 日以及 1928 年 4 月 2 日是以「三民主義」或以「孫中山」作爲演講主題外，其餘 8 次演講均是圍繞各種社會現實問題來進行的學術性探討。作爲一所普通的省立大學，安徽省立大學在舉行的五次總理紀念周活動中，除去 1929 年 10 月 14 日是利用開學機會報告校務之外，其餘四次也都是在報告校務的基礎上或是進行學術演講，或是單獨舉行學術報告。

## 二、褒貶不一：師生們眼中的總理紀念周

　　相對於其它校園紀念日活動而言，當時的大學校方對待總理紀念周的態度可謂格外重視。總理紀念周與黨義課程是民國時期大學兩種重要的訓育形式，目的均在於施行所謂的「三民主義教育」。也正是因爲這一點，它被後世稱爲是「黨化教育」的典型：「（國民黨）在各類學校中普遍開展『黨化教育』，即所謂『三民主義教育』。其形式主要是上黨義課和舉行總理紀念周活動。」〔註283〕這種注重以三民主義作爲大學校務發展和辦學指南的現象，也多見於

〔註283〕翁智遠主編：《同濟大學史・第一卷》，同濟大學出版社，1987 年，第 64 頁。

1927 年之後許多大學制定的訓育方針中。1936 年廈門大學公佈的訓育方針就明確指出：「本大學訓育，遵照部頒三民主義教育實施原則，並最近中央提倡之新生活運動大綱，以養成黨治下之健全公民爲目的，注重高尚人格之陶冶，以「止於至善」爲依歸。……」既然一校訓育的根本綱領在於三民主義。那麼，以紀念和緬懷三民主義的創始人——孫中山爲目的，以學習和領會總理遺囑的總理紀念周會受到當時大學非同一般的重視也就不足爲奇。

爲了保證學生能夠按時出席紀念周活動，各個學校專門制定了與紀念周相關的規章制度。1937 年 1 月 16 日，同濟大學召開第二次校務會議。其中討論的一個重要議題就是紀念周問題。會議最終議決通過：「凡每晨行升旗禮，每星期一做紀念周，以及每晨早操（自下學期起）時，本校學生均應一律參加，如有缺席者，當受懲罰。」〔註 284〕將每周一次的總理紀念周與每天早上的升旗儀式與早操相提並論，完全進行強制性的規定。不難想像，正是由於學生們出席總理紀念周活動的不力，才迫使同濟通過出臺專門規定的形式來強制學生參加。

當時有的學校還將學生無故缺席總理紀念周與曠課等同處理，不僅要求學生按時參加，教職員也一律不能例外。交通大學就曾明確規定：「學生由訓育部點名，無特別事故不到者按曠課論；教職員每次參加紀念周均須簽名；……」〔註 285〕這種對於紀念周的重視也反映在當時學校其它職能部門的制度調整上。估計是爲了防止有的學生「投機取巧」，將圖書館作爲自己不參加總理紀念周的隱身之地。1937 年同濟大學圖書館專門作出規定：「自三月一日起，每星期一上午十一時至十二時，爲本校舉行總理紀念周，在紀念周時間內，該館閱覽室停止開放云。」〔註 286〕以上種種措施，足見當時校方是在不遺餘力地努力執行總理紀念周。那麼，在各校嚴格的規定下，當時大學校園內的師生們對於參加總理紀念周的真實態度又如何呢？總體而言，大致可以分爲消極牴觸和積極支持兩大類，而且似乎以消極牴觸占主導地位。

對於總理紀念周的消極牴觸極爲明顯地體現於日後眾多的大學校史的書

---

〔註 284〕《二十五年度第二次校務會議記錄》，《同濟旬刊》，第 122 期，1937-02-11。
〔註 285〕《交通大學校史》編寫組：《交通大學校史》（1896～1949 年），上海教育出版社，1986 年，第 307 頁。
〔註 286〕《紀念周時間內圖書館閱覽室停止開放》，《同濟旬刊》，第 124 期，1937-03-01。

寫和評價中。而且幾乎成爲了關於總理紀念周眾口一貶的傾向。這種傾向也對後世影響最爲深遠，幾乎成爲了一種集體印象。

> 在羅家倫任校長期內，他極力推行「黨化教育」，設立軍事訓練部，開設「黨義」課，舉行「總理紀念周」活動，統治學生思想。這一套訓育措施遭到了學生的強烈反對。梅貽琦擔任清華校長以後，軍事訓練課、黨義課和總理紀念周依然開設和舉行。……總理紀念周出席人數也往往不過二十幾人，尚不足學生總數的五十分之一。〔註287〕

上述文字出自《清華大學校史稿》。據記載，總理紀念周是「統治學生思想」的工具，而且遭到全體學生的一致排斥。但是，如果仔細閱讀文中關於羅家倫〔註288〕和梅貽琦二者語態不同的描述，就能發現，似乎羅家倫作爲始作俑者，以一人之力在清華園內積極推行總理紀念周，而梅貽琦不過是對其做法的延續而已。不過稍稍梳理總理紀念周得以產生和興起的脈絡，便知道這種對於羅家倫的評價似乎有失公允。但是不可否認，當時清華學生不熱衷於總理紀念周活動確屬事實。這種集體傾向從 1926 年 3 月 19 日第 371 期的《清華周刊》一篇題爲《李大釗、陳毅在孫中山逝世週年紀念會上的講話》的報導中可以得到印證：

> 聞在是日下午二時，以名人尚未到校，故遲至二時四十分始行開會。……禮畢，爲李大釗先生演說。……次由陳毅君演說，……旋因時已五鐘，在座者大多早已紛紛離席，遂宣告散會云。〔註289〕

活動還未結束，在座的同學就已經紛紛離席，當時大多數清華學生的確對總理紀念周是相當冷淡的。即使是由當時頗受學生歡迎的李大釗教授來進行演說也是如此。發生在清華的這種情形在交通大學也不稀奇：

> 實施訓育的主要形式，是上「黨義」課和舉行總理紀念周。儘管學校當局積極推行國民黨的訓育制度，但是多數學生對此並不感興趣，對紀念周也抱冷淡態度。因此，在開始時，紀念周缺席的人

---

〔註287〕清華大學校史編寫組編著：《清華大學校史稿》，中華書局，1981 年，第 133～134 頁。

〔註288〕羅家倫（1897～1969），教育家、思想家。歷任中央大學、清華大學校長。代表作有《新人生觀》、《逝者如斯集》。

〔註289〕《李大釗、陳毅在孫中山逝世週年紀念會上的講話》，《清華周刊》，第 371 期，1926-03-19。

數很多，上「黨義」課時許多學生看別的書籍。〔註290〕

面對學生集體對於總理紀念周的消極牴觸行為，當時許多學校都實行簽到制度，試圖以此來約束和迫使學生按時參加總理紀念周。不過這一舉動似乎也不能從根本上解決問題。因為有些學生即使參加了，也是心在曹營身在漢。他們也會採取各種方式來逃避紀念周活動。時任安徽省立大學文學院院長的楊亮功就曾在一次紀念周活動上指出「近見少數同學簽名就走，這是一種很不好的現象」〔註291〕。

還有一類同學會採取「你講你的，我幹我的」方式來抵制紀念周活動。燕京大學的一個學生就曾記錄下自己親眼目睹發生在燕大總理紀念周會場的有趣一幕：

> 過了兩天舉行每禮拜照例的紀念周的時候，我又看見這位青年站在最後一排對著前邊的幾個女同學的背影練習速寫，看見我招呼了一下依舊低下頭去用鉛筆在他的副本上描畫。我稍一注意使得我驚奇的是一個女同學的側影被他畫得惟妙惟肖，披到肩際的長髮，微微突起的乳峰，削瘦的面頰。……〔註292〕

學生們也絕非無原則地排斥紀念周活動，有時紀念周也會出現人滿為患的情形，尤其是每學期開學的第一次紀念周更是可能出現人滿為患的空前景象，姑且可以將其稱之為「第一次紀念周現象」。1929年10月14日安徽省立大學召開的本年度第一次總理紀念周就出現了這種罕見的情形：

> 十月十四日（星期一），為本校開課後第一次紀念周，預科照例仍在城外舉行，本科教職員暨全體同學，均於是晨八時，齋集本科禮堂，以出席人數太多，後到者，均靜立門外，……〔註293〕

這種難得一見的紀念周景象也曾在同濟大學出現過。1936年9月21日，同濟大學召開該年度第一次總理紀念周：「上午十一時，本校舉行廿五年度第一次紀念周，紀念朱執信先生殉難，並歡迎新秘書長工學院新院長，及醫工兩院新教授。全校教職員及學生，共聚一堂，後來者均無隙地可坐，熱鬧情

〔註290〕《交通大學校史》編寫組：《交通大學校史》（1896～1949年），上海教育出版社，1986年，第307頁。

〔註291〕《青年的責任 彭基相先生在紀念周中之演辭》，《安徽大學校刊》，第18期，1929-12-12。

〔註292〕《懷覺先》，《燕大月刊》，第9卷第3期，1933-04-20。

〔註293〕《開課後之第一次紀念周》，《安徽大學校刊》，第5期，1929-10-19。

況，爲自來所罕見。」〔註294〕1937 年 3 月 1 日，同濟大學於該學期舉行第一次紀念周活動時又重現了半年前的熱鬧景象：「星期一學校舉行本學期第一次總理紀念周，出席者，全體教職員學生，人數千餘，極爲擁擠。」〔註295〕

　　學生們摩肩接踵地參加總理紀念周的情景畢竟少見。總體上來看，學生整體上對於參加紀念周是相當排斥的。教師方面，當時以一己之力進行反對者也是大有人在，有的教師甚至是公開反對。張東蓀〔註296〕在擔任上海光華大學文學院院長時，每逢校務會議開始，主持人恭讀總理遺囑，他都很不高興，並奪門而出，聲言「下次如再讀遺囑，我就不來了」。〔註297〕由此可見其態度的決絕。與張東蓀態度同樣強硬的還有時任中國公學校長的胡適。1928年他就在《打到名教》一文中這樣評價總理紀念周制度：「月月有紀念，周周做紀念周，牆上處處是標語，人人嘴上有的是口號，……中國遂成了一個『名教』的國家。」1929 年他還在中國公學公開抵制舉行總理紀念周儀式，並因此丟掉了中公校長一職〔註298〕。

　　與張胡二人激烈的態度相比，時任青島大學校長的楊振聲〔註 299〕就顯得溫和許多。當然他對於紀念周活動也是持反對態度的：「（楊振聲）曾拒絕執行國民黨借紀念孫中山先生之名，行控制思想之實的『紀念周』制度。」〔註 300〕但是楊振聲並非不講策略的生硬反對和加以抵制，他也試圖利用某種形式來對紀念周加以改造和轉化，使其向符合大學辦學的方向發展。楊起曾在日後這樣評價父親楊振聲的迂迴做法：「父親還把原來私立青島大學每周一必搞的總理紀念周（相當於國民黨的政治課，藉此灌輸國民黨的政治思想）改稱學術討論，並帶頭髮起了第一次演講。」〔註 301〕

　　值得注意的是，在上述一片對於紀念周的不齒聲中，也有相當部分的師

---

〔註294〕《廿五年度第一次紀念周誌盛》，《同濟旬刊》，第 109 期，1936-10-01。

〔註295〕《本學期第一次紀念周誌》，《同濟旬刊》，第 124 期，1937-03-01。

〔註296〕張東蓀（1886～1973），哲學家、政論家和報人。曾任中國公學、光華大學、清華大學和燕京大學教授。

〔註297〕陳蘊茜著：《崇拜與記憶——孫中山符號的建構與傳播》，南京大學出版社，2009 年，第 541 頁。

〔註298〕陳蘊茜：《時間、儀式維度中的「總理紀念周」》，《開放時代》，2005 年，第 4 期。

〔註299〕楊振聲（1890～1956），著名教育家、作家。1930 年任國立青島大學校長。

〔註300〕孫昌熙，張華編選：《楊振聲選集》，人民文學出版社，1987 年，第 345 頁。

〔註301〕楊起口述，陳遠撰文：《楊振聲：湮沒無聞許多年》，http：//blog.sina.com.cn/s/blog_4888322001000as0.html。

生對於總理紀念周這種形式持理解和認同的態度。1933 年由華中大學轉入國立武漢大學文學院外國文學系二年級，日後成為現代著名小說家和文學翻譯家的葉君健就對於武大校園內的總理紀念周情有獨鍾：

> 還有每周一上午舉行的「總理紀念周」全校大會，葉君健每場必到，悉心聆聽。著名國際法學家周鯁生從國際政治的角度，深入揭示法西斯發動戰爭的必然性和國人禦侮方策；著名史學家吳其昌從歷史文化的的角度，深刻揭露中國為何被動挨打與日本侵略本性難改的淵源關係；著名經濟學家楊端六、劉秉麟等，從經濟領域剖析日本入侵中國的根源以及國人的對策；……如果說葉君健早期走上創作道路的動機是「興趣」、「感觸」、「積鬱」和「衝動」，方重教授及武大名師的演講，則使他的文學創作道路更加理性、現實和執著。〔註302〕

可見，葉君健完全是把總理紀念周當做學術報告來加以對待，因此才從眾多學術名家的報告中充分汲取了自己所需要的知識和觀念。當時不僅葉君健這樣的學生會有如此想法，有的大學教師也持這一態度和立場。1936 年剛剛就任浙江大學校長的竺可楨，在 5 月 4 日第一次參加浙大總理紀念周後，就認為應該充分發揮紀念周對於學生的訓育作用。他在當天的日記中這樣表達了自己的觀點和看法：

> 十一點出席紀念周，是為余第一次參加浙大之紀念周。述紀念周之意義，謂顧名思義由紀念孫中山先生而立，但在學校，紀念周猶有命意，即對於訓育方面有所裨益。〔註303〕

不過，從竺可楨緊接著請著名橋梁專家茅以升在 5 月 11 日的浙大總理紀念周上進行題為《錢江橋與建設》的學術報告來看，他也是看中了希望通過總理紀念周來加強對在校學生進行訓育這一形式〔註304〕。1936 年，時任廈門大學教授的吳家鎮也曾詳細闡述過對於利用紀念周來進行學術報告這一制度的支持和理解：

---

〔註302〕《紙上春秋——武漢大學校報 90 年》，武漢大學出版社，2009 年，第 18～19 頁。

〔註303〕竺可楨著：《竺可楨日記・第一冊》（1936～1942），人民出版社，1984 年，第 35 頁。

〔註304〕竺可楨著：《竺可楨日記・第一冊》（1936～1942），人民出版社，1984 年，第 37 頁。

我曾翻閱民國二十年間，本校演講集第一集、第二集，覺得那時候有兩個特別的地方：（一）每次紀念周，都有學術的演講，（二）每次的演講，都有詳細的底稿，內容豐富，材料新穎，足見得當時的當局與教授，均肯聚精會神，發揚文化，提倡學術的。事過情遷，聽說有些人對於紀念周不肯登臺演講了；有些人在演講之後，不願交出講稿了。不知我們教授，受國家託付之重，社會期望之殷，何至於在紀念周而不要演講？大約是因有別的緣故。何至於演講後而不願交出演講稿？恐怕是受某種的障礙。然在三民主義鐵的紀律之下，國民黨鋼的法令之中，如有這些事情，是應該糾正的。我們既然是各取所需，當然要各盡所能，這是不應有例外的。所以我的主張，有左列數點：（一）對於紀念周，自院長以至講師，每人每期或每年，輪流演講一次，而無例外。……〔註305〕

　　吳家鎮與竺可楨持相同的態度，即並非一味的排斥紀念周制度，均主張應該積極地利用和改造紀念周這一形式，使其更好地服務於大學訓育的工作需要，恰當的方式就是將其從教條灌輸轉換為學術演講。正是持這種觀點，所以吳家鎮才直言，廈大教師每人每年都應該輪流在總理紀念周上做一次學術報告。

## 三、在順應中改造與轉換：大學之於總理紀念周的態度

　　無論是將總理紀念周視為黨化教育的工具，還是將其看作對學生進行訓育的難得平臺，似乎都有一定的道理。那麼，後世究竟應該如何來看待總理紀念周這一民國時期大學校園中的特殊生活方式和文化現象呢？

　　將總理紀念周視為推行黨化教育的工具，這種觀點認為，國民黨政府試圖將對於孫中山的個人崇拜，通過總理紀念周每周舉行紀念活動的形式，在大學校園內強制普及和推行，進而達到向師生灌輸三民主義，規範和鉗制師生自由思想的目的。因此，就總理紀念周的本質而言，完全是一種徹底的黨化教育和變相的偶像崇拜。而這恰好與作為學術共同體的大學的本質相違背。因為大學作為最高教育和文化機關，理應以自由、民主、平等和獨立的方式和地位來研究高深學術，理應培養能夠獨立思考和引領社會發展的高級專門人才。可以說，正是總理紀念周自身的弊端和缺陷造成了大學師生們對

---

〔註305〕《善頌乎？善言乎？》，《廈門大學十五週年紀念專號》，1936-04-06。

其的普遍反感。在具體分析這種觀點之前，我們先來看一段當時大學生們在某些場景下的有趣對話：

「喂，九點半了你還不起？」

「機會難得，讓我多睡回吧！」

「今天你不去聽演講麼？」

「總是那一套話，有什麼意思。」

這一套話就是大學生對於五七的感想

叮叮叮，鐘聲響了，

「A 君上禮堂去麼？」

「不，我先吃點心去，反正他們也不能這早就開會。」

這是宿舍面前的一段話，也是同學們對於禮堂聚會的意見。

「喂，你帶小說沒有？」

「小說倒有一本，我自己要看，還有這本周刊，你拿去吧！」

「謝謝你，周刊也成。」

漸漸都低頭研究了。

「唉，討厭的還沒完。」

「誰說不是，我也要睡了。」

這是大禮堂裏聽講的精神。

「還不如從校裏直接坐車去的好，走這大截怪疲乏的。」

「我也這麼說，咱們走吧！」

慢慢的往人叢一擠，連影都摸不著了。

「傻子，那麼賣力幹麼，誰能聽你喊的？」

「我看還是留點回去唱二簧還好。」

這是青年救國遊街的熱忱。金色的日光沒了，這愛國的熱心也

跟著走了。這就是大學府裏的「五七」紀念。〔註306〕

上述題爲《五七見聞實錄》的文字見於 1925 年第 18 期《南大周刊》。一位署名「琛」的南開大學學生如實記錄下了自己在校園中耳聞目睹的關於五七國恥紀念活動的眞實對話場景。該文主要描寫了五七紀念日當天，南開學子們在宿舍、大禮堂和遊行隊伍這三個場合中所表現出的某種耐人尋味的心

---

〔註306〕《五七見聞錄》，《南大周刊》，第 18 期，1925-05-15。

態及行爲。從諸如「總是那一套話，有什麼意思」、「唉，討厭的還沒完」、「傻子，那麼賣力幹麼，誰能聽你喊的？」等話語中，不難看出，當時的學生們對於這些理應表現出十分尊重的紀念日的淡漠和忽視。這種值得關注的現象在《南大周刊》同期所刊登的另一篇文章中也有所反映：

> 去年國恥紀念，學校不會停課，然而學生卻要求停課。今年五月七日，學校在五天以前就宣告照去年一樣吃素一天，停止一切娛樂活動外，更停課一天，以誌不忘。學堂大概是看去年開國恥紀念會，同學們都到了，而且精神極好，所以今天就自動的停一天課。
>
> 然而今年不對了！五月六號的晚上，洋車夫已經利市三倍，拉著些少爺們公子們小姐們向家裏跑了。五月七日開紀念會的時候到不了兩百人，下午遊街更不用說了！
>
> 有一位同學對我說：「年年如是，像是沒有什麼意思似的」「這大概也是中國人五分鐘態度的原故吧！」……
>
> 我以爲他們大概是想雪恥的方法就是不要國恥紀念日吧！
> 〔註307〕

正如這位署名「誰」的南開學子所說的那樣：「雪國恥的唯一妙法就是不要國恥紀念日吧！」這句話可謂最能反映出當時包括許多學生在內的國人對於五七紀念日的眞實態度。更進一步，如果將前文已述學生們普遍對於總理紀念周的排斥態度和一些南開學子普遍表現出對於五七紀念日的輕視和淡忘加以對比，不難看出，學生們之所以排斥總理紀念周，絕非用諸如總理紀念周在於強化黨治和鉗制思想一語可以簡單概括。

總理紀念周固然試圖通過偶像崇拜來達到推行三民主義和鉗制學生思想的目的。但是假如將總理紀念周和五七國恥紀念均單純地視爲眾多的校園紀念日之一種的話，那麼，旨在紀念國恥日的五七紀念日又在使用什麼來鉗制學生的思想，以至於遭到學生上述的不屑和忽略呢？總不能將希望通過國恥紀念來激發和保存國人普遍的愛國心也視爲一種思想鉗制吧！另外，如果說總理紀念周在於利用三民主義來推行黨化教育，那麼每年 5 月 7 日的國恥紀念日又在利用什麼來推行何種主義呢？如果一定要說有主義存在，那也就是作爲中國人，或者作爲一名中國大學生所應有的愛國主義吧！難道利用國恥

---

〔註307〕《雪國恥的唯一妙法》，《南大周刊》，第 18 期，1925-05-15。

紀念來推行正當的愛國主義也有錯嗎？也應該被天之驕子的大學生們所抵制嗎？

假如拋開總理紀念周的活動形式，而將其單純地視為學術報告，是否就會獲得當時更多學生的青睞和贊同呢？絕對不能簡單地回答是。因為當時許多大學都採取了利用學術演講和彙報校務的方式來對紀念周進行創造性地轉化與改造，絕少採取簡單枯燥的教條和黨義來對學生進行思想灌輸。但是在此種情況下，根據前文引用的種種材料來看，也依然存在大部分學生缺席的情況。例如，前文所述 1926 年李大釗和陳毅前往清華園進行總理逝世週年紀念演說，而會場稀疏就是最好的證明。

筆者絕對無意為總理紀念周這一制度安排和活動形式進行辯護。在追求學術自由、思想獨立和師生平等的大學校園中，旨在推行帶有偶像崇拜、注重強制灌輸，拒絕獨立思考的總理紀念周，可謂從根本上違背了中國高等教育現代化的基本發展路徑。也正因為此，它才會在推廣之初就招到以張東蓀和胡適為代表的自由主義知識分子的反感和排斥。而這種類似於拜物教的活動形式，在自由主義者胡適的眼中自然就成為了類似於禮教一類的事物，被其稱之為「中國遂成了一個『名教』的國家」。而注重利用教育來培養建設現代民主國家所需要的合格公民的胡適，基於其一貫的立場與認識，自然會在自己主持的最高學府拒絕推行這種極其愚昧的黨化教育形式。

但是，與旨在灌輸思想和推行個人崇拜的總理紀念周相比，當時大學校園中存在的其它諸多紀念日則不但不多餘，反而具有其獨特的育人價值。無論是上文提及的五七國恥紀念日，還是當時的國慶節，無一不是如此。因為設立這些紀念日的目的並非在於崇拜某一位政治人物，相反是作為對一國歷史和革命精神的紀念與緬懷。這些節日非但在中國近代社會具有價值和意義，即使在現代中國社會而言，也是傳遞愛國主義思想的必須方式；而且不僅在中國有這樣的節日，即使在國外也同樣存在擔負如此功能的重要紀念日。這種對於國家和民族所遭受的苦難所應有的同情心是每一個社會中任何公民都應具有的基本素質，並不存在國別和古今之分。因此，筆者並非單純地就總理紀念周本身來對其進行批判，而是想就當時大學生參加眾多紀念日的真實表現來反思總理紀念周。

當下大學校史書寫對於總理紀念周的解讀似乎總有過於籠統之嫌。與其說是因為學生厭惡三民主義的說教與鉗制思想，不如說根本上是由於學生群

體性所具有的非理性意識，以及對作為現代社會合格公民所應具有的責任和
擔當意識的淡薄。正因為如此，他們才會對於總理紀念周和五七國恥紀念這
樣兩類性質、意義迥然不同的紀念日活動表現出相似的不理解和不配合。再
加之學生們不喜歡被強制參加具有政治色彩或在政治名義下舉辦的集會活
動，同時再受當時校園內黨義課程本身的負面影響。可以說，正是在上述因
素的綜合作用下，最終構成了總理紀念周和國恥紀念日備受集體冷遇的現
象。因此，大學生對待總理紀念周的態度只不過是他們對於其它紀念活動的
態度的再放大和集中表現罷了。需要說明的是，本書在此並非要為總理紀念
周翻案，因為這一活動本身的形式、目的和主旨均不符合建設現代民主社會
及其合格公民的應有路徑，只是想糾正許多大學校史中存在的關於總理紀念
周的籠統和孤立的解釋方式。畢竟分析總理紀念周不能只從其本身入手，還
需要綜合參考它的參與者們在介入這一活動時所表現出的真實心態和感受，
這樣才有可能進行相對客觀地看待和反思。

　　的確，正如研究者對紀念周制度之本質所作的分析：「紀念周制度是國民
黨統治時期最為重要的時間制度，是將孫中山符號向社會傳輸尤其是向民間
傳輸的重要權力技術，它表明國民黨試圖透過時間控制來實現其權力延伸，
這是中國作為新興民族國家發展過程中統治方式的一次重要轉型。」〔註308〕
而每周一次，一年四季循環進行，使得總理紀念周變為中國近代社會生活中
一種極為強勢的活動和儀式。正如作為大學校長的胡適被迫辭職一樣，作為
社會中的學術文化與最高教育機構的大學，在這種極為強勢的活動和儀式面
前，對其加以順應只能是大學必然和唯一的選擇。

　　與當時其它社會機關一樣，大學在表現出順應之外，也會根據自身屬性
來對其進行創造性地改造和轉換，而這一點恰恰是當時其它許多社會機構難
以實現的。大學所具有的本質屬性正在於它是由師生共同構成的學術社區或
學術共同體。在這個社群中，對生產知識的渴望，對探究學術的不懈和自由
追求，往往會受到共同體成員的歡迎。而除此之外的權勢和社會地位等非學
術性因素，則易於被同人所厭惡。正是在這種大學理念的支配下，再加之學
人自身所養成的理性的思維方式和素養，不自覺地就會以其它方式來對紀念
周加以改造，使其盡可能地在性質上向大學的學術和教育性質靠攏。必須承

〔註308〕陳蘊茜：《時間、儀式維度中的「總理紀念周」》，《開放時代》，2005年，第4
　　　　期。

認，胡適之於紀念周的激烈和決絕態度的確需要勇氣。但是，類似於楊振聲那樣將其巧妙地改造爲學術演講，也同樣不失爲一種富含策略性的行爲。因此，當大多數大學校園內盛行這類學術演講式的總理紀念周活動時，它已然具備了對於紀念周所具有的「黨化教育」和「鉗制思想」的拒斥功能。也正是由於當時其它社會機關不具有大學所具有的學術和文化力量，因此往往在執行紀念周活動時就產生了消極應付或者硬性灌輸的現象。

就中國現代化的進程而言，總理紀念周這一形式的產生無疑是社會發展的倒退，理應對其加以反思和總結。但是，作爲當時國民黨一黨專政的必然產物，總理紀念周對於包括大學在內的諸多機構團體而言又是必須接受和執行的。尤其是對於民國時期大學校園內的總理紀念周更是需要如此看待，即它的出現絕非單方面受制於大學校長個人的道德、信仰和學識，而必需看到其存在的社會大背景和環境。而在看待總理紀念周之於民國時期大學校園所形成的影響和發生的作用時，也不能將其單純地形容爲旨在統治和鉗制學生思想的專制行爲，同時也要看到當時的大學生在面對諸多其它具有歷史合理性的紀念節日時同樣表現出的非理性意識，這樣才能較爲客觀和公允地評價總理紀念周。此外，總理紀念周在大學中所遭遇的轉換和改造，也說明了總理紀念周在被強行嵌入民國時期大學校園，改造大學校園文化生活和形態的同時，大學也在順應的同時，運用其自身的校園文化來對其進行轉換。最終在大學與總理紀念周的相互博弈下，學術演講式的總理紀念周遂成爲了民國時期大學校園文化中的獨特景觀。